适合统编小学语文教科书中、高年级

小古文
游戏教学设计

金晓芳　编著

华东师范大学出版社
·上海·

图书在版编目（CIP）数据

小古文游戏教学设计/金晓芳编著. —上海：华东师范大学出版社，2022
ISBN 978-7-5760-3243-7

Ⅰ.①小… Ⅱ.①金… Ⅲ.①文言文-教学设计-小学 Ⅳ.①G623.202

中国版本图书馆 CIP 数据核字(2022)第 169052 号

小古文游戏教学设计

编　　著　金晓芳
策划编辑　彭呈军
责任编辑　白锋宇
责任校对　陈梦雅　时东明
装帧设计　刘怡霖

出版发行　华东师范大学出版社
社　　址　上海市中山北路 3663 号　邮编 200062
网　　址　www.ecnupress.com.cn
电　　话　021-60821666　行政传真 021-62572105
客服电话　021-62865537　门市(邮购)电话 021-62869887
地　　址　上海市中山北路 3663 号华东师范大学校内先锋路口
网　　店　http://hdsdcbs.tmall.com

印 刷 者　上海华顿书刊印刷有限公司
开　　本　787 毫米×1092 毫米　1/16
印　　张　23
字　　数　388 千字
版　　次　2022 年 11 月第 1 版
印　　次　2022 年 11 月第 1 次
书　　号　ISBN 978-7-5760-3243-7
定　　价　68.00 元

出版人　王　焰

（如发现本版图书有印订质量问题，请寄回本社客服中心调换或电话 021-62865537 联系）

目 录

序一   1

序二   3

第一章   导言   1
    一、关于小古文   3
    二、关于游戏和学习   4
    三、关于"双减"和教学方式变革   5

第二章   概念和定义   9
    一、定义和特征   12
    二、设计思路   13

第三章   小古文选文及分类   15

第四章   小古文特征及价值取向   19
    一、小古文的特征   20
    二、小古文的价值取向   22

第五章　游戏融入的小古文教学操作要点　27
　　一、抓诵读　28
　　二、抓理解方法　32
　　三、创新游戏教学法　37
　　四、抓人文熏陶　43

第六章　游戏融入的小古文教学基本模式　51
　　一、连环画式　52
　　二、任务驱动式　55
　　三、层级闯关式　56
　　四、剧本表演式　58

第七章　游戏融入的小古文教学实践　61
　　一、三年级上册《司马光》游戏教学设计及拓展资源　62
　　　　三年级上册《司马光》游戏教学设计　62
　　　　　　具身认知视野下的游戏和小古文教学　62
　　　　三年级上册《司马光》相关资源链接　70
　　　　三年级上册《司马光》拓展阅读及译注　72
　　二、三年级下册《守株待兔》游戏教学设计及拓展资源　74
　　　　三年级下册《守株待兔》游戏教学设计　74
　　　　　　得兔——待兔——被笑也　74
　　　　三年级下册《守株待兔》相关资源链接　80
　　　　三年级下册《守株待兔》拓展阅读及译注　82

三、四年级上册《精卫填海》游戏教学设计及拓展资源 86

 四年级上册《精卫填海》游戏教学设计 86

  塑精卫形象,传中国精神 86

 四年级上册《精卫填海》相关资源链接 98

 四年级上册《精卫填海》拓展阅读及译注 99

四、四年级上册《王戎不取道旁李》游戏教学设计及拓展资源 104

 四年级上册《王戎不取道旁李》游戏教学设计 104

  游戏,打开小古文学习的另一扇门 104

 四年级上册《王戎不取道旁李》相关资源链接 115

 四年级上册《王戎不取道旁李》拓展阅读及译注 117

五、四年级下册《囊萤夜读》游戏教学设计及拓展资源 119

 四年级下册《囊萤夜读》游戏教学设计 119

  多种方法,活学活用 119

 四年级下册《囊萤夜读》相关资源链接 124

 四年级下册《囊萤夜读》拓展阅读及译注 126

六、四年级下册《铁杵成针》游戏教学设计及拓展资源 130

 四年级下册《铁杵成针》游戏教学设计 130

  从象耳山到半山脚下 130

 四年级下册《铁杵成针》相关资源链接 136

 四年级下册《铁杵成针》拓展阅读及译注 138

七、五年级上册《古人谈读书》游戏教学设计及拓展资源 142

 五年级上册《古人谈读书》游戏教学设计 142

  诵读·明理·励志也 142

同课异构：巧用思维导图，学懂文言文	155
五年级上册《古人谈读书》相关资源链接	161
五年级上册《古人谈读书》拓展阅读及译注	163
八、五年级下册《自相矛盾》游戏教学设计及拓展资源	**168**
五年级下册《自相矛盾》游戏教学设计	168
让思维与学生共舞	168
五年级下册《自相矛盾》相关资源链接	177
五年级下册《自相矛盾》拓展阅读及译注	179
九、五年级下册《杨氏之子》游戏教学设计及拓展资源	**183**
五年级下册《杨氏之子》游戏教学设计	183
认知序和教材序的有效融合	183
五年级下册《杨氏之子》相关资源链接	190
五年级下册《杨氏之子》拓展阅读及译注	192
十、六年级上册《伯牙鼓琴》游戏教学设计及拓展资源	**197**
六年级上册《伯牙鼓琴》游戏教学设计	197
云烟飘万里，佳话传千载	197
六年级上册《伯牙鼓琴》相关资源链接	203
六年级上册《伯牙鼓琴》拓展阅读及译注	207
十一、六年级上册《书戴嵩画牛》游戏教学设计及拓展资源	**209**
六年级上册《书戴嵩画牛》游戏教学设计	209
耕当问奴，织当问婢?!	209
同课异构：鉴赏·演绎·思辨之	217
六年级上册《书戴嵩画牛》相关资源链接	229

六年级上册《书戴嵩画牛》拓展阅读及译注	231
十二、六年级下册《学弈》游戏教学设计及拓展资源	233
六年级下册《学弈》游戏教学设计	233
诵之,演之,明理也	233
六年级下册《学弈》相关资源链接	239
六年级下册《学弈》拓展阅读及译注	242
十三、六年级下册《两小儿辩日》游戏教学设计及拓展资源	246
六年级下册《两小儿辩日》游戏教学设计	246
思之,辩之,明理也	246
六年级下册《两小儿辩日》相关资源链接	252
六年级下册《两小儿辩日》拓展阅读及译注	254
附录　小古文拓展阅读篇目	257
后记	259

序 一

  玩,是儿童的天性。游戏,是儿童的主要功课。孩子在游戏里学到了人生各阶段都需要的诸多能力,比如语言、交往、体能、动手、观察、想象等,游戏可谓是人类文明宝贵的DNA。学前儿童在幼儿园的主要任务是玩,是游戏,每天无忧无虑,其乐融融。幼儿园毕业,许多孩子几乎天天追着大人问:"我怎么还不上学啊?"可真上了学,不少孩子吃不消了,不要说每天要上那么多门课,单说每节课长长的40分钟,还被要求"手背后,胸挺直",就可累了!有的一年级小学生,竟羡慕起了退休的爷爷、奶奶,天真地问:"我什么时候退休呀?"一进小学的大门,才接受数月半年的学校教育,不少天真活泼的孩子就摇身一变,如同一只只"呆头鹅",甚至出现了不同程度的厌学、恐学情绪。

  我们真的愿意让游戏就这样从学校消失吗? 从幼儿园到小学,儿童表现出种种不适应,对此一定要搞好幼小衔接。对这个问题,我们长期认识不足,研究不够,办法不多。而且这确实是一个十分重要的问题,关系到广大学龄儿童有没有浓厚的兴趣,有没有极大的热情,有没有足够的信心,投入到小学学习中来。如果儿童刚入学就厌学、恐学,这就等于宣告教育输在了起跑线上。那么,是不是可以在学校正规的功课里融入一些游戏,或者说在游戏里渗透一些隐蔽的学习? 这就是金晓芳老师和她的团队多年来矢志不移研究的课题。这是一项具有挑战性的、实现学科育人价值的十分有益的工作。

  首先,金晓芳老师及其团队着手幼小衔接这篇大文章,着眼于幼小衔接期儿童好奇、好动、好玩的天性,以小学语文学科为主阵地,做了大量的教学游戏研发工作。针对学生好动的特点,他们设计开发让身体动起来的游戏,如儿歌表演、节奏操、音乐律动等课中操,带领孩子们在"动中学",使得课堂动静交替、活而有序;针对学生好玩的特点,他们设计开发了众多与学科教学相关的益智游戏,带领孩子们在"玩中学",使得课堂异彩纷呈、活而有趣。这些成果集中体现在《新课程小学语文幼小衔接教学游戏指导与设计》(人民教育出版社,2006年出版)一书中。自全国使用统编教材以来,他们又对该书实践部分进行了修订,这一成果集中体现在《小学语文游戏教学设计:教师版》(华东师范大学出版社,2020年出版)一书中。

该项研究借助教学游戏,激发学习兴趣,集中有意注意,调节课堂气氛,唤醒学习动力,培养合作意识,从而提高了语文学习效果,促进了学生身心发展。该项研究的直接价值,是根据不同教学内容的不同特点,开发了多种类型的教学游戏。研发者配合一二年级语文统编教科书,回应师生之所需,逐课设计了多项教学游戏。广大教师既可以拿来就用,又可以受这些设计的启发,因人、因地制宜,自行设计更多、更好的教学游戏。

接着,为了纠正教学游戏在课堂上滥用、乱用之偏,解决"游戏"与"教学"两张皮的问题,金晓芳老师放弃教研员岗位,重回课堂,带班授课,系统设计与研发小学语文游戏教学操作范式,使游戏不是给教学添乱,而是添彩。针对拼音、识字、阅读、口语交际、语文园地等教学板块,金老师带头下水,和团队成员一起攻关,研发出融入绘画、音乐、律动、故事、比赛、晋级等游戏元素,且认知序和教材序高度匹配的游戏教学操作范式,如故事情境型、版画情境型、游玩情境型、儿歌唱诵型、闯关晋级型、角色表演型、分组合作型等,推出了数十个成熟的游戏教学案例,创生了有趣、有料、有效的语文课堂教学。

而这一本关于游戏与小古文教学融合的著作,是近两年金晓芳老师及其团队最新的研究成果。统编小学语文教科书,为了弘扬优秀传统文化,加强文言文启蒙教育,增编了小古文。怎样进行小古文教学,成了广大教师面临的一个难题。金晓芳老师团队急语文教师之所急,把游戏教学的触角伸进小古文教学之中。经过反复的研究、实践,他们提炼出游戏融入小古文的操作要点,以及有普适性的小古文游戏教学操作范式,并对统编教材14篇小古文进行游戏教学设计和测评工具的开发,还提供了丰富的小古文教学资源,做到了有理论、有策略、有方法、有资源、有检测。这本新著无论是从小古文教学,还是从小学语文教学游戏化的角度,都有重要的参考价值。

在古希腊语中,游戏(paidia)和教育(paideia)这两个词,有相同的词根,都指称儿童的活动。这提示我们,游戏是儿童认识和探索外部世界的重要途径。儿童在游戏中实现着社会化的进程,在各种各样的体验和实践中逐步走向"完整的人",走向德智体美劳全面发展的人。这和国家大力提倡的兴办培根铸魂、启智增慧教育的思想是一致的,和当下提出的"双减"的指示精神是一致的。而盲目地用过重的课业负担来催生小学生的成长,忘记了儿童适合什么、需要什么,不论是对孩子们的发展,还是对社会的文明进步而言,都是无益的。

老师们,为了保护儿童求知的热情,为了提高教育教学的质量,就在语文教学中巧妙地融入合适的游戏吧。

崔峦

统编小学语文教科书主编之一

2022年2月2日

序 二

在小学语文教育中,小古文教学一直具有很大的挑战性。一方面,小古文是中华传统文化的重要组成部分,蕴含着中华文脉的"根"和"魂",是中华民族的公共知识财富;另一方面,它又年代久远,与小学生的日常生活存在隔离,必须通过有效的教学才能转化成每位学生自己的个体知识财富,进而传承和丰富公共知识财富。

金晓芳老师的游戏教学研究团队,顺应小孩子的天性,把游戏教学作为公共知识向个体知识转换的重要媒介和方式,将其引入小古文教学过程,取得了良好的教学效果。这样的教学创新成果,难能可贵,特别是在"双减"背景下,尤其值得认真总结,大力推广。

这本书正是对金晓芳老师及其团队十几年如一日辛勤研究游戏教学的成果的一个小结,它为一线语文教师提供了丰富的游戏教学资源,对于语文教师更新教学观念、用好统编语文教科书,具有重要的参考和借鉴价值。

对于书中的具体内容,不需我赘述,每位教师读者都可以从中获得独特的解读和不一样的启示。

在此,我想秉持更为宽泛的立场,从知识论、人性论、价值论和方法论的视角,就游戏教学对于小古文教学乃至整个小学语文教学的意义和价值,谈点个人浅见,为游戏教学讨论提供某种理论思考。

第一,游戏教学的知识论基础。

从知识论的视角看,游戏教学有助于小孩子主动参与知识建构过程。这是因为,一个小孩子在学校里学的知识,无论是语文,还是数学,或是其他科目,对于人类来讲,特别是对于科任老师来讲,都是已知的公共知识系统。学生学或不学,这些公共知识都在,对于学生而言,这些知识就是一种具有客观性、外在性、静态性的事实性知识。这些公共知识的特性,常常让人误以为,只要老师讲得清,学生听得懂、背得出、记得住,教学就是成功的。但事实上,事情远远不是这样。因为对于学生来讲,只有把外在的"公共知识"转化为自己内在的"个体知识",公共知识才能被有效激活,变得有意义、有价值、有力量、可运用,成为方法性知识和价值性知识。个体知识是主观的、内在的、动态的,因此,教学的真正难点,就在于这个从客观的、外在的、静态的"公共知识"到主观的、内在的、动态的"个体知识"的迁移和转化过程。

那么,在这个迁移和转化过程当中,游戏教学处于一个什么位置呢?

在小学阶段,尤其是在小学低段,游戏教学是学生具身性地接触知识、参与知识建构的重要方式。对于小孩子来讲,游戏教学为公共知识向个体知识的迁移和转化提供了桥梁,是将外在公共知识转化为内在个体知识的激活机制。通过游戏化的设计,把与小孩子相隔离的小古文,变成小孩子角色活动中亲自体认的主观内容——方法性知识和价值性知识,而不是静坐听讲的客观对象——事实性知识。并且,在游戏活动中,作为客观对象的公共知识不断地驱动和指引作为主观内容的个体知识发展和提升,两者之间相互丰富,彼此促进,相得益彰。

第二,游戏教学的人性论基础。

从人性论的视角看,游戏教学要关注两个方面。第一个是自然属性,即我们要关注和尊重小朋友的生理发育和成长规律。第二个是社会属性,即我们要关注和尊重小朋友的心智和行为发展规律。一个孩子的发展,既有自然属性,也有社会属性,只有理解和尊重这些属性、原理、规律,我们才能做出正确的教学决策。

我们重点看看小朋友的自然属性。一个正常的孩子,第一个特征就是对活动的事物和活动本身更容易保持注意力和参与性。这个规律值得我们重视。它催生了一种教学理论,叫活动教学理论。

越是低年级,越需要活动教学。你让他排排坐,背着双手坐端正,他不是做不到,但是做到了是在害孩子,因为他的主要精力不是放在学习上了,而是老在想:老师正看着我,我的双手背得好不好,我坐得端不端正。一个健康的机体,他不动是不可能的,他的注意力不可能集中那么长时间。这违反人性,不符合孩子的生理发育特点。基于这第一个特征,我们一定要注意活动教学,尤其在低年级这是必须的。

但问题在于,一直动也会有困扰。这就涉及第二个特征,孩子不仅好动,而且贪玩。虽然玩也是动,但玩跟动的区别在于,玩一定要有意思、有趣味。就是一个孩子是好动的,但如果是枯燥地、单一地、重复性地动,孩子也是坚持不下来的,所以一定是要有趣味地活动。这就是我们说的游戏教学理论的人性论基础,是由一个孩子贪玩好动的自然属性所驱动的。我们要顺应这种自然属性,否则我们的教学效率就会是低下的。

值得注意的是,游戏教学不仅尊重孩子的自然属性,让孩子有趣味地玩,而且还尊重孩子的社会属性,在有趣味地玩的同时,有规则,有竞争,有合作,更有公平、愉悦、审美等价值追求。所有的游戏,其实无论是孩子的游戏,还是成年人的游戏,都是有规则的。当一个小孩子说"我不跟你玩了",其实就是在尝试一种规则,即你不按我的规则来,我就不跟你玩了。如果另外的孩子,接受了这个要求,双方就是在寻求妥协,达成合作,形成一种新的规则或默契,在一定程度上维护和建构公平、愉悦、审美等价值观念。这就是孩子贪玩的自然属性和社会属性,催生出了游戏教学理论。

第三个特征,叫"偷懒"。它是所有人的天性,不教而会,自然生成。既然偷懒是天性,就要求教学时有方法地去教,要教孩子、鼓励孩子,想办法尽量投入少收获多,也可叫"投机取巧"。这里面的重点是鼓励孩子有方法地去学习,要巧学。这就是所谓的"最优教学理论"。

我们要推动教学改革的三个理论方向,第一个叫活动教学,参与性地教学,具身性地教学,体验性地教学,即"动中学";第二个叫游戏教学,有趣味地教学,有规则地教学,有价值追求地教学,即"玩中学";第三个叫最优教学,就是有方法地教学,有悟性地教学,有优化地教学,即"巧中学"。游戏教学之所以是一种好的教学方式,是因为它与小学生的自然属性乃至社会属性高度契合。

第三,游戏教学的价值论基础。

从价值论的视角看,我们作为中小学老师,要成为一名好老师,一定要有这样一个信念,就是我们要不断追问:什么事情是好的?什么事情是不好的?具体到游戏教学,我们到底需要什么样的游戏教学?在游戏教学中,我们到底要追求什么?到底要避免什么?到底要抛弃什么?这样的问题需要反复回答和澄清。

游戏是人类最古老的活动,游戏是人类文明的源泉。英文把游戏称为"play",按动词解含有"玩乐""玩耍"之意,按名词解则含有"娱乐""戏剧"之意。诚如古希腊哲人柏拉图所说:"人就像是上帝手中的玩具……游戏、玩乐、文化——我们认定这才是人生中最值得认真对待的事。"如何融游戏于学习,这似乎是一个世界性的课题。游戏教学的价值论思考和探索,也还有巨大的空间和可能,需要不断地与时俱进。

第四,游戏教学的方法论基础。

从方法论的视角看,游戏教学需要关注:好的东西,我们怎么落实?不想要的东西,我们怎么去避免?还有一些中间状态,我们怎么去宽容?这些都涉及方法和方法论问题。所以,知识论、人性论、价值论、方法论是四位一体的。只有通过四位一体的思考,我们才能真正理解,应该教什么、应该学什么,应该怎么教、应该怎么学,这可能也是我们当前教学改革的主要重点和难点。

现在孩子们的大量知识,大多是机械重复训练得来的,教学只是一个套用的、模仿的设计,而不是活学活用的设计。游戏教学让学生真正获得亲身参与和运用的机会,活学活用,使得类似于小古文这样的外在的公共知识转化为内在的个体知识,成为学生个体主观的知识系统,让知识本身在个体身上得以复活,变得有意义、有价值、有力量、可运用,变成真正具身性的方法性知识和价值性知识,而不是一堆与孩子相隔离的事实性知识。

总之,在知识论、人性论、价值论和方法论等视角的观照下,游戏教学不仅具有极其深厚的理论基础,而且具有日益强大的实践生命力。

祝愿金晓芳老师及其研究团队,在游戏教学研究的道路上,巧遇更优美的风景,引领更多关注和热心游戏教学的同道,收获更丰硕的教改成果。

吴刚平

华东师范大学教授、博士生导师

2022 年 1 月 21 日

第一章

导言

"古文"是颇具时代性的一个概念,往往是指古代汉语,通常与现代汉语相对。不同朝代对"古文"内涵的限定并不一样。我们今天讲的"古文"通常指"古代散文",即1919年五四运动以前的散体文章。"古文"包括:兼具诗歌和散文性质的赋,讲究对仗用典且词藻华丽的骈文,种类繁多且实用性强的散体文,篇幅短小且内容广泛的小品文,还有书信祭文、史论及传记体散文等各种文体。

古文的发展大体上经历了以下几个阶段。

1. 先秦时期:《尚书》是中国最早的历史散文总集。春秋战国时代,百家争鸣,产生了诸子散文。《左传》与《战国策》是先秦历史散文的代表。"至战国而后世之文体备"①。

2. 两汉时期:本时期散文进一步发展,《史记》乃"史家之绝唱,无韵之离骚",代表了两汉散文的最高成就,开创了传记散文的文学样式。东汉以后,开始出现书、记、碑、铭、论、序等单篇散文形式。

3. 魏晋南北朝时期:本时期文章多讲求声律,形成骈俪文体,《北山移文》《与陈伯之书》等名篇隽永秀丽,《水经注》《洛阳伽蓝记》不同凡响。

4. 唐宋时期:中唐韩愈、柳宗元领导了古文运动,"文起八代之衰"。北宋时,欧阳修力倡古文,苏氏父子等人互相应和,古文日渐占领文坛。在古文运动的推动下,散文的写法日益繁复,产生了不少优秀的山水游记、寓言、传记、杂文等,著名的"唐宋八大家"也在此时涌现。

5. 明代散文:本时期散文基本上继承发展了唐宋古文运动的精神,先有前后"七子"的复古派;后有反对复古的唐宋派,主张作品"皆自胸中流出"。其中较为有名的是归有光,还有主张独抒性灵的"公安三袁",以及以张岱为代表的晚明小品文。另外,在本时期形成并持续到清代的应试文体"八股文"也颇具特色。

6. 清代散文:以桐城派为代表的清代散文,注重"义理"考据、辞章的体现。桐城派的代表人物姚鼐对我国古代散文文体加以总结,分为13类,包括论辩、序跋、奏议、书说、赠序、诏令、传状、碑志、杂说、箴铭、颂赞、辞赋、哀奠。②

由此,古文逐渐形成了两大流派——散文和韵文,其中《尚书》和《诗经》分别成了各自的早期代表。《尚书》是我国第一部历史散文集,记载的多是军国大事,是一部体例比较完备的官府处理国家大事的公文总集,保存了商周特别是西周初期的一些重要史料。《尚书》所记

---

① 章学诚,撰;吕思勉,评.文史通义·诗教上[M].李永圻,张耕华,导读整理.上海:上海古籍出版社,2008:18-19.
② 姚鼐.古文辞类纂[M].湖南:岳麓书社,1988:1.

录的,均为虞、夏、商、周各代典、谟、训、诰、誓、命等文献。战国时总称之为《书》,汉代改称《尚书》,意即"上古帝王之书",是我国封建社会治国理政的经典文献,在历史上有很大影响。就文学角度而言,《尚书》是中国古代散文已经形成的标志。《诗经》是我国最早的一部诗歌总集,收集了西周初年至春秋中叶(公元前11世纪至公元前6世纪)的诗歌,共311篇,包括《风》《雅》《颂》三个部分,反映了周初至周晚期约五百年间的社会面貌。其中,《风》是周代各地的歌谣;《雅》是周人的正声雅乐,又分《小雅》和《大雅》;《颂》是周王庭和贵族宗庙祭祀的乐歌,又分为《周颂》《鲁颂》和《商颂》。《诗经》在先秦时期称为《诗》,也称《诗三百》。西汉时被尊为儒家经典,始称《诗经》,并沿用至今。

大致从战国后期开始,文学散文才渐渐萌芽,日益发展为比较纯粹的文学品类。先秦的诸子散文、汉代的《史记》、唐宋以"唐宋八大家"为代表的散文创作,是中国古代散文史的三大高峰。

中华传统文化源远流长、博大精深,为中华民族生生不息、发展壮大提供了强大的精神支撑。中华优秀传统文化是中华民族的"根"和"魂",是最深厚的文化软实力,是中国特色社会主义植根的沃土,是我们在世界文化激荡中站稳脚跟的根基。①

一、关于小古文

本书所讲的"小古文",主要是指针对小学阶段的,从古代散文中精选出来的篇幅短小、富有教育意义和学习语言价值的文章或片段,供广大小学生诵读、学习。

统编小学语文教科书选编了为数不少的小古文,分别选自《二十四史》《世说新语》《山海经》《论语》《列子》《孟子》《韩非子》《吕氏春秋》等经典古籍,旨在传承和弘扬中华优秀传统文化,汲取先人智慧,发扬中国精神,增强文化自信,引领小学生在学语言的同时学习古人的优秀精神气质、思维方式,学习做人做事,做顶天立地的中国人。中国教育学会小学语文教学专业委员会原理事长崔峦先生指出:"今天学习文言文,要学习传统文化,学习精神气质、思想方法,学习古代语言,还要联系现实,联系自己,知行合一。"

但是,小古文语言凝练,生僻字多,语意艰涩难懂,且年代久远,学生平日接触少,与现实生活有不少距离,导致日常小古文教学枯燥乏味,了无生趣。坊间流传语文有三怕,其中有

---

① 中共中央宣传部.习近平新时代中国特色社会主义思想三十讲[M].北京:学习出版社,2018:206.

一怕便是文言文。小学生普遍害怕学习小古文,因为学小古文不像学现代文那样容易引发兴趣。我们团队对杭州市半山实验小学中高年级学生进行问卷调查,结果显示表示"喜欢"的人数只占27.68%,而有超过三分之二的学生表示感觉"一般"或"不喜欢"。

表1-1 单选题"你喜欢学习小古文吗?"统计(有效样本数289人)

选　项	小　计	比　例
A. 喜欢	80	27.68%
B. 一般	189	65.40%
C. 不喜欢	20	6.92%

众所周知,在人教版(2014)小学语文教材中,小古文最早出现在五年级下册,全套教材只有4篇。统编小学语文教材从三年级上册开始安排小古文,不仅学段提前,而且文言文篇目数量有所增加,体现了对祖国传统文化的重视。不过对广大小学语文教师而言,小古文教学确实是一个挑战。笔者带领团队老师尝试着从学习科学的角度和游戏教学的视野,重新审视小学文言文教学,在教学中融入大量的游戏元素,如拼图、表演、诵读、竞猜等,寓教于乐,学有所得,玩有所乐,取得了一定的成效。

二、关于游戏和学习

游戏是人类最古老的活动。中国最早的游戏叫击壤,始于上古时代。击壤,是人们捕猎之余主动练习的一种投击土块的技能游戏,类似于现代人玩的扔水漂。荡秋千、骑竹马、蹴鞠、拔河、放风筝、角力、下土棋、斗鸡……从远古到西周,春秋战国至汉,魏晋南北朝至唐宋元明清,这些游戏伴随着人类文明流传至今。

古希腊哲学家柏拉图说过:"人就像是上帝手中的玩具,而作为游戏之资,事实上正是人最可称道的品质。游戏、玩乐、文化——我们认定这才是人生中最值得认真对待的事。"荷兰学者赫伊津哈则认为,游戏先于文化,真正纯粹的游戏是文明的基石之一。游戏之于儿童作用更甚,儿童在游戏里学到了人生各阶段都需要的诸多能力,游戏促进了儿童的社会性发展、身心发展、智力发展。正如我国儿童教育家陈鹤琴所言:"各种高尚道德,几乎多可从游戏中学得。什么自治、什么克己、什么忠信、什么独立、什么共同作业、什么理性的服从、什么纪律,这种种美德之养成,没有再比游戏这个利器来得快,来得切实。"①可见,游戏可谓是人类文明珍贵的DNA。

我们再来看看学习科学视野下"学习"的定义:"学习,是指由经验(或实践)引起的个体知识或行为的相对持久的变化。"②在此定义中,我们需要重视两个要点:第一,这种变化必须是由经验(个体与环境之间的相互作用)引起的;第二,学习引起的变化发生在个体的知识或行为当中。德国启蒙运动的代表人物席勒提出:"只有当人在充分意义上是人的时候,他才游戏;只有当人游戏的时候,他才是完整的人。"游戏是唤醒个体经验并引起行为变化,进而产生深度学习的最佳途径或者渠道之一。

赫伊津哈曾经说过:"游戏是在某一固定时空中进行的自愿活动或事业,依照自觉接受并完全遵从的规则,有其自身的目标,并伴以紧张、愉悦的感受和'有别于''平常生活'的意识。"如果我们的课堂,能够让小学生在固定的40分钟内把学习当成自觉自愿的活动,自觉建立并遵从学习规则,尽情地挑战并体验学习过程的紧张、愉悦,那么学习也就回归了本义。这就促使教育者思考游戏和课堂的关联。虽然小学生往往是没有多少自主权的个体,但在"游戏"当中,他们可扮成大人的样子,从中得到乐趣,同时也只有在游戏中,他们才回归一定程度的自由和轻松。如果在学习的课堂当中,能够有这样的"游戏",或者说我们的课堂是以这样的形式进行的,那么学习就成为学生自己游戏的自觉自愿系统。这就促使教育者进一步思考游戏和学习的关联。先哲们描述的游戏场景和教育教学的场景本质上极为相近,这是游戏教学成为一种教学法的基本逻辑。而笔者和团队老师的实践也证明,游戏教学是一种行之有效的教学方式,深受孩子们喜爱。

三、关于"双减"和教学方式变革

我国中小学生负担太重,短视化、功利性问题没有得到根本解决,严重破坏了教育的正常生态。2019年12月3日,经济合作与发展组织(OECD)在法国巴黎总部宣布了2018年最新PISA成绩,由北京、上海、江苏、浙江组成的中国部分地区联合体在79个国家和地区参与的测试中名列第一,在阅读(555分)、数学(591分)和科学(590分)三项测试中遥遥领先。但再看"根据学生学业适应率排名学生的幸福感"数据,我国排名落在最后,中国学生的学习时

---

① 陈鹤琴.陈鹤琴全集(第一卷)[M].南京:江苏教育出版社,2008:5.
② 安妮塔·伍尔福克.教育心理学(第12版)[M].伍新春,等,译.北京:机械工业出版社,2015:192.

间太长;中国学生的总体效率不高,幸福感偏低。① 多年多次的教育改革,已经解决了诸多基础性、保障性问题,接下来我们将共同面临教育核心问题——提高质量。可是,什么是教育质量呢?从宏观上看,我们的基础教育质量已经到达世界顶峰,达到相对饱和的程度,那么是不是该松松弦,让孩子回归学习本身?让孩子成为他(她)自己?有人认为:"这个时代青少年成长的关键问题,不在压力太大,而是无意义。很多青少年在学校里成绩很好,也不惹麻烦,但他们的人生没有方向。为了某件并非他们选择的,也非他们相信的事情而努力奋斗,对于一个人的长期健康和自我实现是适得其反的。只有一个有意义的人生,才能释放巨大的能量、创造力和深度的满足感。"②

2019年6月,中共中央、国务院印发《关于深化教育教学改革全面提高义务教育质量的意见》,明确提出要"优化教学方式","提升智育水平"。2021年7月24日,中共中央办公厅、国务院办公厅印发《关于进一步减轻义务教育阶段学生作业负担和校外培训负担的意见》,指出:"提升课堂教学质量。教育部门要指导学校健全教学管理规程,优化教学方式,强化教学管理,提升学生在校学习效率。"笔者认为,"双减"不能简单地做减法——减轻学生过重的作业负担和校外培训负担,同时也要做加法,从质量上提高课堂教学、作业设计及学习评价的标准和水平,实现课外减负,课内提质。

游戏教学契合"双减"政策,顺应学生天性,强化学校主阵地作用,充分发挥游戏化、课程化、信息化整合优势,改变学生学习方式和教师教学方式,构建高质量的学习过程,提高育人质量。

笔者于2020年春天在杭州市外语实验小学设立了一个游戏化教学实验基地,该校增设了很多游戏场所和游戏设施,并且在语文、数学、英语、科学等多个学科中开设游戏教学实验班,其中很多做法给我们以启示。2021年6月,该校所在的杭州市拱墅区进行四年级和六年级的教学质量抽测,这些实验班进步比较明显。

一年多的实践证明,学生们喜欢这样的学习方式,家长们纷纷表示支持,教师的认同度也慢慢提高。该校的教导主任胡老师说:"游戏教学并非单纯地泛用或滥用游戏,而是要求教师对教材熟练把握,巧妙运用游戏化手段,激发学生的兴趣与热情,最终实现教学趣味化。游戏教学法在课堂中的运用,大幅度提升了学生的学习兴趣,从而进一步提高了学习的主动

---

① 褚宏启.从PISA2018看我国四省市的教与学[EB/OL].(2019-12-04).https://www.eol.cn/news/yaowen/201912/t20191204_1696966.shtml.
② 陈赛.青春期的机会——重新理解青春期[J].三联生活周刊,2019(36).

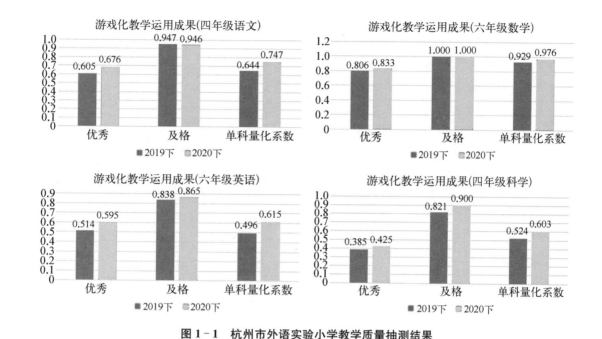

图 1-1　杭州市外语实验小学教学质量抽测结果

性和积极性。孩子们在游戏中不断尝试,总结策略及规律,从而学会反思,学会用游戏化的思维看待问题,帮助促进将学习的外部动机转化为内部动机,从而提升学生的学习自信和效能,提高学业成绩。"

第二章

概念和定义

在古希腊语中,游戏(paidia)和教育(paideia)这两个词有着相同的词根,都指称儿童的活动。这提示我们,游戏是儿童认识和探索外部世界的方式,儿童在游戏中实现自我的社会化进程,在各式各样的体验中逐步走向"完整的人",走向德智体美劳全面发展的人。这与国家大力提倡的健全立德树人落实机制、优化教学方式、追求适合学生的教育的主张是一致的,和将加重课业负担视为解决问题之道的做法大相径庭。盲目地用过量的课业来"加速"孩子的发展,忽略儿童适合什么需要什么,从长远来看,不论对孩子的发展还是社会的文明进步而言,都没有助益。

在 21 世纪的今天,我们的教育对象所处的成长环境和生活方式发生了天翻地覆的变化,这些"信息土著"一生下来就能接触到多样复杂的游戏和虚拟的世界,因而在游戏中学习已经成为一个无法规避的现实话题。

自 2012 年开始,基础教育版《新媒体联盟地平线报告》连续三年将"游戏化和基于游戏的学习"列为在未来教育领域得到广泛应用的新技术之一。已举办 13 届的美国 GLS(Games + Learning + Society,游戏 + 学习 + 社会)会议,每年都持续关注游戏化学习研究的最新进展。美国心智研究协会 ST Math 项目致力于通过可视化、游戏化学习改变美国的数学教育,研究结果显示能更有效地提高学生的数学能力。以亚利桑那州为例,参与 ST Math 项目一年学习的学生的数学标准测试合格率提升了 6.9%,而未参与项目的控制组学生仅提升了 3.6%。纽约有一所以游戏教学为特色的学校,2009 年秋季正式开学,从麦克阿瑟基金会、比尔及梅琳达·盖茨基金会获得资助,由教育工作者和专业游戏设计人员合作的联合小组指导,由毕业于耶鲁大学的、有十年教学管理经历的亚伦施瓦茨担任校长,把游戏精神注入公立学校体系,设置充满游戏意味的课程"学习的远征",营造"分享秘密知识""将智力强项变成超能力""解决宏伟任务""不怕失败""获得尊重"的学习环境。美国总统奥巴马曾宣布了一项名为"National STEM Video Game Challenge"的计划,这项计划致力于通过开发原创游戏促进和支持学生学习科学、技术、工程和数学知识(STEM)。[①] 英国小学正普遍开展游戏化学习[②],致力于针对不同课程开发基于游戏的学与教的方式变革。不仅如此,英国还重视研究教育游戏和医学、建筑、人文艺术之间的关系。澳大利亚、芬兰、日本、中国台湾、中国香港等国家和地区也早就倡导教师在教育情境中使用游戏元素和游戏设计技术来组织儿童学习。

---

① 奥巴马的出尔反尔? 美国总统如何看待游戏[EB/OL].(2010-09-19).http://news.xinhuanet.com/games/2010-09/19/c_12586283.htm.
② 玛丽·布里格斯,艾丽斯·汉森.小学里的游戏化学习[M].严加平,等,译. 北京:教育科学出版社,2019:2.

我国关于游戏化学与教方式变革的鼻祖要上溯到孔圣人了。孔子两千多年前就曾说过:"知之者不如好之者,好之者不如乐之者。"他讲述了学习的三个层次——"知之""好之""乐之"。只有以学习为乐的人,才能真正学得好。新中国成立后,我国教育者们加强了儿童教育研究,取得了丰硕成果。其中的代表人物是陈鹤琴先生,他在实践中积累了大量游戏素材,对游戏的种类、游戏与年龄的关系以及"一个儿童游戏的发展"案例等进行深入研究,为我国游戏教学理论的形成与发展提供了宝贵的财富。20 世纪 80 年代以后,福建、江苏、浙江、北京等地陆续进行有关游戏进学校、进课堂的研究,取得了可喜的成绩。南京师范大学的吴也显教授还专门出版过《小学游戏教学论》,里面囊括了关于小学语文、数学、自然、音乐、美术、体育等多门学科的实验成果及典型案例,为后续的游戏教学研究作出了贡献。20 世纪 90 年代,快乐教育的概念在我国开始流行。但是,北京大学的尚俊杰教授认为此概念在普及的过程中出现了一些偏差,好像快乐教育就等于减负,就要让孩子多玩,少做一些作业,少考一些试,让孩子们更轻松,由此招致了一些批评意见,比如有人认为学习就应该是比较苦的,有人认为在宽松的环境中长大的孩子在未来社会中的竞争力更弱,等等。[①]

21 世纪初,我国掀起了新一轮课程改革,可谓影响深远。国家教育部于 2001 年制定《基础教育课程改革纲要(试行)》(以下简称《纲要》),到现在已经 20 余年。《纲要》指出本次课程改革要改变只强调学科本位、课程内容繁难偏旧和注重单维知识教学等状况,并首次提出"知识和能力""过程和方法""情感态度和价值观"三个维度目标,倡导"自主、合作、探究"的学习方式,关注到每一个学生个体,在中国教育改革史上写下了浓重的一笔。2021 年 3 月,教育部出台了《关于大力推进幼儿园与小学科学衔接的指导意见》,明确指出"国家课程主要采取游戏化、生活化、综合化等方式实施,强化儿童的探究性、体验式学习"。[②] 2022 年 4 月,教育部颁发新修订的义务教育各科课程标准,聚焦中国学生发展核心素养,强化课程综合性和实践性,推动育人方式变革,构建具有中国特色、世界水准的义务教育课程体系。其中,一大亮点是"加强了学段衔接。注重幼小衔接,基于对学生在健康、语言、社会、科学、艺术领域发展水平的评估,合理设计小学一至二年级课程,注重活动化、游戏化、生活化的学习设计"。《义务教育语文课程标准(2022 年版)》突出"以生活为基础,以语文实践活动为主线,以学习主题为引领,以学习任务为载体,整合学习内容、情境、方法和资源等要素"的语文学习任

---

① 尚俊杰.新快乐教育:学习科学与游戏化学习视野下的未来教育(征求意见稿)[EB/OL].(2021-03-01). https://mp.weixin.qq.com/s/-Ilr_I5xlF4ODVqvWF5WpA.
② 教育部.教育部关于大力推进幼儿园与小学科学衔接的指导意见[EB/OL].(2021-03-30). http://www.moe.gov.cn/srcsite/A06/s3327/202104/t20210408_525137.html.

务群建设,指向发展学生的核心素养,"具有情境性、实践性、综合性"。而游戏是儿童的存在方式,使学生指向一定的学习目标或内容,自觉自愿按照一定的规则,通过融入游戏或游戏元素的任务或活动,在"玩中学""做中学""悟中学",从而使学习更科学、更有趣、更高效。

2015年8月,中国教育信息技术协会成立了以北大教育学院为主要基地的全国教育游戏专业委员会,北京、上海、浙江、深圳等教育发达地区纷纷掀起了基于游戏的学与教方式实践的热潮。朱永新教授在分析"未来学校的15个变革可能"时明确提出,用游戏的方式学习,用挑战的方式学习,游戏会在学习中发挥更加重要的作用。① 游戏教学正成为优化育人方式、提升智育水平的重要载体和变革力量。

一、定义和特征

关于游戏的哲学阐释自古就有,但游戏在教育领域尚属新鲜事物。游戏教学是20世纪90年代开始在我国蓬勃发展起来的教学方式。就小学各学科教学而言,体育、英语等学科使用教学游戏并实施游戏教学的情况比较多见,而语文、数学、科学等学科相对较少,处于零星化、零散化状态。"目前我国在新课程改革背景下,小学语文教学中游戏化教学的系统研究基本处于空白状态,即使是关于游戏与小学语文教学的研究也缺乏深入系统的研究。"②

小学语文游戏教学是指在学科教学中,教师立足于教材并打破学科界限,融入多种游戏元素,包括传统的游戏手段和信息技术支持的教学游戏,使认知序和教材序有机融合,依托师生相互作用而进行的一种教学方式变革,实现"愿学——会学——乐学"的学习效果,促进学生心智和能力完整而丰富地发展。具体地说,游戏教学具有以下五大特性:(1)交融性,目的是增强认知需要,以期实现教育功能;(2)活动性,目的是适应体能需要,以期实现运动功能;(3)愉悦性,目的是培育情感需要,以期实现体验功能;(4)耐挫性,目的是满足成就需要,以期实现自我实现功能;(5)社会性,目的是发展社会性需要,以期实现社会化功能。从身体需要开始,到认知、情感、成就的需要,再到社会性需要,游戏教学致力于培育健康完整的人、全面发展的人。

小学语文游戏教学贯穿识字、阅读、作文、口语交际、综合性学习等多个板块。游戏化视

---

① 朱永新.未来学校的15个变革可能[J].师资建设(双月刊),2018(2):44-47.
② 杜娟.小学语文游戏化教学研究[D].重庆:西南大学硕士学位论文,2009:9-10.

野下的小古文教学,是指教师根据小学生年龄特点和认知规律,创设一定的教学情境,以游戏为媒介和手段,以有趣轻松、富有挑战的方式整体设计、实施教学,在一定程度上降低了小古文学习难度,让学生从小热爱祖国的语言文字,更好地接受中华优秀传统文化的启蒙。

二、设计思路

经过几十年如一日的教学实践及对儿童年龄特征和心理特征的追踪观察,我们逐步提炼出儿童最具典型性的四大特性:好动、好玩、好奇、好胜,并以小学语文学科为主阵地,做了大量的教学游戏研发和游戏教学方式变革的工作。

我们的实践路径是:针对学生好动的天性,设计开发与身体冲动相关联的生理性游戏,包括儿歌表演、节奏操、音乐律动等几大类与课堂常规相关联的N种课中操,带领孩子们在"动中学";针对学生好玩的天性,设计开发了大量与学科知识相关联的益智性游戏,带领孩子们在"玩中学";针对学生好奇的天性,我带头下水,和团队成员一起并肩作战,融合绘画、音乐、律动、故事、比赛、晋级等游戏元素,使认知序和教材序高度契合,逐步提炼出带有一定普适性的游戏教学操作范式,带领孩子们在"巧中学";针对学生好胜的天性,我们践行教学评一体化,带领孩子们在"评中学",用"评"激励"学",提高课堂学习效果。

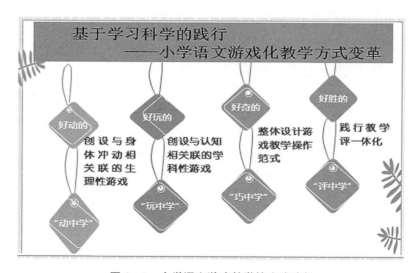

图 2-1 小学语文游戏教学的实践路径

第三章

小古文选文及分类

统编小学语文教科书选入小古文共计14篇,大多选自古代经史子集等经典古籍,从易到难,分学段安排。就内容而言,选文来源包括:官修史书《二十四史》中的《宋史》《晋书》人物传记各一篇;孔子、孟子、列子及其弟子言论汇编而成的《论语》《孟子》《列子》各一篇;记载东汉后期到魏晋间一些名士言行与轶事的《世说新语》两篇;思想犀利、文字峭刻、逻辑严密的法家学派韩非代表作《韩非子》两篇;汇聚民间传说中包括山川、地理、民族、物产、药物、祭祀、巫医等各方面知识的书籍《山海经》一篇;记载南宋时期江南各地的经济、文化、风俗、民情、山川、土产等的书籍《方舆胜览》一篇;南宋学者、理学家朱熹所著儿童启蒙读物《训学斋规》一篇;还有先秦杂家代表著作《吕氏春秋》一篇以及宋朝才子苏轼的小品文一篇,取材广泛,具体详见表3-1。从内容上看,选文编排尽量做到难易适度,贴近三至六年级的学生认知规律,紧扣语文要素,循序渐进,使小学生逐步认识中华文化的丰厚博大,主动汲取民族文化智慧和精华。

表3-1 统编小学语文教科书小古文出处一览表

年　　级	篇　　目	出　　处
三年级上册	《司马光》	《宋史·司马光传》
三年级下册	《守株待兔》	《韩非子·五蠹》
四年级上册	《精卫填海》	《山海经·北山经》
	《王戎不取道旁李》	《世说新语·雅量》
四年级下册	《囊萤夜读》	《晋书·车胤传》
	《铁杵成针》	《方舆胜览·眉州》
五年级上册	《古人谈读书》一 《古人谈读书》二	《论语》 《训学斋规》
五年级下册	《自相矛盾》	《韩非子·难一》
	《杨氏之子》	《世说新语·言语》
六年级上册	《伯牙鼓琴》	《吕氏春秋·本味》
	《书戴嵩画牛》	《苏轼文集》卷七十(中华书局,1986)
六年级下册	《学弈》	《孟子·告子上》
	《两小儿辩日》	《列子·汤问》

统编小学语文教科书中小古文的主要载体为历史故事、寓言故事、神话传说、民间故事、论述文等,就选入题材而言,大致可分为以下几类(具体见表3－2):(1)历史故事,如三年级上册的《司马光》、五年级下册的《杨氏之子》等;(2)寓言故事,如三年级下册的《守株待兔》、五年级下册的《自相矛盾》;(3)神话传说,如四年级上册的《精卫填海》;(4)民间故事,如六年级上册的《伯牙鼓琴》等;(5)论述文,如六年级下册的《学弈》《两小儿辩日》;(6)典籍摘录,如五年级上册的《古人谈读书》;(7)题跋,如六年级上册的《书戴嵩画牛》。整体而言,这些小古文中人物特点鲜明,事件生动典型,寓意简明深刻,给后世学人以深刻启迪和思索。

表3－2 统编小学语文教科书小古文分类一览表

类　　别	篇　　目	年　　级
历史故事(4篇)	《司马光》	三年级上册
	《囊萤夜读》	四年级下册
	《王戎不取道旁李》	四年级上册
	《杨氏之子》	五年级下册
寓言故事(2篇)	《守株待兔》	三年级下册
	《自相矛盾》	五年级下册
神话传说(1篇)	《精卫填海》	四年级上册
民间故事(2篇)	《铁杵成针》	四年级下册
	《伯牙鼓琴》	六年级上册
论述文(2篇)	《学弈》	六年级下册
	《两小儿辩日》	六年级下册
典籍摘录(2篇)	《古人谈读书》一;《古人谈读书》二	五年级上册
题跋(1篇)	《书戴嵩画牛》	六年级上册

第四章 小古文特征及价值取向

一、小古文的特征

鉴于小古文距离学生年代久远,对学生而言有一定的疏离感,统编小学语文教科书在编排时尽量遵循由易到难、循序渐进的原则,具有以下四大基本特征。

(一) 源自经典古籍

经典古籍,是传承我国优秀传统文化的主要载体。统编小学语文小古文出自《二十四史》《世说新语》《山海经》《论语》《列子》《孟子》《韩非子》《吕氏春秋》等经典古籍,题材广泛,涉及古人生活、做事、交友、学习、读书、思辨、思想境界等方面。

总的来说,统编小学语文教科书中小古文的选文呈现三大特征。

1. 故事性

这些小古文大多以讲故事的形式娓娓道来。如,《司马光》选自《宋史·司马光传》,讲述了司马光小时候持石破瓮救人的故事,成功地勾勒出机智过人的司马光形象。又如,《杨氏之子》选自《世说新语·言语》,通过杨氏子在其父不在家的情形下巧妙应对客人的故事,向世人展示了"甚聪慧"的神童形象。再如,《王戎不取道旁李》选自《世说新语·雅量》,通过孩子们皆取道旁李唯戎不取的故事,揭示了"竹林七贤"之一的王戎善于观察、敏于思辨的优秀品质。选文的故事性较强,符合小学生的生活实际和认知水平,能有效激起认知冲突和阅读期待,受到学生喜爱。

2. 思辨性

这些小古文在讲故事的同时引发积极思考,启迪思想方法,彰显古人的为人处世之道。如,选自《韩非子·难一》的《自相矛盾》一文,促使学生想一想"其人弗能应也"的原因。又如,选自《论语》《训学斋规》的《古人谈读书》二则,让学生"联系自己的读书体会,说说课文中的哪些内容对你有启发"。再如,选自《列子·汤问》的《两小儿辩日》,引导学生边阅读边思考:"两个小孩的观点分别是什么?他们是怎样说明自己的观点的?"这些思维火花如同一颗颗小石子,直击小学生的心田,荡起思维的涟漪。

当然,有些小古文,对该年段小学生来讲还是有思维难度的,比如,五年级下册的《自相矛盾》一文,"吾盾之坚,物莫能陷"与"吾矛之利,于物无不陷"形成强烈认知冲突,学生即使读懂字面意思,依然很难理解自相矛盾的焦点之所在。教师教学时可通过各种方法,如演示法,一只手当盾,一只手当矛,引导学生自己互刺或同桌间互刺。这样,学生渐渐体验到当盾足够坚固则矛必断、当矛足够锋利则盾必穿的事实,自相矛盾的理解难点便自然而然得以突破了。学生进而会意识到万事万物都有极限,即便是夸赞,也不能夸赞到极致而导致前后矛盾,不能自圆其说。

3. 经典性

这些小古文能激发小学生真善美的情感。比如,选自《吕氏春秋·本味》的《伯牙鼓琴》一文,通过呈现盛名乐师伯牙与山野樵夫钟子期由乐相知、因志相投的交友经历,告诉学生"何谓知音"。教师可通过故事渲染、微信补录信息等方法经历"伯牙破琴绝弦,终身不复鼓琴,以为世无足复为鼓琴者"的"痛失知音"的心路过程,再结合"资料袋"的补充信息,引领学生经历"知音何觅"的心灵震撼。

总之,这些源自经典古籍的小古文文质兼美,或夹叙夹议,或蕴含深刻道理,或凸显优秀品质,或传授正确的思想方法,或积淀真善美的情感,具有故事性、思辨性、经典性。

(二)语言简洁凝练

春秋战国时期,因当时造纸术还未发明,人们通常用竹简、丝绸等物记载文字。而丝绸价格昂贵,竹简笨重且记录的字数有限,人们为了能在"一卷"竹简上记下更多的事情,故删其繁复,行文上极尽简洁凝练之风。可以说我国的"文言文"是世界上最早的文字记录"压缩"版。如今,古汉语常用字大多数仍然保留在现代汉语中,比如,《王戎不取道旁李》浓缩成了成语"道边苦李",而《精卫填海》《守株待兔》《自相矛盾》本身就作为成语流传至今,体现了中华民族的文明与智慧,以及古汉语旺盛的生命力。

小古文作为古代的书面语言,是古代文人经过反复推敲创作而成的,言简意赅,句式灵活,音韵和谐,节奏明快,是学生学习、建构语言的经典范本。例如,三年级上册课文《司马光》是统编教材出现的第一篇小古文,短小精悍,仅用了 30 个汉字,就围绕"司马光破瓮"这件事,把原因、经过和结果讲得十分清楚,堪称经典。而以前教科书选编的同一内容的现代文,却用字过百。现代人在进行口头和书面表达时,常常引用古汉语中的词句,并以此为荣。我国国家领导人在讲话、著述和接见外宾时,也常常引经据典,起到了锦上添花的表达效果。

(三)内容通俗易懂

《义务教育语文课程标准(2022 年版)》(以下简称《课标》)提出了"能借助工具书阅读浅易文言文"的学习目标。统编小学语文教科书契合《课标》的要求,面向初学小古文的小学生,所选入的文言文通俗易懂、朗朗上口。统观 14 篇小古文,除了五年级上册的《古人谈读书》为典籍摘录外，其余都是故事性文本，易于阅读和思考，能激发小学生阅读文言文的兴趣。其中有一些故事学生耳熟能详，只是用不一样的语言形式呈现出来了。如《守株待兔》《精卫填海》《铁杵成针》。学生读这些小古文时，能链接已有的阅读信息，在古今汉语之间自然游走，无形之中降低了文言文的理解难度。还有一些古代儿童故事，如《王戎不取道旁李》《司马光》《杨氏之子》，以其生动有趣的情节、形象逼真的画面，跨越时空，真实再现同龄人的故事，容易引发学生的阅读兴趣。

（四）形式丰富多样

统编小学语文教科书中的 14 篇小古文，取材丰富，形式多样。中年级的 6 篇文言文，题材广泛，分别是选自《二十四史》和《世说新语·雅量》的历史故事《司马光》《囊萤夜读》《王戎不取道旁李》，选自《韩非子·五蠹》的寓言故事《守株待兔》，选自《山海经·北山经》的神话故事《精卫填海》，选自《方舆胜览·眉州》的民间故事《铁杵成针》，故事性强，宜于指导理解内容和阅读方法。高年级的 8 篇文言文，体裁多样，包含民间故事类的，如《伯牙鼓琴》；题跋类的，如《书戴嵩画牛》；论述文类的，如《学弈》《两小儿辩日》；还有语录体的，出自《论语》《训学斋规》，相比较而言，更宜于培养思辨力。

二、小古文的价值取向

《课标》指出："时代的进步要求人们具有开阔的视野、开放的心态、创新的思维，对人们的语言文字运用能力和文化选择能力提出了更高的要求，也给语文教育的发展提出了新的课题。"小学阶段增加古诗文的篇数，着眼"认识中华文化的丰厚博大，汲取民族文化智慧"，有利于传承中华优秀文化，培植文化自信。

文以载道，文道交融。《课标》要求第二学段即小学三、四年级"诵读优秀诗文，注意在诵读过程中体验情感，展开想象，领悟诗文大意"，"背诵优秀诗文 50 篇（段）"；第三学段即小学五、六年级要求"背诵优秀诗文 60 篇（段），诵读优秀诗文，注意通过语调、韵律、节奏等体味作品的内容和情感"。

在小古文教学中，很长一段时间内，教师侧重于对字词句的理解甚至是逐句的翻译以及古诗文的背诵，忽略了"体验情感""展开想象""体味语言"等语文学习目标。教师要不断明晰语文学科工具性与人文性统一的基本特征，除了要落实读读背背、领悟大意等基本要求，还要重视作品传承文化的价值，包括思想方法、思维方式、精神气质，尤其是其中蕴含的中华民族精神与中国智慧,这是重要的文化传承。

笔者所带领的团队通过大量的教学实践与研究,提出如下小古文价值取向。

(一) 传承优秀文化

传统文化是一个国家发展的思想基础和精神保障。传统文化所关注的人与自然、人与社会、人与自我的和谐关系,所追求的真善美的人生境界,是一个民族自立自强的精神坐标。中国有着五千年的灿烂历史,一代又一代的中国人,用自己的聪明才智创造了无比璀璨的中华文明和绵延不绝的中国文化。中华传统文化是中华民族的文化基因,是华夏儿女族群认同和精神团结的文化符号。《课标》指出:"引导学生在学习语言文字运用的过程中,逐步树立正确的世界观、人生观、价值观,体认和传承中华优秀传统文化、革命文化、社会主义先进文化,积淀深厚的文化底蕴,增强文化自信。"

小古文既是古代语言的启蒙,也是文化的启蒙,为国家的发展和民族的复兴提供精神滋养和智力支撑。小古文中蕴含着丰富的传统文化,如治学文化、修身文化、名人文化、交友文化、思辨文化、审美文化等。因此,学习和传承优秀传统文化是小古文教学的重要目标和内容。在对中高年级学生的调查中,我们发现,67.82%的学生认为"学习小古文有用",74.74%的学生认为"在日常交际和课内外动笔中,有过用上一两句小古文中的名言警句而使表达增色的情况",说明小学生对古代汉语的重要性已有所认识。

表 4-1 单选题"写作或生活中,你觉得学习小古文有用吗?"统计(有效样本数 289 人)

选 项	小 计	比 例
A. 有用	196	67.82%
B. 不好说	73	25.26%
C. 没用	20	6.92%

因此,开展小古文教学,不仅能在一定程度上帮助学生尽早知晓中国传统文化的精髓,而且在提高小学生的思想文化和道德素养水平,形成正确的人生观、世界观、价值观等方面具有重要意义。

(二) 彰显人物品质

统编小学语文教科书中的小古文虽然只有 14 篇,但是人物形象多样且典型,从机智过人的司马光、冷静缜密的王戎、恭勤不倦的车胤到智者圣人,从真实存在的历史人物到精神虚化的神人,性格鲜明,形象逼真,思维独特,强烈地冲击着当代小学生的大脑,给孩子们带来源源不断的精神滋养和智慧支撑。小古文教学必须发挥"育人"功能,促使学生增进对中华民族文化长河中涌现出来的优秀人物的了解,增强对中国文化和古人智慧的认同感、自豪感,在学习中吸收,在理解中传承,从而根植文化自信,激发作为中国人的责任感和使命感。

(三) 指向语文要素

语文要素是统编小学语文教科书编排体系中的一个核心概念,是建构教科书体系结构的基石。从三年级开始,教科书在每个单元前编排单元导读页,用简洁的语言点明本单元的人文主题和语文要素,明确单元教学目标,方便小学语文教师把握单元教学重点,帮助学生培养语文学习能力,习得语文学习的方法,养成良好学习习惯。

小古文的教学也应尽量紧扣单元"导语",落实语文要素。14篇小古文中有8篇和单元语文要素关联,约占三分之二。比如,《守株待兔》被安排在三年级下册的寓言单元,语文要素是"读寓言故事,明白其中的道理"。作为教材中的第一则文言文寓言,《守株待兔》的学习可引导学生在古代寓言和现代寓言、中国寓言和外国寓言中穿梭,在阅读中外寓言故事中寻同比异,把握文体特点。紧接着,"语文园地"中安排了"交流平台"栏目,进一步强化语文要素,梳理总结,提炼寓言学习方法;在"快乐读书吧"中拓展阅读《叶公好龙》,引导学生实践运用本单元学习寓言的方法。各部分内容环环相扣、相互配合,使寓言单元形成一个系统。又如,选自《论语》和《训学斋规》的《古人谈读书》二则,是五年级上册第八单元的选文,语文要素是"根据要求梳理信息,把握内容要点",围绕"如何读书"这个话题,与现代作家冰心的《忆读书》、叶文玲的《我的"长生果"》紧密配合,指向本单元语文要素的落实。

这样的例子还有很多,如五年级下册《自相矛盾》和第六单元语文要素"了解人物的思维过程",五年级下册《杨氏之子》和第八单元语文要素"感受课文风趣的语言",六年级下册《学弈》《两小儿辩日》和第五单元语文要素"体会文章是怎样用具体事例说明观点的",四年级上册《精卫填海》和神话故事单元语文要素"感受神话中神奇的想象和鲜明的人物形象",等等,都指向了该单元语文要素的落实。

(四) 渗透思想方法

《课标》在"总目标"中指出:"感受语言文字的美,感悟作品的思想内涵和艺术价值,能结合自己的经验,理解、欣赏和初步评价语言文字作品,丰富自己的情感体验和精神世界。"统编小学语文教科书中的小古文选文具有故事性、思辨性、经典性的特征。着力体现古人思辨特色,注重思想方法的渗透是教科书中小古文的又一价值特色。

《守株待兔》《自相矛盾》《王戎不取道旁李》《学弈》《两小儿辩日》等文章,均集中体现了思辨性特征。例如,《守株待兔》一文,让学生说说"那个农夫为什么会被宋国人笑话",并补充"阅读链接"《南辕北辙》,引导同学之间交流"故事中的坐车人错在哪里",明白其中的道理;《自相矛盾》一文,引导学生想一想"其人弗能应也"的原因,了解楚人的思维过程,进而知晓"夫不可陷之盾与无不陷之矛,不可同世而立"这个观点;《王戎不取道旁李》一文,引导学生说说为什么"树在道边而多子,此必苦李",了解并学习王戎独特缜密的思维方式;《学弈》一文,前面以"弈秋教两个徒弟下棋,二人表现不同"的具体事例,引导学生讨论观点"为是其智弗若与",进而学习古人求学专心致志的品质;《两小儿辩日》一文,引导学生边阅读边思考"两个小孩的观点分别是什么,他们是怎样说明自己的观点的",使学生不畏权威,在思辨中创新;还有《古人谈读书》二则,让学生"联系自己的读书体会,说说课文中的哪些内容对自己有启发",进而与学生自己建立意义关联,学习并吸纳古人的为学处事之道。

在小古文教学实践中,教师要精准把握教材逻辑和学生的认知逻辑,引导学生抓住关键语句和核心观点,仔细推敲、品味,理解古人的思维方式,启智增慧,丰富自己的精神世界。

(五)对接古今智慧

中华优秀传统文化蕴含的思想观念,如革故鼎新、与时俱进,脚踏实地、实事求是,惠民利民、安民富民,道法自然、天人合一等,为人们认识和改造世界提供了有益启迪,为治国理政提供了有益借鉴。[①]

小古文连接着中华民族的古今,教师应循着中华文化的命脉,在教学过程中运用多种媒介和途径,增加学生体验,让古人的智慧照进现今的学习生活。例如,在学习《自相矛盾》一文时,一位教师让学生结合生活实际谈一谈:"其实在生活中,也有很多自相矛盾的事情,你能举出这样的事例吗?"

接着,教师出示不同时期脑白金的广告词,激发学生思考:"为什么这个商家要这样做广告呢?"学生纷纷发表自己的见解,在自相矛盾中纠结,在纠结中思考,在思考中创新。

最后,教师点题,对接古今智慧,"这个故事虽然创作于两千多年前,但其中的道理和思维方式至今仍给予人们不同的启示,(出示篇章页)这就是篇章页所说的——思维的火花跨越时空,照亮昨天、今天和明天"。在学习与品味文言文的过程中,教师积极引导学生结合现

---

① 中共中央宣传部.习近平新时代中国特色社会主义思想三十讲[M].北京:学习出版社,2018:206.

图 4-1 不同时期脑白金的广告词

实生活,与古代圣贤的思维相互碰撞,从古人身上汲取智慧,并迁移、运用到现实生活中,提升自身的思辨能力和心智水平。

第五章

游戏融入的小古文教学操作要点

小古文是我国优秀传统文化的瑰宝,滋养了中华民族一代又一代子孙,把中华优秀文化传承好、发扬好是每位教师义不容辞的责任。小学阶段的小古文选文是适合小学生阅读的,容易被学生理解,比如,像王戎、司马光那样早慧的名人小时候的故事,丰富生动的神话传说、寓言故事、成语故事,从内容到形式都比较适合小学生的阅读和理解水平。

通过问卷调查,我们发现了小学生学习小古文的困惑所在,其中,背诵有困难的,占30%左右;读懂大意,并把小古文的故事讲出来有困难的,共占25%左右;理解字词、感受人物形象或道理有困难的,共占40%左右;读准音调有困难的,占5%左右。

表5-1 单选题"对你来说,学习小古文最困难的是什么"统计(有效样本数289人)

选项	小计	比例
A. 背诵课文	90	31.14%
B. 读懂大意	46	15.92%
C. 理解字词	52	17.99%
D. 体会人物形象或道理	62	21.45%
E. 读准音调	14	4.84%
F. 把文言文的故事讲出来	25	8.65%

发现了学生的问题和困惑后,我们团队收集并整理统编教材中小古文的课后习题,明确小古文教学重点和难点,开展以课例研讨为主的大量课堂实践,总结并提炼出学习科学背景下整合游戏教学与小古文的若干操作要点。

一、抓诵读

俗话说:书读百遍,其义自见。

诵读,是学习古诗文的主要方法。《课标》分三个层面设置学习任务群,分别是"基础型学习任务群""发展型学习任务群""拓展型学习任务群"。其中,"基础型学习任务群"中分学段提出诵读诗文要求,提倡"熟读成诵,不要死记硬背";"发展型学习任务群"中分学段强调多种语文实践活动,提示"重视古代诗文的诵读积累,感受文学作品语言、形象、情感等方面的独特魅力和思想内涵,提升审美能力和审美品位"。《课标》在阐述分学段目标时再次强调诵读的重要性:第一学段要求"诵读儿歌、儿童诗和浅近的古诗,展开想象,获得初步的情感体验,感受语言的优美";第二学段要求"诵读优秀诗文,注意在诵读过程中体验情感,展开想象,领悟诗文大意";第三学段要求诵读优秀诗文,"注意通过语调、韵律、节奏等体味作品的内容和情感"。同时,《课标》还在第一、第二、第三学段分别提出背诵优秀诗文"50篇(段)、50篇(段)、60篇(段)"的数量要求,共计160篇(段)。这些关于"诵读"和"背诵"的目标在统编教材小古文教学中得到了充分体现和落实。14篇小古文的课后思考练习中都明确提出诵读和背诵要求——"正确、流利地朗读课文。背诵课文"。而且,诵读要求体现一定的梯度,从三年级上册《司马光》的跟读开始,到读通顺,再到读流利,读出情感,从扶到放,逐渐增加难度。要求背诵的篇目达12篇,占85.7%。

(一) 传统诵读

教师在教学时要通过不同层次的、循序渐进的诵读,引导学生感受语言的优美,培养基础语感,以奠定文言文学习基础。抓诵读的方法有很多,有划节奏线读、换气读、扣重点词句、想象读、按一定的韵调读等;读的形式也有很多,自己读、指名读、同桌对读、男女比赛读、师生合作读等。

中国教育学会小学语文教学专业委员会副会长、浙江省教育厅教研室的柯孔标先生认为,小古文"以读为中心"的教学有4个环节,清晰地指明了小古文阅读的过程和从读到悟的规律。

第一,读通。文言文的标点是我们加上去的,而事实上古人写的文章是没有标点的。尽管我们对文言文做了断句,但有些词汇古今不同义,而且文言文还有许多特有的句式,因此读通是有一定难度的。朗读时,尤其要注意停顿、节奏、韵味等。文言文可以朗读,还可以诵读或者吟诵。

第二,读懂。我不太同意有些专家说的"古诗文只要读背就可以了"。如果只是机械地背诵,没有适度的理解,文言文的学习效果是要打折扣的。所以理解很重要,借助插图、注释、用自己的话讲一讲故事等都是好方法。有的老师还让孩子发挥想象,设身处地进入故事情境想象着读,这也是一种很好的方法。

第三,读悟。统编教材选的文言文有寓言、成语故事,大多有一定的寓意。比如,《守株待兔》和《自相矛盾》,都是讲一种片面思维方法,导致了可笑和尴尬的后果。不同年龄的人从不同的视角对两个故事可以有不同理解和感悟,应允许学生有自己独特的阅读感受。

第四,运用。学生悟出了道理和形式,能不能用一用?学寓言故事时可以让学生联系生活中一些具体的现象。比如,学了《守株待兔》,体验在生活中如何避免成为心存侥幸的人;学了《自相矛盾》,结合生活中"自相矛盾"的事情,告诉学生"这个故事虽然写于两千多年前,但其中的道理和思维方式至今仍给人们以启示"。

(二) 挑战诵读

基于传统诵读方法,游戏教学用得比较多的是挑战读游戏,请看以下片段:在学生自读课文的基础上,游戏化团队张燕老师教授《王戎不取道旁李》时指导挑战读。

师:都读好了吗?谁来读一读课文?他读的时候,请其他同学认真听。(指名读)

师:读得字字准确,句子通顺,不错!谁觉得自己能读得比他还要好?(指名)第一位同学也认真听,如果觉得比你读得好,就赶紧坐下,如果觉得不如自己就还站着,听明白了吗?

生:明白了。

(第二位学生读,第一位坐下)

师:你不但读得准确,还读出了停顿、节奏,真好!谁还想来读一读,把她读得坐下去?

(指名第三位学生读,第二位坐下)

师:还有谁想挑战他?(没有学生举手)

师:我给你们出个主意,人多力量大,一起读,把他读坐下。

生齐读,第三位学生坐下。

师:听你们读得那么好,老师也想来试试,行吗?(师读)

这样的教学建立在学生"好胜"的天性基础上,能充分发挥学生的自主能动性,使学生越读越带劲儿,越读越达标,大家都读得有模有样、有滋有味,有效达成诵读目标。

(三) 歌诀乐读

游戏教学还提倡有节奏、有韵律地诵读,有条件的老师还可以用歌诀乐读的方法,切实提高诵读小古文的成效。例如,杭州市文三教育集团的俞玉珍老师教学《古人谈读书》时,就采用了歌诀乐读法。

1. 展示歌诀乐读法。

老师给大家带来一种新的诵读方式——歌诀乐读,请看视频。

① 知之 为知之，不知 为不知，是知也。
② 敏而好学，不耻下问。
③ 默而识之，学而不厌，诲人不倦。
④ 我非 生而 知之者，好古，敏以求之者也。
⑤ 学如不及，犹恐失之。
⑥ 吾尝 终日 不食，终夜 不寝，以思，无益，不如学也。

让学生说说发现了什么。文字下方的诵读图示——文字下一横表示一拍连读，没有横线的，一字一拍。看图示跟老师轻打节奏诵读第一则。

2. 跟老师用歌诀乐读法读第一则，学习歌诀乐读法。

采用的形式有：跟老师滚雪球式诵读；组际挑战；谁敢挑战俞老师。

滚雪球式：知之 为知之
　　　　　知之 为知之，不知 为不知
　　　　　知之 为知之，不知 为不知，是知也

3. 以同桌为单位试诵2—6句，读熟全文。

采用以下形式展示诵读成果：以同桌为单位；大组PK（比拼）；男女生PK；全班诵读。

每个学生都跃跃欲试，打着节奏，从跟着老师看"诵读图示"学习歌诀乐读，到同桌合作尝试，短短几分钟内，学生反复诵读，主动纠正错误，效果很好。歌诀乐读法告诉我们：其一，学生喜欢这样的诵读方式。诵读中加入肢体动作，有节奏地诵读，激起诵读欲望。其二，学生喜欢竞争的诵读形式。同桌展示、大组PK、男女生PK、师生PK等形式极大地激发了学生的诵读激情。学生在反复、快乐诵读中不知不觉就读通了全文，提高了教学效率。学习科学理论告诉我们：人的大脑非常喜欢节奏和韵律，它能够让我们对自身行为产生一种预期。这种预期一旦成功，身体就会分泌出大量多巴胺，使人产生一种愉悦感，同时带来更强的学习和记忆的效果，也产生更强的学习和记忆的动力。这就是为什么我们听着节奏感很强的音乐或者朗诵时，会产生愉悦感觉。

关于诵读，可谓仁者见仁，智者见智。我们应该摒弃怪腔怪调地读，枯燥乏味地读，无有所得地读。诵读的评价，重在提高学生的诵读兴趣，增加积累，发展语感，加深体验和领悟，这需要我们持之以恒地做出努力。

二、抓理解方法

习近平总书记等党和国家领导人在报告和讲话中常常引用古诗词,体现了对传统文化的尊重和中华文化自信。语文教师要想教好小古文,首先自己要喜欢,还要通览小古文教材及其相关文献资料,细细领会统编教材编排意图,指导学生掌握一些理解小古文的基本方法。

年 级	文言文篇目	课后练习(内容理解)	
三年级上册	《司马光》	借助注释,用自己的话讲一讲这个故事。	借助注释
三年级下册	《守株待兔》	借助注释读懂课文,说说那个农夫为什么被宋国人笑话。读读"阅读链接",和同学交流:故事中的坐车人犯了什么错?	
四年级上册	《精卫填海》	结合注释,用自己的话讲讲这个故事。人们通常在什么情况下赞扬精卫填海的精神?	讲述故事
	《王戎不取道旁李》	结合注释,用自己的话讲讲这个故事。说说为什么"树在道边而多李,此必苦李"。	
四年级下册	文言文二则:《囊萤夜读》《铁杵成针》	借助注释,理解课文中每句话的意思,再正确、流利地朗读课文。	
五年级上册	《古人谈读书》二则	借助注释,用自己的话说说课文的大意。	
五年级下册	《自相矛盾》	用自己的话讲讲这个故事。"其人弗能应也"的原因是什么?生活中有类似的事情吗?	联系生活实际
	《杨氏之子》	借助注释了解课文的意思,说说从哪里可以看出杨氏之子的机智与幽默。	
六年级上册	文言文二则:《伯牙鼓琴》《书戴嵩画牛》	"伯牙破琴绝弦,终身不复鼓琴,以为世无足复为鼓琴者。"说说这句话的意思,再结合"资料袋"和同学交流感受。用自己的话讲讲《书戴嵩画牛》的故事。	结合资料
六年级下册	文言文二则:《学弈》《两小儿辩日》	对照注释,想想每句话的意思,再连起来说说故事的内容。在《两小儿辩日》中,两个小孩的观点分别是什么?他们是怎样说明自己的观点的?	

图 5-1 统编教材小古文编排及相关理解方法

小学阶段理解小古文的一般方法主要有：借助注释、联系上下文、讲述相关故事、借助工具书、结合插图、联系生活、补充资料等，教学时要结合教材灵活采用多种方法。从问卷调查中可知，小学生学习小古文的方法主要有"借助注释""联系上下文""反复读""借助文言文翻译文本"等，见表5-2。

表5-2 多选题"平时你怎样学习小古文？请选择最主要的三种方法"统计（有效样本数289人）

选项	小计	比例
A. 反复读	165	57.09%
B. 借助注释	268	92.73%
C. 联系上下文	196	67.82%
D. 向老师请教	108	37.37%
E. 猜意思	89	30.80%
F. 借助文言文翻译文本	157	54.33%
G. 查字典	68	23.53%

我们检索统编小学语文教科书课后习题，对书中主要的理解方法加以说明。

(一) 借助注释

其中，借助注释法出现得最为频繁，共8次，旨在指导学生借助文中注释，自主理解文言文词句及内容。比如，三年级上册的《司马光》和三年级下册的《守株待兔》，首次提出"借助注释，用自己的话讲一讲这个故事""借助注释读懂课文，说说那个农夫为什么会被宋国人笑话"；四年级上册的《精卫填海》和《王戎不取道旁李》再次提出"结合注释，用自己的话讲讲这个故事"；五年级上册的《古人谈读书》则提出"借助注释，用自己的话说说课文的大意"，五年级下册的《杨氏之子》提出"借助注释了解课文的意思，说说从哪里可以看出杨氏之子的机智"；六年级下册的《文言文二则》提出"对照注释，想想每句话的意思，再连起来说说故事的内容"。从要求学生"借助注释，用自己的话讲故事"，到"借助注释，用自己的话说说课文的大意"，到体会人物品质，再到结合注释整体把握小古文的内容，理解上逐渐提高难度，整体把握大意的要求也随之提高。

(二) 联系上下文

在课后习题中,联系上下文的方法出现了2次,分别是五年级下册《自相矛盾》中提出"联系上下文,猜测加点字的意思",六年级下册《文言文二则》中提出"联系上下文,说说加点字的意思"。我们以六年级下册《学弈》中"之"的教学为例。《学弈》一文仅有70个字,5句话,而"之"就出现了6次。教学时不必过多解释字义,应引导学生联系上下文自主尝试,合作交流,理解"之"在句子中的不同意思。

在实际教学中,可设计三个环节。

第一环节,小组合作,朗读课文,试着运用联系上下文的方法想想"之"的意思,进行初步交流。

第二环节,小组汇报,教师采用适时提问的方法,引导学生说说自己小组是如何联系上下文理解"之"的意思的。《学弈》一课有两处"之"("通国之善弈者也""惟弈秋之为听")可理解为"的";其余四个"之"均作代词用——"一人虽听之(指示代词,指弈秋的教导)","一心以为有鸿鹄将至,思援弓缴而射之(指示代词,指鸿鹄)","虽与之(第三人称代词,指专心致志的那个人)俱学","弗若之(第三人称代词,指专心致志的那个人)矣"。

第三环节,引入在线教学游戏,借助希沃白板模式,采用线上男女生对抗赛或小组对抗赛的形式,进一步巩固对"之"的意思的理解。

此三环节中,学生通过自主尝试、反复朗读、多法理解、趣味练习等方式,逐步掌握了联系上下文理解"之"的意思的方法,取得了较好的学习效果。

(三) 紧扣关键词句

在小古文课后习题中,有不少理解关键词句的练习。随着年级的升高,教师不必每字必讲,每句必解,可运用抓住关键词句理解全文的方法。

1. 关键词

统编教材小古文课后习题中,对理解关键词的引领有三次。

第一次:在四年级下册《文言文二则》课后习题中,用组词的方法,体现了对理解关键词的引领。

照样子,根据课文内容填一填。

◇胤恭勤不倦。(疲倦)

◇家贫不常得油。(　　　　)

◇世传李太白读书山中,未成,弃去。(　　　　)

第二次:在五年级下册《自相矛盾》课后习题中,用猜测的方法,体现了对理解关键词的引领。

联系上下文,猜测加点字的意思。

◇誉之曰:"吾盾之坚,物莫能陷也。"

◇其人弗能应也。

◇不可同世而立。

第三次:在六年级下册《学弈》课后习题中,用说一说的方法,体现了对理解关键词的引领。

联系上下文,说说加点字的意思。

◇通国之善弈者也

◇思援弓缴而射之。

2. 关键句

小古文课后习题中,对理解关键句的引领有三次。

第一次:在四年级上册《王戎不取道旁李》课后习题中,抓住体现王戎思辨能力的话语,体现了对理解关键句的引领。

说说为什么"树在道边而多子,此必苦李"。

第二次:在五年级下册《自相矛盾》课后习题中,抓住因自相矛盾导致不能自圆其说的矛盾焦点,体现了对理解关键句的引领。

想一想:"其人弗能应也"的原因是什么?

第三次:在六年级上册《伯牙鼓琴》课后习题中,抓住伯牙痛失知音的表现,体现了对理解关键句的引领。

"伯牙破琴绝弦,终身不复鼓琴,以为世无足复为鼓琴者。"说说这句话的意思,再结合"资料袋"和同学交流感受。

表5-1数据显示,大部分学生能感知文言文大意,自主完成学习目标。但是,学生对于理解字词有困难的占17.99%,对于体会人物形象或道理有困难的,占21.45%,因此,教师教学时不可以平均使用力量,应抓住关键处、难点处进行重点指导。

每位老师对关键词句的引领和把握,又须根据其自身特长和学生实际以学定教,灵活处理。下面以团队张燕老师执教《自相矛盾》紧扣"誉"字,抓住楚人"誉"其"矛"与"盾"的两句话展开教学为例。

思维训练是该单元语文要素训练点,文中"其人弗能应也"的原因指向人物的思维过程。教学中紧扣"誉"字,以铺设班级剧场的情境为链,通过一次次"誉"的演绎,将楚人和路人的思维过程以心理独白的形式呈现出来,共分为三个板块。

第一板块:理解"誉"语。教师先出示楚人的两句话,利用学生好胜的心理特点,故意向同学请教"誉"的意思,引导学生用联系上下文的方法,疏通句意。接着让学生找一找"誉"字在文章中出现了几次,用横线画出来,并思考问题:楚人分别"誉"了什么呢?学生很容易就明白楚人分别"誉"了自己的矛利、盾坚。然后请学生学着楚人吆喝的样子用夸赞的语气读一读这两句话,比比谁"誉"得好。教师还顺势进行了语言的迁移,出示一组句子,让学生仿照文言文的表达形式,"誉"一"誉"别的事物,促进语言的积累和运用。学生读得越好,说得越到位,对前后矛盾冲突的理解就越透彻,进而为继续暴露楚人思维过程奠定基础。

```
吾花之(    ),蜂蝶皆爱也。
吾树之(    ),众鸟无不爱也。
(    )之(    ),_____也。
```

第二板块:表演"誉"情。教师出示课文小剧本,请四人小组分角色表演故事,并提出表演的要求,给予学生明确的导向。孩子们兴致勃勃,非常投入。在表演环节,老师让学生成为评价的主体,为小组打星,评一评、比一比哪位同学的语气、表情、动作最到位,哪组配合得最默契,并说明理由。这种方式调动了学生的积极性,体现了教学评一体化。

第三板块:思考"誉"意。到此为止,学生已经完全理解了课文,此时,老师追问:"刚才楚人还口若悬河,夸得多好呀,怎么这时候却'弗能应也'了呢?"教师和学生一起,一手当矛,一手当盾,模仿推演"矛""盾"相击的结果。学生在反复体验表演的过程中明晓:"矛"利则"盾"必穿,"盾"坚则"矛"必折,两者"不可同世而立"。由此学生推导出蕴藏在"其人弗能应也"后面的思维过程,明白楚人的"誉"实乃是夸大的,不符合实际的,不负责任的,进而深度理解了寓意。

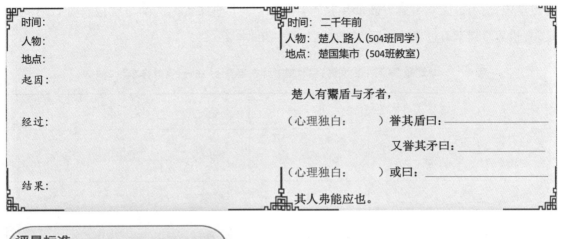

图 5‑2 《自相矛盾》课件示例

三、创新游戏教学法

通览整个统编教材小古文课后习题,我们发现借助注释、联系上下文、紧扣关键词句等均为传统的小古文教学常用方法,不能满足当下小学生的现实认知需求。在对小学生的调查问卷中,我们发现近三分之二(66.44%)的小学生希望老师"讲解重点词句",并腾出大量的时间来"多朗读,多背诵,多表演,让学生自己感悟"(见表 5‑3)。那么,教师如何来引领学生自主朗读、主动背诵、参与表演、体验感悟呢?对此,可在小古文教学中融入游戏元素。"小学放弃游戏化活动这一做法带来了严重的后果。作为 2020 年教与学审查组主席,吉尔伯特(Gilbert)认为'太多的儿童不知不觉地陷入低成就、不投入的状态,在学习上毫无进展'。"[1] 课堂教学的主体是学生,只有激发学习内驱力,使学生愿意学、主动学,才能够实现课堂教学质量的最大化。游戏融入小古文的教学,将游戏或游戏化的元素、机制、理念、设计运用到课

---

[1] 玛丽·布里格斯,艾丽斯·汉森.小学里的游戏化学习[M].严加平,等,译.北京:教育科学出版社,2019:4.

堂教学中,使小古文学习焕发新的生命力,从而让学生把课堂内的学习变成自觉自愿的活动,真正体验到学习过程的乐趣,使教学回归学习的本义。

表 5-3　单选题"学习小古文时,你希望老师在课堂上"统计(有效样本数 289 人)

选　项	小　计	比　例
A. 把文言文大意先讲一遍,直接告诉大家	27	9.34%
B. 逐字逐句翻译	70	24.22%
C. 讲解重点词句,多朗读,多背诵,多表演,让学生自己感悟	192	66.44%

我们在小古文教学中践行游戏教学理念和方法,并取得了较好的效果,现在总结小古文教学中几种常用的游戏教学法。

(一) 层级诵读法

朗读和诵读是学习小古文的基本功和重要方法,应该加强多种形式的诵读。在反复地咀嚼诵读之后,很多难以讲清的停顿、节奏、语气、语义等语感难题会在不知不觉中迎刃而解,潜移默化之效日益显现。一般而言,游戏介入的小古文朗读教学分四个层次:初读课文,读正确;再读课文,读出韵味;三读课文,读懂意思;四读课文,熟读成诵。学生随着游戏教学的进程,逐步深入课文,层层落实,提高了阅读成效。

初读课文,教师应对难读的字词进行点拨,像多音字、生僻字等,比如《学弈》中的"为是其智弗若与?",笔者抓住句末疑问语气词"与"的教学,帮助学生学会正确朗读问句。

再读课文,教师应对难读的句子进行指导,比如相对较长、难理解、生字词比较多的句子,要在知其意的基础上读好停顿。例如,《学弈》中的"思援弓缴而射之",很多同学因为不理解"缴"的意思,读成"思援/弓缴/而射之",而正确的读法应是"思/援弓缴/而射之"。接下来,教师可引导学生读出节奏,读出文言文的韵味。当然,也要防止读得做作,不要装腔作势地读。

三读课文,重在读懂课文意思。对于高段学生可采用小组合作、借助注释、插图等方法,使其自主理解文言文大意,教师只需对难点予以点拨,让学生不仅"知其然",而且"知其所以然"。比如《学弈》中 6 个"之"的意思,当学生汇报到这儿的时候,可以提问:"你们组是怎么判断这个句子中'之'的意思的?"从而让学生明白,"之"在很多时候能代表上文出现过的内容,运用"之",可以让文言文更简洁。

四读课文,熟读成诵。表 5-1 显示,觉得背诵有困难的占 30% 以上,即近三分之一的学生,由于小古文和现代文在字的音、形方面存在差异,加上古文年代久远,存在背诵困难。游戏教学反对机械记忆,主张递进地理解课文意思,变换课文呈现样式,不断增加挑战的难度,教师成为学生学习的促进者、激趣者。"古人写文章是没有标点的,你能还原吗?""古时候文章是竖着从右到左写的,你认识吗?""书法家把课文写成草书,你认识吗?"大家饶有趣味地经历去标点读、竖排读、变化字体读等过程,很快就能熟读成诵了!此乃层级诵读之功。

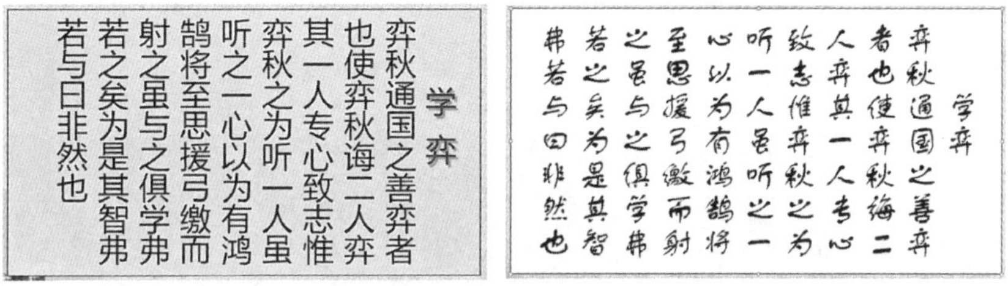

图 5-3 层级诵读法示例

因为有了前面理解意思的铺垫,学生欣然接受挑战并渐入佳境,积累并内化语言的过程水到渠成,"跳一跳摘到了桃子",不断获得学习小古文的成就感。贴近学生、理解学生的理念,在游戏化课堂上真切地得到了体现。如果课堂只是倾听与"授受",学生端坐着,不激动,也不闹腾,更不挑战,那么学习怎么能真实发生呢?

(二) 信息元素融入法

在 21 世纪的今天,我们的教育对象所处的成长环境和生活方式发生了很大的变化。学生们就像"信息土著",一生下来就能接触到多样复杂的游戏和虚拟的现实世界,因而在游戏中学习已经成为一个无法规避的话题。你如果留意过电脑前学生游戏时的目光,就会深信这一点。一概排斥电子游戏,不让进课堂,是不科学的,也是不现实的。只有研究信息元素武装下的教育游戏并让它们进课堂,才能真正把学生从游戏厅里、从沉迷的网络游戏里拉回来。信息技术和游戏元素的有效融合,能助力游戏教学更好地发展。

在小古文教学中,将各类 app 运用于课堂能有效地突破教学重难点,激发学生的学习兴趣,并能较好地实施分层教学,但关键是要适时、适量、适度,不可随性滥用。

比如《学弈》这篇课文,总共 5 句话,70 个字,却有 6 个"之",容易因指代不明,成为学生理解文言文语句的难点。如何让学生准确理解"之"的意思呢?首先,小组合作,借助注释交流探讨,初步了解"之"的意思。接着,设计练习单,把 6 个"之"排在一起,让学生进行"连一连"的游戏,请一个同学到白板课件上直接触屏连线,其余同学在练习纸上连线。如果条件允许,人手一个 iPad 进行操作,更能提高课堂效率。通过这样的互动练习,学生进一步知晓了"之"的意思。最后,巩固理解,利用希沃白板"课堂活动"软件,把 6 个"之"的意思做成判断题,设计成双人对抗赛,"看谁能第一个到达终点"。游戏时,分别邀请男女同学各一名,现场进行男女生对抗赛。动感的画面、比赛的情节、激情的配乐、尽情的呐喊,学生们兴奋积极,全体参与。对于 6 个"之",学生们经历逐个理解——归类理解——迁移运用的过程,收到了很好的学习效果。

图 5-4　双人对抗赛游戏示例

(三) 具身表演法

"具身认知"理论认为:我们认识和表征信息的方式,反映了人需要与外界进行互动。这种互动通过感官和身体发生,并且相应地会影响认知。认知来源于我们的身体与外界的互动,即认知上的发展取决于对外界感觉运动的投入,身体而非心智是居主要地位的,同时身体又需要与心智互动。小学生想象力丰富,表现欲强。课堂表演使小学生的身体运动、认知参与以及情意表达得以整合、综合,非常符合小学生认知发展规律和语文学习特点。

表 5-1 显示,学生"理解字词""体会人物形象或道理"有困难的,共占 40% 左右。小古文艰涩难懂,学生即便通过大量诵读记住了,依然很难自如运用,因为学生并没有真正感受到人物形象和道理。"很多小学毕业生的文言学习能力仍然比较弱,在升入初

中后,面对大量的、长篇幅的文言文感到困难重重,甚至充满畏惧。"①从这个角度而言,具身表演或融合性活动能帮上大忙。卡斯特(Gast)认为:角色游戏不仅适用于学龄前幼儿,也适用于小学生,因为角色游戏可以为儿童提供"……随年龄增长而越来越丰富的学习经历,让孩子们能够自由探索日常活动"。② 游戏介入的小古文教学,能唤醒学生的学习经历,激发学生的创造性,同时在跨学科学习过程中,培育学生对祖国语言文字的热爱,实现高质量学习的建构。

在小古文教学中,课堂表演的呈现方式主要有三种:即兴表演、小剧本表演、课本剧表演。从准备程度来看,可以分为两种:无准备的表演,如即兴表演、小剧本表演;有准备的表演,如课本剧表演。本文将分成三类逐一进行介绍。

1. 即兴表演

即兴表演就是在没有复杂的情节和多个角色的情况下,及时根据文言文中某个词语或某个句子的需要进行当场表演,把读书、思考和动作表演有机地结合起来。例如,对于统编教材四年级上册《自相矛盾》一文,张燕老师对"誉"字的即兴表演片段如下。

楚人有鬻盾与矛者,誉之曰:"吾盾之坚,物莫能陷也。"又誉其矛曰:"吾矛之利,于物无不陷也。"

教师利用学生好胜的心态,故意向同学请教"誉"的意思,引导学生用联系上下文的方法,疏通句意。接着让学生找一找"誉"字在文章中出现了几次,用横线画出来,并思考问题:楚人分别"誉"了什么呢?学生很容易就明白楚人分别"誉"了自己的矛利、盾坚。然后教师拿出道具盾和矛,激趣:"你能学着楚人夸耀吆喝的样子来卖一卖'盾'与'矛'吗?谁来试一试呢?"学生结合生活中所见所闻,极力用夸赞的语气表演这两句话。之后教师还出示一组句子,让学生仿照文章的语言形式说一说,再"誉"一"誉"别的事物,促进语言的吸收与运用。最后再回溯文本,读一读这两句话。学生"誉"得越投入,"盾"与"矛"的对立就越明显,为理解楚人"以子之矛陷子之盾"的尴尬以及"其人弗能应也"的原因做好铺垫。

> 吾花之(　　),蜂蝶皆爱也。
> 吾树之(　　),众鸟无不爱也。
> (　　)之(　　),＿＿＿＿＿也。

---

① 施黎明.中小学文言文教学衔接策略探究[J].小学教学设计(语文),2021(12):4-6.
② 玛丽·布里格斯,艾丽斯·汉森.小学里的游戏化学习[M].严加平,等,译.北京:教育科学出版社,2019:136.

2. 小剧本表演

此处的小剧本表演,指的是针对课文的片段或整篇课文进行即兴的综合性表演,有不同的角色,有生动的情节,有个性的对话,还可以加上一些道具。在小剧本表演中,一般教师都有预设,包含时间、地点、人物、道具和事件等,简单地呈现出一个小剧本的形态,常常有沉浸其中而自得的功效。

以学习《学弈》为例,对于六年级第二学期的学生来说,通过借助注释或者补充材料理解课文,并且明白做事不能三心二意的道理,这样的目标并不难,但是要深刻明理并真正从内心上受到触动则需要教学方式的改变。比如,当学生通过合作学习,了解文章意思之后,教师直接让学生"把故事搬到课堂",还原弈秋先生指导两位门生对弈的场景。教师提供剧本的基本框架和评价标准,指导学生以四人小组为单位进行剧本表演,充分唤起了学生的表演欲和创作激情。当老师的当老师,旁白的旁白,其余两位各自尽情表现对弈

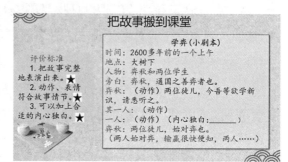

图5-5 小剧本表演示例

情况,逼真的表演让人如临其境。学生结合表演,增进了人物角色的体验,对课文内容的理解更加深入,把三心二意之人的学棋过程表现演得淋漓尽致,有效拓展了学生思维的广度和深度,促进了知识的内化和吸收。

之后,教师可安排"情境拓展,想象运用"环节进行语言的运用。

师:故事讲得很清楚。弈秋教两个学生下棋,一人专心致志(还可以说聚精会神、全神贯注、心无旁骛),一人三心二意(也可以说心不在焉、心猿意马、心神不定),最后的结果一好一差,"弗若之矣"。(板书)

(1)如果"使伯牙诲二人琴",会如何?

其一人专心致志,惟(　　　),一人虽听之,一心(　　　　　)。

(2)如果"使孟子诲二人学",又如何?

其一人(　　　　),惟(　　　),一人虽听之,一心(　　　　　)。

预设:一人虽听之,一心以为有大虫将至,思援弓缴而射之。

一人虽听之,一心以为有东风将至,思与同伴齐放纸鸢。

一人虽听之,一心想着有猴子将至,思拿香蕉喂之食也。

一人虽听之,一心想着昨天之美餐,思何时才能再饱餐一顿也。

从中,学生在发展语言和思维的同时,深刻明白一个道理:不管学什么知识或技能,老师教学水平再高,如果自己不专心、不刻苦,学习效果还是会大打折扣。此之谓"诵之,演之,明理也"。

3. 课本剧表演法

课本剧表演是一种有准备的表演,就是将课文改编成较为完整的剧本,再组织演出的活动,是对课文故事或情节表演的延伸。这也是具身表演的一种形式,是取材于语文课本,为语文教学服务并丰富校园文化的一种新型剧种。通过开展集体性的戏剧表演排练,或运用老师引导的戏剧技巧,将表演渗透到学习当中,以此作为媒介,让儿童从固定的扮演模式中自行探索,学习教学主题的内容,寻找其中的答案。[①] 学生可以根据剧情需要穿上各类服装,使用各种表演道具,形象逼真地再现人物形象和故事情节。例如,对于《司马光》一文,教师可以根据课文素材,加上音乐和场景,配上服装和道具,重新编排剧本,还可以应各种场合需要组织学生参加演出。本书着重探讨小古文课堂教学的即兴表演,故对于有准备的表演不再赘述。

四、抓人文熏陶

"人文"一词最早出现在《易经》中。《周易》有言:"观乎天文,以察时变;观乎人文,以化成天下。"通过观察天地运行的规律,以认知时节的变化;通过传承伦理道德,观察、研究人类社会创造的文明礼仪,以教化天下。

孔子曰:"弟子入则孝,出则弟,谨而信,泛爱众,而亲仁,行有余力,则以学文。"中华优秀传统文化蕴含的人文精神,如求同存异、和而不同的处事方法,文以载道、以文化人的教化思想,形神兼备、情景交融的美学追求,俭约自守、中和泰和的生活理念等,滋养了中华民族独特丰富的文学艺术、科学技术、人文学术,至今仍然具有深刻影响……今天,我们传承发展中华优秀传统文化,就是要用蕴含其中的精髓滋养当代中国人的精神世界,提振当代中国人的精神力量。[②]

在教授统编小学语文教材小古文的过程中,我们要牵着小学生的手,体验中华民族丰富多彩的人文精神,努力到古人写的典籍中去寻找智慧。从人人皆知的《论语》《老子》《孟子》,到带了世俗气息的《世说新语》和具有神话色彩的《山海经》等,每学习一篇小古文,我们都感觉如同和古代的智者在对话,品味着人文的馨香。台湾师范大学曾仕强教授认为,人文,就

---

① 薇薇安·嘉辛·佩利.游戏是孩子的功课[M].杨茂秀,译.昆明:晨光出版社,2018:6.
② 中共中央宣传部.习近平新时代中国特色社会主义思想三十讲[M].北京:学习出版社,2018:206-207.

是人的花样。带着各色各样的花样和色彩,古代文化滋养了古往今来的华夏儿女,无论你远在异国他乡,还是近在山乡村野,无论你两鬓斑白,还是牙牙学语。一代代中国人创造着中国文化,积淀着中华文明,弘扬着中国精神,强大着文化自信。

(一) 学习人物品质

中华经典古籍塑造了众多栩栩如生的人物形象,给后人以不尽的滋养与启发。别的不说,单看四大名著对后人的影响就非常深远。《西游记》里的孙悟空本领高强,嫉恶如仇;《水浒传》里的武松凭借酒力只身打虎,为民除害,英勇无敌;《三国演义》里的诸葛亮,足智多谋,为刘备鞠躬尽瘁……这些人物的精神品质给后人留下了极其深刻的印象,影响了一代代中国人。

统编教材小古文里也出现了不少有个性的人物,如神童司马光、王戎、杨氏之子,古琴大师伯牙与钟子期等。三年级上册《司马光》,讲述了司马光在众孩童慌乱之时,镇定自若,破瓮救人的故事。教学时教师可通过创设情境、拼图表演等多种方法,引导小学生领悟司马光聪敏过人之处。四年级上册《王戎不取道旁李》,写了路旁李子成熟,众人争先摘李,唯独王戎岿然不动,并判断路旁多苦李的故事。教学时教师可引导小学生反复诵读课文,比较王戎与众孩童的不同表现,在考一考、演一演、比一比等多种体验中,体味王戎思维的缜密性和独特性,明白遇事须周到观察,独立思考,方可做出准确判断。五年级下册《杨氏之子》,塑造了一个早慧儿童。九岁杨氏之子知书达理,面对和他开玩笑的客人(孔指以示儿曰:"此是君家果"),言非常人所言("未闻孔雀是夫子家禽"),行非常人所举,实乃神童也!教学时教师可以让学生通过小组合作,说一说从哪些地方可以看出杨氏之子的机智过人之处。通过熟读成诵,日积月累,处乱不惊的司马光、独立思考的王戎、灵活应变的杨氏之子等,这些古代名人会给小学生留下鲜活的印象,他们的优秀品质也会永远存留于小学生的心田。

(二) 学习古人思辨

古代经典必有其独特之处,才能永流传。孔子曰:"学而不思则罔,思而不学则殆。"习近平总书记十分重视"思考"在学习中的作用,提出"思考是阅读的深化,是认知的必然,是把书读活的关键"。这就像爱因斯坦说的,"学习知识要善于思考、思考、再思考,我就是靠这个方法成为科学家的"。今天的小学生学习小古文,不仅要学习古代语言,还要读懂文字背后的思维过程,传承和发扬其精神品质。

例如,统编教材四年级上册的《王戎不取道旁李》,在了解故事意思的基础上,课后习题要求说说为什么"树在道边而多子,此必苦李"。这是理解的难点,也是王戎思维独特之所在。在果子成熟季节,树在道旁,本应多人采摘,因而少子或无子,可为何"多子"? 王戎根据自己的观察和思考,得出"此必苦李"的结论。众孩摘了后品尝,发现果然为苦李。这里王戎超常规的思维,耐人寻味。教师在此基础上,可以进一步引导学生思考"树在道边而少子,此必(　　　)",发展语言的同时发展思维。以下为张燕老师执教片段,从中我们可以发现反向推理的多种可能性,使学生思维水平不断向纵深发展,提升思维品质。

师:你觉得王戎的思维方式怎么样?(好)我们学着他的思维方式来试着反向推理——

(师出示PPT:反之,树在道边而少子,_____。)

生1:反之,树在道边而少子,此必甜李。

师:你说出了李树少子的一种可能性,还有没有其他可能呢,谁还能来推测?

生2:反之,树在道边而少子,此必烂李。

生3:反之,树在道边而少子,此必病李。

师:你们真厉害,不但读懂了整个故事,还学着王戎的样子尝试推理。

又如,五年级下册的《自相矛盾》,选自《韩非子·难一》,也是一篇思辨性较强的文言文。学习时,学生不仅要抓住重点句"吾盾之坚,物莫能陷也"和"吾矛之利,于物无不陷也"想一想究竟矛盾在什么地方,还要想一想"其人弗能应也"的原因是什么。习总书记指出,学习与思考、勤学与善思是相互联系和相辅相成的,不可把二者割裂开来。[①] 教师要引导学生反复诵读品味,理解古人思维过程,帮助学生学有所获,思有所得。

(三) 获得艺术熏陶

小学语文统编教材文言文中,《伯牙鼓琴》《精卫填海》等经典故事语言生动,形象鲜明,散发着历史文化的馨香。

《伯牙鼓琴》中的主人公伯牙是春秋战国时期晋国的上大夫,被人们尊称为"琴仙"。伯牙善弹七弦琴,技艺高超,既是弹琴高手,又是作曲家,乃举国之名乐师。荀况在《荀子·劝学篇》中曾提到他的影响力之大:"昔者瓠巴鼓瑟,而沉鱼出听;伯牙鼓琴,而六马仰秣。"而相传钟子期是一个戴斗笠、披蓑衣、背冲担、拿板斧的樵夫,两人因琴声而相识相知。《列子·汤问》中有言:"伯牙所念,钟子期必得之。伯牙游于泰山之阴,卒逢暴雨,止于岩下;心悲,用援琴而鼓之。初为霖雨之操,更造崩山之音。曲每奏,钟子期辄穷其趣。伯牙乃舍琴而叹曰:'善哉,善哉!子之听夫志想象犹吾心也。吾于何逃声哉?'"

可惜好景不长,钟子期次年不幸染病离世,临死前交代,要把他的墓埋在当初与伯牙相

---

① 习近平.谈谈党校学员的学习——在中央党校2012年秋季学期开学典礼上的讲话,2012-9-1.

识的江边。第二年中秋,伯牙如约而至,听闻此事,悲痛不已,跪在钟子期坟前,破琴绝弦,不复弹琴,慨叹世间再无知音。后人有诗为证,孟浩然的《示孟郊》写道:"钟期一见知,山水千秋闻";李白的《月夜听卢子顺弹琴》写道,"钟期久已没,世上无知音"。这就是我国历史上关于知音典故的由来。六年级的学生由初闻知音,了解知音,再到惊叹知音,通过这个文言文故事了解何谓知音,进而羡慕知音,渴盼自己一生也能拥有这样的知音。教师播放当代歌曲《知音》,及时升华:"人生难得一知音,千古难觅,可遇而不可求,大家只有成为更好的自己,不断完善自我,方能遇到知音,也才能成就知音。"学生静静地思索着,课堂中默默地滋生着一种新的力量——文化的力量。这正是优秀传统文化魅力之所在。

(四) 学习为人处世

教育的本质是培养人。小古文教会我们为人处世,提振中国人的精气神,做好中国人。习近平总书记指出:"青少年时期是价值观、人生观和祖国观、民族观形成的关键期。教育是渗进血液、透入灵魂的,一定要从小就抓,从幼儿园就抓。"教师要做传播中华优秀传统文化的使者,在小学生心里早日埋下中华优秀传统文化的种子。

1. 学立志

取舍之间尤见志。孟子曰:"鱼,我所欲也;熊掌,亦我所欲也。二者不可得兼,舍鱼而取熊掌者也。生,亦我所欲也;义,亦我所欲也。二者不可得兼,舍生而取义者也。"人的生命总是在不断飘逝,然而人也有永久不磨灭之精神。故人须要立志,用自己的心去选择,用毕生去追求,这是中国文化精神的核心。孔子曰:"吾十有五而志于学,三十而立,四十而不惑,五十而知天命,六十而耳顺,七十而从心所欲,不逾矩。"这"志于学",讲的就是孔子立志通过学习,掌握各种知识和做事做人的道理。

立志要早。习总书记曾讲过"精忠报国"对其产生深远影响的故事。

我看文学作品大都是在青少年时期,后来看得更多的是政治类书籍。记得我很小的时候,估计也就是五六岁,母亲带我去买书。当时,我母亲在中央党校工作。从中央党校到西苑的路上,有一家新华书店。我偷懒不想走路,母亲就背着我,到那儿买岳飞的小人书……买回来之后,她就给我讲精忠报国、岳母刺字的故事。我说,把字刺上去,多疼啊!我母亲说,是疼,但心里铭记住了。"精忠报国"四个字,我从那个时候一直记到现在,它也是我一生追求的目标。[①]

[①] 习近平总书记的文学情缘[N].人民日报,2016-10-14(24).

统编小学语文教材四年级下册出现了两篇劝后人勤学的小古文,一篇是介绍东晋学者车胤苦读的《囊萤夜读》,选自《晋书·车胤传》;一篇是介绍李白从弃学到立志的《铁杵成针》,选自《方舆胜览·眉州》。车胤从小家境贫寒,发奋苦读,买不起点灯的油,就用布袋装萤火虫取光攻读,最终成为吏部尚书,流传千古。传说李白小时候,学习不很用功,想弃学。在下山途中巧遇一老媪溪旁磨针。如此粗的铁棒如何磨成针?李白疑惑。老妪不慌不忙地说:"只要功夫深,铁杵磨成针。"此句遂成名言,铁杵成针的故事也千古流传,激励了一代又一代的中国人。

请看汪远老师让学生小组合作,通过补白的形式增进体验,还原"李白偶遇老媪"的情节。

李白偶遇老媪

旁白:磨针溪,在象耳山下。相传李白在山中读书,没有读完就放弃离开了。李白路过磨针溪,遇到一位老奶奶正在磨针。

"＿＿＿＿＿＿＿＿＿＿＿＿＿?"
"＿＿＿＿＿＿＿＿＿＿＿＿＿＿＿＿＿。"
"＿＿＿＿＿＿＿＿＿＿＿＿＿＿＿＿＿＿?"
"＿＿＿＿＿＿＿＿＿＿＿＿＿＿＿＿＿。"
……

旁白:李白听了老奶奶的话,恍然大悟,于是回到山中继续读书。

接着,汪老师安排"吾遇老媪"教学环节,适度拓展。如果你碰到了老媪,你会有新的感受吗?让学生结合自己的情况,入其境,完成以下对话。

吾 遇 老 媪

上塘河,在半山脚下。相传吾＿＿＿＿＿＿山下,未成,弃去。过是河,逢老媪方磨铁杵。问之:"＿＿＿＿＿＿＿＿＿＿＿＿＿?"曰:"预作针。"吾感其意,＿＿＿＿＿＿＿＿＿＿＿＿＿＿＿＿,还卒业。

评价:
1. 尝试用文言文创编。★★★
2. 试着脱稿表达。★★★★
3. 运用恰当的语气进行表演。★★★★★

从"李白偶遇老媪"到"吾遇老媪"的任务群设计,教师巧妙地引导学生结合自身实际、地域

素材梳理观点,进行《课标》所提倡的思辨性阅读,走向"有中心,有条理,有证据"的创意表达。

2. 学做事

经典小古文通过一个个小故事、一件件典型事,以文化人,以文育人。

其一,向古代名人学习如何处事。在《司马光》一文中,感受司马光于众小儿不知所措中镇定自若、遇事果断的品质;在《王戎不取道旁李》中,感受王戎于众孩童中卓然不群、遇事冷静推理的品质;在《精卫填海》中,感受精卫自我牺牲、执着一念的品质。

其二,向古人学习如何待人。比如,向杨氏之子学习,待人有礼有节,尊重长者,遇事不使对方难堪,心中有他人;向牧童学习,敢于说真话,说出自己的见解;向《两小儿辩日》中的小儿学习,敢于挑战权威,展现自我观点。

其三,向古代寓言学习理性思考。不怀《守株待兔》侥幸心理,不做《自相矛盾》事情。教学时教师可采用各种角色表演形式,即兴的、具身的等,并针对小学生好奇好胜的特点,把评价引入教学过程,教学评融为一体。引导学生在入情入境中揣摩人物形象,领略古人的真知灼见,向古人学做事,培养理性思维和理性精神。

3. 学读书

读书乃君子立身之本。曾国藩老先生曾告诉家人:"吾每日读书写作,缺一不可……"其勤勉治学的精神影响了一代代中国学子。新修订的《课标》明确提出了"实用性阅读""文学阅读""思辨性阅读"及其表达与交流的"发展型学习任务群",倡导"整本书阅读",提倡多读书、读好书。统编小学语文教材五年级上册专门安排了"古人谈读书"一课,选取了《论语》《训学斋规》中的部分语录,告诉学生读书的方法,激励学生不断奋进,从小爱读书、会读书,做博览群书的中国人。

俞玉珍老师在教学《论语》时,组织与呈现游戏化课程视野下的学习任务群,"诵读书言论""明读书之道""谈读书之事"等,将教学目标融入到游戏环节中,使学生自觉接受教师布置的学习任务,在游戏过程中逐步实现学习目标。俞老师引入快板读、击打节奏读等歌诀乐读方法,由浅入深,吟诵《论语》。俞老师还亲笔书写《论语》名句,并引导学生摘录喜欢的《论语》名句做成书签,以时时激励自己和他人。

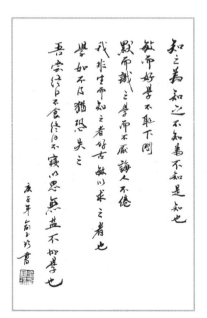

图5-6 俞玉珍老师亲笔书写《论语》名句

这样的教学可谓入脑入心,学生欣欣然向往之,一节课下来所获颇丰。六年级下册还安排了《学弈》一文,提醒学生读书也好,学习一门技艺也好,要专心致志,不可三心二意。

4. 学明理

春风桃李,秋水芙蓉。书读得多了,自然会明理。中华优秀传统文化蕴含的道德规范,如天下兴亡、匹夫有责的担当意识,精忠报国、振兴中华的爱国情怀,崇德向善、见贤思齐的社会风尚,孝悌忠信、礼义廉耻的荣辱观念,体现着评判是非曲直的价值标准,潜移默化地影响着中国人的行为方式。[①] 小学阶段的文言文教学的目标在于树立一种人生观、价值观,弘扬一种精神,熏陶一种情怀,让孩子们在学习中得到一种启发,获得一种力量,明白一些事理。统编教材选入了一些寓言故事,揭示了一些人生道理。三年级下册的《守株待兔》,告诉学生做人不可心存侥幸心理,靠实实在在的辛勤劳作才行;五年级下册的《自相矛盾》,以生动的事例告诉学生做事做人不可夸大其词,骄傲自满,不然容易导致前后矛盾,自取其辱。还有一些成语故事,如《铁杵成针》让学生懂得朝着目标,坚持不懈则必有所成之理;《精卫填海》让学生懂得怀抱梦想,还要无所畏惧;《囊萤夜读》教会学生面对贫穷,要自强不息……随着上中学、读大学乃至走向社会,相信在未来的某一天,学生回想起小学读的小古文,会有新的触动和启发。若如此,幼时阅读小古文则功莫大焉。

[①] 中共中央宣传部.习近平新时代中国特色社会主义思想三十讲[M].北京:学习出版社,2018:206.

第六章

游戏融入的小古文教学基本模式

当前小学古文教学的程式化倾向比较明显，一般分四步走：读正确、通顺——读出节奏——逐字逐句理解——熟读成诵，以此设定四个教学目标并分别对应实施教学环节。很多教师不清楚小古文该教什么、怎么教，用老套路读读讲讲背背，造成学生兴趣缺失，收效甚微。有时老师还没有上，学生已经知道下面要做什么了，文言文学习渐入"了无生趣"之境。笔者带领的游戏教学团队努力打破陈规，更新或重构教学方式，实践并提炼出游戏教学视野下的小古文教学基本模式，包括连环画式、任务驱动式、层级闯关式、剧本表演式等，让学生在喜闻乐见的游戏活动中学语文、玩语文、悟语文、用语文，在游戏中学，在游戏中悟，取得了很好的教学效果。

一、连环画式[①]

所谓连环画式就是以前后有联系的一组图片为主要的游戏信号物，通过巧妙设置连环画情境任务开展游戏教学，学生积极动脑动手，主动参与，在趣味性强的心智具身体验中学习语言，发展思维，开启学习小古文之门。

三年级上册课文《司马光》是统编教材出现的第一篇小古文，短小精悍，仅用30个汉字，就围绕"司马光破瓮"这一核心事件，把原因、经过和结果都讲清楚了。本文聚焦人物遇事沉着、冷静的品质，语言极富形象感、画面感，教学时可以文中插图为支点，对应文本内容配上形象生动的彩图，创生出一组连环画使图文互补，以降低文言文学习难度，从而使学生初次接触就喜欢上了小古文，取得了较好的学习成效。

本文课后习题提出了三点要求：1. 有节奏地跟读，并背诵课文；2. 借助注释，用自己的话讲一讲这个故事；3. 交流与其他课文的不同之处，发现文言文的语言特色。其中，跟着老师读通课文并不难，而"借助注释，用自己的话讲一讲这个故事"则是本课教学的重点、难点。教学中，教师结合教学重点匹配课堂游戏活动，巧用拼图游戏，将故事中的六个句子拆解成一组连环画，让孩子以小组活动和集体展示的形式，开展以玩连环画为中心的拼连式、表演式、体验式学习过程，自然轻松地理解了文言文内容，并熟读成诵。

第一步，图文对照，给图片排序。教师在引导学生有节奏地读好文言文后，直接出示次序颠倒的连环画，请学生分小组合作，给这些图片排排序。学生根据自己的理解和同伴的互助，一边拼连环画，一边对照着理解课文，巧妙地完成了对故事的整体感知。

[①] 此模式已发表，更多内容可参见：金晓芳，张燕.游戏化教学视野下小学文言文教学应用模式的探索[J].小学教学设计（语文），2021(9)，8-11.

图 6-1 《司马光》配图示例

第二步,选择文中合适的句子,给图配文,并说出理由。从文到图,再从图到文,教师引导学生经历了双向的学习过程,"请讲一讲你为什么这样配文字,你是怎么想的",避开逐字逐句地讲解连缀,巧妙完成了"用自己的话讲一讲这个故事"的教学目标。学生为了说清楚给图配文的理由,积极主动地借助注释,构思故事,组织语言。教师心中有预设,而学生浑然不觉,这就是游戏教学的魅力!引连环画进入小古文教学,从动手到动脑,从形象到抽象,大大降低了学习难度,也激发了学生学习小古文的兴趣,并有效促进学生思维和语言的同步发展。有的学生喜欢画画,甚至有这方面的天分,可鼓励给句子配图。这既可以发展学生的形

图 6-2 给连环画配文示例

象思维，实现图像化教学，还进行了跨学科学习的尝试。

第三步，动态演绎连环画，在角色表演中丰富学生的体验和感悟。用游戏学习知识，大大增进了学生体验——"我们玩的是体验，而不是知道"。学生分组选择1—2幅图画内容，结合自己的理解，边分配角色边进行表演。分组展示时，大家评价学生哪里表演得最生动，教师随机进行采访，展开并揭示思维过程，增进学生体验，发展深度思维，让学生真切感受到学习小古文是一种美好而愉悦的体验。

这类方法也可用于较难理解的小古文的学习，如统编小学语文教材四年级上册《王戎不取道旁李》，语言简洁精炼，短短四句话，生动刻画出机智过人的王戎人物形象。本课的语文要素——"了解故事情节，感受人物形象，初步接触简要复述课文内容"。但是，这样的小古文对于四年级第一学期学生而言，学习起来还是有难度的，光靠讲解和注释，往往会趋于乏味，不能较好地落实语文要素。教师把蔡志忠先生的漫画引进课堂，让学生两人贴图，两人贴文字，自己读懂课文。学生互相合作，兴趣盎然，很快就借助图片排出课文顺序，并说出这样排的理由，巧妙完成了故事情节梳理，同时感知文中人物形象，以为接下去的讲故事做准备。

我来排一排：

（1）以小组为单位，把图片按顺序排一排，说说原因。

（2）用课文中的句子为图片配上文字。

儿童对于世界的理解，亦即认知能力的发展依赖的并非概念的、抽象的知识，而是身体、认知、环境的统一体。学习科学理论告诉我们，学习就是一项全身运动，好的游戏是对学习

最好的诠释和奖励。学生在游戏化的情境中有节奏地读小古文,拼连小古文,表演小古文,轻松地达成理解背诵课文的要求,这样的小古文学习更快乐,更有效。

二、任务驱动式

《课标》明确规定,语文课程内容主要以学习任务群的方式组织与呈现,任务群由具有内在逻辑关联的一系列学习任务组成,共同指向学生的核心素养及教学目标的达成。

任务驱动式即以提出任务和完成任务为主线串起整个教学过程。教学过程围绕各项目任务的需要进行,所有活动都指向项目任务,力求引起学生的注意,激发学生学习的兴趣。通过各项目任务的有效解决,唤醒学生的自信,让他们获得更多的学习成就感。

例如,四年级上册的《王戎不取道旁李》,讲述了魏晋时期"竹林七贤"之一的王戎幼时和小伙伴在路边看到李树上有很多李子,其他孩子争着跑过去摘李子,王戎却在原地不动,认为这必是苦李,结果不出王戎所料,赞扬了王戎仔细观察、善于思考、能联系生活进行推理的好品质。

该单元主题是了解人物形象,阅读要素有二:一是了解故事情节,感受人物形象;二是简要复述课文,注意顺序和详略。就课文本身而言,内容难度不大,因为四年级学生已经有课内学习3篇小古文的经历,有一些小古文学习基础,但是要按一定顺序把故事讲清楚,需要理清顺序,内化语言,而更大的挑战在于体会语言和文化背后的思维含量,感知王戎的人物形象。教师采用任务驱动式,设计了一个情境性大任务——王戎为什么说"道旁之李必是苦李"。教学围绕这一任务一步一步展开,采用"朗读赛一赛""图片拼一拼""趣味考一考""合作演一演"等一系列任务,将游戏的情境性、参与性、趣味性和竞争性充分体现出来,引导学生经历得意得言、发展思维的学习过程,取得了较好的学习效果。

任务一:赛一赛,把握课文特点,读通读好

通过自读、个别读、示范读、合作读、齐读等多种朗读方式,先正音,然后把握节奏,再读出韵味。以师生、生生之间"赛一赛"的方式激发学生的朗读兴趣,在朗读比照和评价中层层推进,读出节奏,读出韵味。

任务二:先拼后考,理解课文内容,读懂课文

1. 内容拼一拼

本文语言浅显易懂,故事性强。教学时沿用合作拼图的方法,通过图文结合的方式,降低学习难度,使学生迅速理清故事的内容与顺序,同时培养学生的细致观察与逻辑思维能力。

2. 难点考一考

在难点考一考中,我们不平均使用力量,主要扣准王戎的话"树在道边而多子,此必苦李",开展思维翻转游戏。第一次翻转用的是逆向思维填空:"反之,树在道边而_____,_____。"孩子们学着王戎的推理方式,进行了推测:"反之,树在道边而少子,此必甜李。"继而进行第二次翻转,拓宽思维游戏,寻找"少子"的多种可能性,例如,"树在道边而少子,此必病李","树在道边而少子,此必烂李"。思维发展似乎到此结束,但此时设计了第三次翻转,指向深层思考:既然"少子"有多种可能性,能用"必"来肯定吗?三次翻转不断生发新的思考,促进思维螺旋上升。对于学生而言,分析王戎做出判断的依据并不难,难的是体会并学习他由观察现象到推理原因并果断做出判断的思维方式。在本教学环节中,语言与思维密切联系,学着王戎的思维方式来试着推理,使学生不但读懂了整个故事,还能够在创意表达的过程中体会到思维的独特性、缜密性,赋予了课堂鲜明的思辨色彩。

当然,思维的提升并非一蹴而就,需要在迁移拓展中巩固运用、不断发展。因此,在课堂的最后一个环节,选取了《世说新语》中的另外一个故事《王戎观虎》。教师通过仿照课文写一写的练习,聚焦王戎的思考与判断过程,既再度训练了学生思维,又使其从学文言文中内化古人的思维之法,从一个走向一类,从一篇走向一本,将文化启蒙和思维发展落到实处。

任务三:合作演一演,加强语言运用,呈现故事

本节课的重点目标是:"用多种方法理解课文内容,在熟读成诵的基础上,用自己的话讲故事。"因此,在理解课文内容、读懂课文的基础上,通过"合作演一演"的环节,鼓励孩子大胆想象,补充情节中的人物对话,并加上神态、动作,在丰富故事表现力的同时,进一步体会神童之"神"及王戎的优秀品质。

三、层级闯关式

从严格意义上来讲,游戏是需要层级设置的。生活中的各种游戏,无论是传统游戏还是电子游戏,比如跳皮筋、拔河、打牌、跳绳、阅读大挑战等,都有严格的层级设置,上下关联,层层挑战,推动整个游戏过程,让众多人员百玩不厌,欲罢不能。层级闯关式类似于游戏里的闯关设置,每一个任务设置一个关卡,游戏者成功完成一级闯关任务后自动进入下一级关卡,教学时将学习内容设计为一组相互关联的学习晋级活动,充满了刺激和挑战。层级挑战游戏受众广,符合人的好胜心理,深受广大游戏者喜爱。

《杨氏之子》选自《世说新语·言语》,以精炼生动的笔触,勾勒出一个九岁男孩与客人机智应答的场面。那机敏巧妙的对答,令人回味无穷,拍案叫绝。本单元篇章页的导语和语文要素都指向风趣幽默的语言,这个故事与单元要素紧密勾连,在风趣幽默的语言背后,闪耀着古人智慧的光芒。

如何凸显如此有趣的故事,还原儿童的情趣呢?我们采用了层级闯关式教学。

1. 开场语言渲染,融入说书视频铺设情境

师:同学们,上课之前,我们先来聊一聊中国传统文化。中华民族上下五千年,历史悠久,源远流长。传统文化更是博大精深,有唐诗、宋词、明清小说、京剧、越剧、地方戏曲等,人们通过多种方式加以表现,如吹、拉、弹、唱、跳,而说书就是其中的一种。

师:你们知道什么是说书吗?

生:以前,一个人在茶馆里说一些故事。

师:是的,说书是一种只说不唱的传统曲艺。老师给大家带来了一段视频。

(播放视频:单田芳评书小段《三英战吕布》)

师:如果今天让你来做一回说书人,你觉得要怎么做才能吸引其他同学和在场的老师们?

生1:要声音响亮。

生2:要把故事说清楚,讲话的时候不能有疙瘩。

生3:要像视频里面的单老师一样,用一些动作吸引大家。

2. 设置游戏层级,激励学生闯关挑战

师:是的,如果你能声音响亮地把故事说出来,你就是一位初露锋芒的说书人;如果你能读懂内在含义,你就是小有成就的说书人;如果你能加上适当的动作、表情,你就是名震一方的说书大师了!有兴趣来挑战一下吗?

教师出示优秀说书人的星级标准:

★读通——初露锋芒

★★读懂——小有成就

★★★表演——名震一方

三级说书人的标准,相互联系,层层递进,在燃起学生学习小古文热情的同时,迅速明确了这节课的学习目标和学习内容,整个教学进程随之展开。

第一层级进行说书人的岗前培训,读通课文。请学生用自己的节奏来读一读这则故事,抓住易错字和两个多音字,读对读通,夯实晋级基础。

第二层级是读懂故事,攻克理解难点。第一句话"梁国杨氏子九岁,甚聪惠",短短十个字,把杨氏之子介绍得一清二楚。教师引领学生捕捉到了五条信息,包括国籍、年龄、姓氏、性别、特点,并结合自身进行语用练习,体会文言文的一大语言特色——简洁凝练。接着,教师结合预习单,抓住第三句"为设果,果有杨梅"一句,拓展"(　　)为(　　)设果",还有第四句"孔指以示儿曰……",引导学生结合注释来理解,并用自己的话来说说这个故事,简明扼要,攻克理解难点。然后,教师引导学生直奔本文重点句"梁国杨氏子九岁,甚聪惠",探究杨氏之子究竟聪慧在何处,体会文中风趣幽默的语言,为下一关晋级奠定基础。学生通过小组合作学习,抓住"为设果"体会杨氏之子从小就会待客之道;抓住"应声答曰",体会他不假思索,反应灵敏;抓住"未闻孔雀是夫子家禽",体会他以其人之道还治其人之身的高明;抓住"未闻""夫子",体会他的礼貌和机智……一个机智灵敏、聪慧有礼的神童形象呼之欲出!

第三层级是挑战最优秀的说书人,走向语言的积累和运用。这个环节以扇子作为道具,激励学生挑战第三关——"名震一方的说书人",将每个学生的思维水平充分激发,释放学生的手、脚、身体还有大脑!学生在晋级挑战成功的同时,轻松达成了课后习题中的背诵要求。

游戏层级的设计激励每一个学生或独立或合作去达成学习目标,不亦乐乎。挑战说书人的游戏任务群基于学生认知心理,形成一条认知发展序,与"读通课文到读懂课文,再到语言积累运用"的教学进程序完美地融合在一起,游戏与教学的融合度高,学习和游戏的边界模糊,收到了很好的学习效果。

四、剧本表演式

角色表演是一种传统游戏,包括各种角色体验和角色替换表演。从人的成长经历来看,动作表演是不可或缺的。剧本表演式就是以剧本表演为主要载体,整体设计有效的游戏活动尊重学生的个性化理解,还原角色的真实体验,融入任务、时间、地点、道具、表演、评价、竞赛等多种元素,努力实现教学评一体化,促进学生全面而有个性地发展。

《自相矛盾》是统编教材五年级下册第六单元的一则寓言故事,对应本单元语文要素"了解人物的思维过程,加深对课文内容的理解",语言简练,逻辑缜密,道理深刻。全篇共71个字,分为故事和道理两部分,前面53个字将故事的起因、经过和结局交代得清楚明白,但对于高年级学生来说理解起来还是有一定难度的,故而适合采用剧本表演的方式推进教学,以突破教学的重点和理解的难点,使学生经历"人物的思维过程"。

教师铺设创作剧本并进行表演的大情境,通过出示剧本、搭设支架、完善剧本内容、表演展示等环节引导学生理解主要内容。思维训练是本单元的语文要素,也是本篇课文教学的重点所在。教学中紧扣"誉"字,通过三次"誉"的演绎,将楚人和路人的思维过程以心理独白的形式呈现出来。第一次楚人之"誉",通过学生个体手执道具,代入楚人角色表演夸赞"矛"和"盾"的过程,理解楚人的夸赞并推测出他的想法。第二次楚人之"誉",发生在故事的高潮,指向楚人为何"弗能应也"。教师直接引导学生小组合作进行剧本表演,添加楚人和路人的思维过程,并以内心独白的形式呈现出来,通过对人物的动作、言语进行想象和推理,进一步还原思维的过程,发现逻辑关系,落实本单元的语文要素。第三次今人之"誉",链接现实并挑战现实,让学生观看以"脑白金"为代表的"自相矛盾"的广告,让"矛盾"链接生活,使思维得到拓展。作为一个两千多年前的故事,教学不能只停留在读懂故事上,教师应紧扣本单元主题,让"思维的火花跨越时空,照亮昨天、今天和明天",指向更为丰富的现实和未来,引导学生发现"矛盾"是普遍存在的,在生活中要正视矛盾,解决矛盾。

整节课上学生兴味盎然地自己编剧本、改剧本、演剧本,趣化整个学习过程。从"找"到"读",再到"演"和"评",层层深入,不断丰富学习体验。在学习语言的同时,发展形象思维、逻辑思维,让剧本表演承载学习语文、以文化人的教育功能。

最后,我们要强调的是根据不同单元、不同课文、不同语文要素,教师在小古文教学中,需要结合教材特点、自身条件和学生实际,选取不同的游戏教学模式。这四种模式既可单个使用,也可以融合使用,其目的在于消除儿童对文言文的畏惧之情,在富有情趣的游戏教学中,感受到千百年前祖先写下的文字和文章是那么可亲可近、可读可悟、可学可爱,在小学生心中埋下传承优秀传统文化的种子,浇铸中华民族的"根"和"魂"。

第七章

游戏融入的小古文教学实践

一、三年级上册《司马光》游戏教学设计及拓展资源

三年级上册《司马光》游戏教学设计

具身认知视野下的游戏和小古文教学[①]

执教整理：张佳丹（杭州市新华实验小学）
指导点评：蔡薇（杭州市新华实验小学）　金晓芳（特级教师）

教材分析

《司马光》是统编小学语文教材三年级上册第八单元的第一篇课文。这是小学阶段安排的第一篇文言文，讲述的是司马光和一群孩子在庭院嬉戏。一个孩子爬上瓮，失足落入水中。大家都慌了，只有司马光沉着冷静，拿起石头砸瓮，救出了小伙伴。课文简短精悍，只用了30个汉字、7个标点，就将故事内容表述清楚了。另外，课文插图生动形象，有助于学生图文对照，更便捷地理解课文。

教学目标

1. 认识"司、跌"等5个生字，会写"司、庭"等7个生字。

2. 正确跟读课文，注意文言文的节奏，背诵课文。

3. 借助图片和注释，理解课文内容，用自己的话讲故事，感受司马光遇事沉着冷静、机智勇敢的品质。

4. 初步认识文言文，感受文言文与现代文的区别。

[①] 此教学设计已发表，参见：张佳丹,蔡薇,金晓芳.具身认知视野下的游戏和小古文教学[J].小学教学设计（语文），2019（11）：27-29.此处有修改。

教学重难点

重点：正确跟读、朗读课文，读出文言文的节奏。

难点：借助图片和注释，理解课文，并能用自己的话讲一讲这个故事。

教学过程

(一) 趣聊姓氏，揭示课题

师：每个人都有自己的姓，比如我姓张，那你呢？

生1：我姓王。

生2：我姓贾。

生3：我姓高。

师：看来咱们班的小朋友都是单姓，今天啊，张老师给大家带来一个小朋友，他的姓可有意思了，跟我一起写一写吧。(师板书"司马"，生书空)他姓什么？

生：司马！

师：(继续板书)对，他姓"司马"，单名一个"光"字。我们一起亲切地叫他一声吧！(出示课题)

生：司马光。

师：是的，像这样两个字的姓，就叫复姓。三国时期足智多谋的诸葛亮，他姓诸葛，也是复姓。

设计意图：从学生熟知的姓氏入手，引出复姓，揭示本课课题。通过唤醒学生生活经验，既让学生了解了百家姓中的复姓，丰富了语言积累，又激发了他们的学习热情。

(二) 初读课文，读准字音

师：今天，司马光来到了我们的课堂上。(出示 PPT：课文内容)这是一篇几乎跨越了千年的文章，是古人写的，我们叫它文言文。(点击 PPT)

师：这篇课文总共 30 个汉字、7 个标点符号，这么简短的文章，你能读好它吗？

生：能！

师：请同学们把书本翻到 102 页，自由朗读课文 3 遍，读准字音，读通课文。

(生自由朗读课文，师 PPT 出示带有生字拼音的课文)

师：来，我们来试试。（指生读）

（生1朗读课文）

师：这个"没"字，你为什么读"mò"？

生1：因为这个字在句子里的意思是被水淹没了，所以我读"mò"。

师：你真厉害，"没"是一个多音字。你通过联系上下文，理解了"没"的意思，然后确定了它的读音。让我们一起来读一读。（生齐读"没水中"）

（生2朗读课文）

师：你把后鼻音读得特别准确，请带大家一起读一读吧。（生带读"庭、登、瓮、迸"）

师：让我们一起来读一读课文。

（全班齐声朗读课文）

> 设计意图：这个环节的主要教学目标是"读准字音，读通课文"。三年级学生的识字能力比较强，教师完全可以放手让学生自己解决。但本文作为小学阶段出现的第一篇文言文，对个别字的读音教师需多加引导，如多音字"没"，可以通过理解其意思来确定读音。这种学习方法有助于学生后续文言文的学习。

（三）再读课文，感知节奏

师：听了你们的朗读，张老师也想来试着读一读。（师展示朗读）

师：我的朗读和你们的朗读有什么不一样的地方吗？

生3：您朗读的时候有些地方是有停顿的。

生4：我觉得您在朗读的时候，有停顿，感觉就有了节奏。

师：你们的小耳朵可真厉害！读出了停顿，就等于读出了节奏。你能尝试着这样有节奏地读课文吗？

（PPT出示带有"/"的课文："群儿/戏于庭，一儿/登瓮，足跌/没/水中。众/皆弃去，光/持石/击瓮/破之，水迸，儿/得活。"生看着PPT自由朗读课文）

师：谁愿意来展示一下？（生5、生6朗读课文）

师：瞧，你们已经可以把文言文读出节奏来了！请同桌合作，一人读一句，再来读读课文。

（生同桌合作朗读课文）

师：张老师想和你们合作朗读。我读第一句，你们读第二句。（师生合作朗读）

师：接下来让我们男生、女生合作朗读吧。（全体女生朗读第一句，全体男生朗读第二句）

师：女生温柔，男生铿锵有力，给了我们不一样的听觉享受。

设计意图：文言文的断句是个难点，教师给出范式，让学生跟着朗读，降低了朗读的难度。当然，教师在朗读指导过程中要强调"音断气不断"，关注语音语调的停连。这对于低年级学生来说，只能意会不能言传，也说明教师教学小古文时示范和跟读的必要性。另外，较之第一次朗读，这一环节的重心从读准音转向有节奏地朗读，较好地做到了读有目标，读有层次，读有成效。

（四）拼图游戏，三读课文

师：这篇文言文到底讲了一个怎么样的故事呢？张老师这边有几幅图画，请小组合作，按照课文内容，给这些图片排排序。（出示PPT）

（生小组合作，将教师事先发的图片进行排序）

师：（巡视每个小组）嗯，我发现第三小组速度好快，他们一边拼图，一边在朗读课文。

师：下面请一个小组上台来展示小组合作的成果。（生1展示）

师：连环画与文字搭配起来，就更完美了。请小组讨论一下，怎样从文中选择合适的文字来配图。（小组讨论，给连环画配上合适的文字，然后请一组上台贴文字）

师：你们为什么这么贴呢？

生1：第一幅图告诉我们，有一群孩子在庭院里玩耍，所以是"群儿戏于庭"。

师：你怎么知道他们是在庭院里玩耍啊？

生2：图片上画的像庭院，而且课文下面的注释里说"庭"就是"庭院"的意思。

师：（PPT出示课文注释）哦，原来课文下面的注释可以帮助我们理解字或词的意思！

生3：接着我看第二幅图，有一个小孩子爬上了假山，第三幅图画着这个小孩不小心跌进了瓮里，瓮里的水都溅出来了。所以就是"一儿登瓮，足跌没水中"。

师：同学们，你们知道"瓮"是什么吗？

生4：瓮的意思就是"口小肚大的陶器"。

师：你是怎么知道的？

生4：我是看了注释知道的。

师：你能活学活用，真棒！

（师出示 PPT："瓮"与"缸"的图片，帮助学生认识"瓮"）

瓮

缸

师：为什么给这幅图配上"众皆弃去"？

生 5：因为这幅图中的孩子都害怕了，跑的跑，喊的喊，乱成一锅粥了。只有司马光还在这个瓮的边上，没有离开，可能在想办法。

生 6：第五、第六幅图说的是司马光拿起石头砸向了瓮，最后水流了出来，那个小朋友得救了。所以我们配上了"光持石击瓮破之，水迸，儿得活"。

师：请你再读一读这句话。

（生 6 朗读"光持石击瓮破之，水迸，儿得活"）

师：你知道这个"之"是指什么吗？（瓮）对，"之"指的就是"瓮"。谁愿意再来说说这句话的意思？

生 7：大家都跑开了，但是司马光没有离开，他拿起石头砸向了那个瓮，水流了出来，小朋友得救了。

师：当其他小朋友都吓得跑开时，司马光拿起石头砸瓮，多么机智啊！现在，让我们再大声地、有节奏地读读课文。

设计意图："三读课文"这一环节有两点值得关注：1. 合理利用图片资源，图文结合，发展思维。学生通过小组合作给图片排序，选择文中合适的句子配图等，从动手到动脑，从形象到抽象，让思维和语言得以同步发展，降低了学生学习文言文的难度，同时也激发了学生学习文言文的兴趣。2. 教给学生借助注释理解句意的方法。借助注释是学习文言文的一种非常有效的方法,教师让学生在课文学习过程中反复运用这种方法,既理解了句意,又达到了举一反三、巩固的目的。

(五)角色表演游戏,增进体验

师:同学们,这是静态的文言文连环画。下面,我们要把它变成动态的,一起来演一演吧!不过,要演好,先要听清要求。

(PPT 出示:1. 小组合作,选择 1—2 幅图,先分工:1 人读课文,1 人演司马光,1 人演落水者,另外 3 人演"众"。2. 注意圈出这个角色要表演的动作,想一想当时的情境)

(小组合作,师巡视指导。准备时间 3 分钟)

师:哪一组愿意先来展示?

(组 1 表演,师引导学生评价)

师:同学们,你们觉得他们的表演哪里最生动?

生 1:我觉得他们那个"没水中"演得最好了,表现出了那个小朋友整个人被水淹没,很危险的样子。

(师随机问跌入"瓮"中的小朋友)

师:跌入瓮中,你内心是怎样的?

生 2:害怕、恐惧。

师:怪不得你的双臂不停地挥舞!掌声送给组 1。

(组 2 表演,师继续引导评价)

师:我来采访一下你们:为什么要跑得那么远?

生 3:因为我很害怕啊,他掉进水里,我不知道怎么办。

师:你又为什么要跑呢?

生 4:我想我肯定救不了他,还是赶紧去叫大人来救他,所以我就跑开了。

师:哎!司马光,你为什么不跑啊?

组 2(司马光):我不能跑,我跑了的话,就没有人能救他了,那他可能就会被淹死。

师:司马光就像你说的那样冷静,在这种危急关头,急中生智,想办法救人。哪个组愿意来演第五、第六两幅图?

(组 3 表演,师继续引导评价)

师：你们觉得这个组哪个动作演得特别到位？（请生再次演"砸"这个动作）

师：你为什么要那么使劲？

组3（司马光）：因为图片里的瓮又高又大，司马光是个孩子，如果不使劲砸的话，瓮就砸不破，瓮里的小朋友就会有危险了。

师：说得好，正因为司马光用尽了全身力气，所以瓮破了，水流出来了，小朋友得救了。谁愿意再来读读这句话。（PPT出示：光持石击瓮破之，水迸，儿得活）

（指名读，齐读，重点突出"击瓮""破之"，以体现司马光的使劲）

师：同学们，此时此刻，你们觉得司马光是个怎样的人？

生5：司马光是个冷静的人。

生6：司马光是个聪明的人。

生7：是个勇敢的人。

师：是啊，司马光真乃古之神童也！

> 设计意图：儿童对于世界的理解，亦即认识能力的发展依赖的并非概念的、命题性的抽象知识，而是身体、认知、环境的统一体。皮亚杰理论早就揭示出，儿童的身体活动是所有学习的基础。人们是通过自己的身体感受来认识周围世界的。具身认知理论认为，学习就是一项全身运动！拼图游戏、角色表演游戏等，有效唤醒了学生身体的各部分感官，分泌出更多的内啡肽和多巴胺，使得学习成为全身心参与的过程，变得更快乐、更科学、更有效。同时，在众孩童与司马光的行为比对中，学生内心自然而然地理解了司马光这一人物形象，整个课堂达到了润物细无声的教学效果。

（六）熟读成诵，感受语言魅力

师：同学们真能干，在这么短的时间里，就把文言文连环画演绎得那么生动，仿佛带大家回到了一千年前，一同目睹了司马光机智救人的过程。那么谁能看着连环画用文言文来讲一讲这个故事？

（生自主尝试后，师指名生1、2、3上台用手指着连环画，面朝大家用文言文讲故事）

师：我们一起来试一试吧。（全班一起背诵）

师：同学们,今天我们学了《司马光》,老师写成了一篇小文章,请你们仔细看这篇小文章和文言文有什么不一样？(生观察两篇文章,寻找不同之处)

生4：它们的字数不一样。

师：是的,现代文长,文言文短。

生5：我觉得文言文里一个字代表一个意思,现代文里是一个词语代表一个意思。

师：由此可见,文言文的语言更精炼,你看30个字就把司马光机智、冷静的形象展示在大家面前了。让我们配着音乐再来背一背这篇课文。

(全班配乐背课文)

师：同学们,我们要学习司马光宝贵的品质,遇事要冷静,才能更好地解决问题哦,下课！

生：老师,再见！

设计意图：整堂课经过了三次层层递进的朗读,再加上图片的助力,游戏的植入,学生在不知不觉中将课文读得滚瓜烂熟,此时的背诵可以说是水到渠成。此外,将文言文与现代文放在一起比较的好处在于,在感受文言文的精炼的同时,又能体会现代文的直白,从而感受到中国语言文字的无穷魅力。

三年级上册《司马光》相关资源链接

课　文

群儿戏于庭,一儿登瓮,足跌没水中。众皆弃去,光持石击瓮破之,水迸,儿得活。

——《宋史·司马光传》

其人其事

司马光,字君实,陕西夏县(今山西省夏县)人,北宋史学家、文学家、政治家。父亲司马池,为天章阁待制。司马光长到七岁,气势凛然如成人一般。他听讲《吕氏春秋》,很喜爱,回家后给家里人讲述,就明白了其中大意。从此手不离书,以至于不知道饥渴和冷热。一群小孩子在庭院中游戏,一个孩子爬上水缸,失脚跌入水缸,众小孩都丢下他走了,而司马光拿石头打破水缸,让水流掉,小孩得以活下来。此事在京城(开封)、洛阳间广泛流传,并被画成图画。①

司马光为人温良谦恭、刚正不阿,其人格堪称儒学教化下的典范,历来受人景仰。主持编纂了中国历史上第一部编年体通史《资治通鉴》。生平著作甚多,其他还有《温国文正司马公文集》《稽古录》《涑水记闻》《潜虚》等。

* 关键词一:聪慧博学 *

司马光七岁时,不仅能背诵《左氏春秋》,还能讲明白书的要意;此外做出了"砸缸救人"这一件震动京洛的事。司马光的博学来自多方面,一方面他好学强识,另一方面他的父亲也着意培养。他既诚实聪明,又十分懂事,深得父亲喜爱。同时,每逢出游或和同僚密友交谈,父亲司马池总把他带在身边。通过耳濡目染,司马光不论在知识方面,还是见识方面,都"凛然如成人"。好多当时的大臣、名士,都很赏识司马光。

* 关键词二:忠诚守信 *

司马光孝顺友爱,忠诚守信,恭敬节俭,为人正直,平时生活有法度,动作合于礼。在洛阳时,每到夏县扫墓,一定去看望他哥哥司马旦。司马旦年近八十,司马光侍奉他如严父,保养他如婴儿一样。司马光从小到老,从不胡言乱语,他自己说:"我没有超过别人之处,但平生所做的事,从没有不可以对别人讲的。"诚实出于天性,天下人敬重相信他。②

* 关键词三:不喜奢华 *

宋仁宗宝元初年(1038年),司马光考中进士甲等。年纪刚成人,性情不喜华丽奢侈,在庆贺考中进士的闻喜宴上独不戴花,同时中举的人对他说:"君主的赏赐不可违背。"才戴上一枝。③

文 章 出 处

《司马光》选自《宋史·司马光传》。《宋史》是元朝末期史臣们编纂的纪、志、表、传俱全

---

① 许嘉璐,主编.二十四史全译.宋史·卷三百三十六·列传第九十五[M].上海:汉语大词典出版社,2004:7503.
② 许嘉璐,主编.二十四史全译.宋史·卷三百三十六·列传第九十五[M].上海:汉语大词典出版社,2004:7503.
③ 许嘉璐,主编.二十四史全译.宋史·卷三百三十六·列传第九十五[M].上海:汉语大词典出版社,2004:7503.

的纪传体巨著。记载的内容包括北宋、南宋。全书四百九十六卷,包括《本纪》四十七卷,《志》一百二十六卷,《表》三十二卷,《列传》二百五十五卷,是二十四史中篇帙最浩繁的一部。其中《宋史·司马光传》,出自《列传》第九十五卷,①记载了司马光的一生,既有他幼年的故事,也有他成年后在朝为官的事迹。

相关文化知识介绍

司马光有一子名为司马康。司马康,字公休,从小作风正派谨慎,不随便说笑,服侍父母极孝顺。学习聪明过人,博通群书,中明经科上等。司马光编修《资治通鉴》时,上奏派司马康检阅文字。遭遇母丧时,司马康三天中一勺水米不进口,哀毁几乎丧失性命。司马光住在洛阳,士人中跟从司马光学习的出来后和司马康谈话,都有心得。路上的人见他容貌行动,即使不认识,也知道他是司马光的儿子。②

三年级上册《司马光》拓展阅读及译注

拓展阅读一

曹冲① 称 象

时孙权曾致巨象,太祖欲知②其斤重,访之群下,咸莫能出其理。冲曰:"置③象大船之上,而刻④其水痕所至,称物⑤以载⑥之,则校可知矣⑦。"

——选自《三国志卷二十·魏志二十》

注释:

① 曹冲:曹操之子,自小聪明仁爱,与众不同,深受曹操喜爱。② 欲知:想要知道。③ 置:安放。④ 刻:标记、记录。⑤ 物:物品。⑥ 载:堆积、装载。⑦ 可知矣:可以知道了。

译文:

当时孙权曾送来一只大象,太祖想知道它的重量,询问下属,都不能说出称重量的办法。

---

① 许嘉璐,主编.二十四史全译.宋史·卷三百三十六·列传第九十五[M].上海:汉语大词典出版社,2004:7503.
② 许嘉璐,主编.二十四史全译.宋史·卷三百三十六·列传第九十五[M].上海:汉语大词典出版社,2004:7503.

曹冲说:"把象放到大船上,在船身上刻下水痕记号,再用秤称物品放到船上,两者比较就可以知道象的重量了。"

(译文参考:章惠康,主编.三国志(文白对照)[M].北京:华夏出版社,2011:476.)

拓展阅读二

孔融让梨

融四岁,与诸①兄共食②梨,融辄③引④小者。大人问其故⑤,答曰:"我小儿,法当⑥取小者。"

——选自《世说新语笺疏》

注释:

① 诸:众,许多。② 食:吃。③ 辄:就。④ 引:拿。⑤ 故:原因。⑥ 当:应当。

译文:

孔融四岁的时候,和诸位兄弟一起吃梨,孔融就拿了一个小梨。长辈问他原因,孔融回答说:"我年纪小,按礼法应当拿小梨。"

拓展阅读三

文彦博灌水取球

彦博①幼时,与群儿②戏击③球,球入柱穴④中,不能取,公以⑤水灌之,球浮出。

——《智囊诠解》

注释:

① 文彦博:字宽夫,号伊叟,汾州介休(今属山西)人,北宋时期政治家、书法家。② 群儿:一群孩子。③ 击:打。文中击球指玩球。④ 穴:洞,窟窿。⑤ 以:用,拿。

译文:

文彦博幼年时,和同伴一起玩球。有一次,球滚入洞中拿不出来,文彦博就提水灌洞,不久,球就浮出洞口。

(译文参考:冯梦龙.智囊诠解[M].李向阳,译注.天津:天津古籍出版社,2018:228.)

二、三年级下册《守株待兔》游戏教学设计及拓展资源

三年级下册《守株待兔》游戏教学设计

得兔——待兔——被笑也

执教整理：张金尧（萧山区万向小学）
指导点评：金晓芳（特级教师）

教材分析

《守株待兔》是统编小学语文教材三年级下册寓言故事单元中的一则文言文，选自《韩非子·五蠹》，讲述了一个孩子们较熟悉的中国古代寓言故事：宋国一农夫，守着田里的一个树桩，希望能再得到撞上树桩而死的兔子，说明不愿付出努力，想侥幸获得成功是行不通的。课文言简意赅，短短39个字，就把故事及议论写得清清楚楚。教学时，教师要在引导学生采用借助注释等方法读懂课文的基础上，说说那个农夫为什么会被人笑话，从而明白其中的道理。

教学目标

1. 有感情、有节奏地朗读全文，在文言文朗读中做到正确停顿。
2. 能借助注释、联系上下文读懂文章，掌握学文方法。
3. 可以借助剧本形式的新文本，对原文进行创编，进一步体会文章寓意。

教学重难点

重点：读通、读懂课文，体会故事寓意。
难点：故事创编，形成新文本。

教 学 过 程

(一) 课前谈话,创设情境

1. 看图猜故事。同学们,我们中华文化源远流长,流传着很多寓言故事,不少还成为成语。请你根据图片猜一猜分别是什么故事。(出示"井底之蛙、揠苗助长、掩耳盗铃、狐假虎威、亡羊补牢、鹬蚌相争"等故事图片)

2. 我是大导演。今天我们要当一回导演,尝试古今交融,将我们传统文化中的优秀寓言故事拍成微电影。作为一个导演,你觉得要将一个故事拍成电影,需要做些什么?

学生畅谈,教师小结并出示"我是大导演"星级标准。

> ★ 读通——助理导演
> ★★★ 读懂——副导演
> ★★★★★ 创编——大导演

设计意图:对于中华传统文化中的寓言故事,孩子们并不陌生,这篇文言文包含浓郁的传统文化气息,通过看图猜故事,勾连学生已有知识储备,并与新知建立关联。"我是大导演"的情境设置,使现实情境与千年古文勾连交融,充分激发了学生的学习兴趣。

(二) 读通故事,掌握停连

1. 出示课题。今天这节课,我们就来一起说一说守株待兔的故事。教师板书课题,提醒"待"的写法。

2. 正确读文。那么接下来我们一起向助理导演的星级出发,请同学们用自己的节奏和感觉来读一读这则故事。

3. 朗读反馈。开小火车读一读,一人一句。正音:"冀、耒、耕"。教学生字:"耕"的写法。

4. 正确停顿。出示加停顿标注的全文,按照这个节奏试一试。先自由练一练,再同桌互相读一读。

5. 多种形式挑战读。去掉标注读;去掉标点读;竖着读。

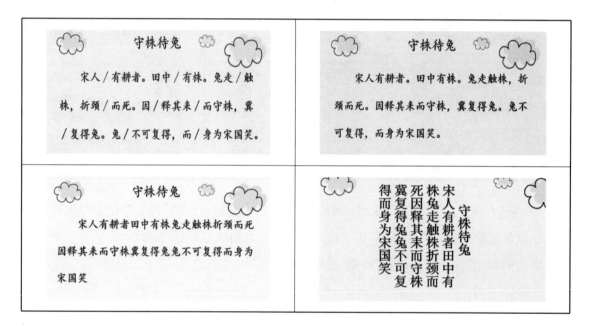

同学们挑战成功,读好了本文的停顿,也读出了文言文的节奏和韵味,且已读通此文,恭喜大家过关获得"助理导演"头衔。

设计意图:书读百遍,其义自见。朗读是学生学习小古文的重要方法。本文的朗读,有扶有放,设计了自读、根据提示读、多种形式挑战读等环节,重点落实读好小古文中的停连。学生的好胜心理得到了满足,读得有滋有味,趣味盎然。

(三) 读懂故事,理解寓意

1. 理解"待兔"。故事中的哪句话告诉了我们种田人被笑话的原因?

出示:因释其耒而守株,冀复得兔。借助注释说一说这句话的意思。

点拨:"因"的古今异义。借图认识:耒。

2. 理解"得兔"。这个种田人放下农具守着树桩,希望再次得到兔子。那他第一次是怎么得兔的? 我们一起来看看。

出示:宋人有耕者。田中有株。兔走触株,折颈而死。借助注释说一说这几句的意思。

点拨1:根据你对"耕者"的理解,想一想"给人看病的人""写文章的人""生了病的人"可分别被称为什么?(医者、作者、病者)

点拨2:"走"的古今异义,借助注释理解。

3. 理解"被笑"。最后种田人守株待兔的结果又是怎样的?

出示:兔不可复得,而身为宋国笑。借助注释说一说整句的意思。

点拨:注释中未出现的两个释义难点:身、宋国。

4. 自由练说整个故事。小结板书梳理:得兔——待兔——被笑。

> 设计意图:虽然故事短小,但学生要真正读懂故事,还需扫清不少难点。教学中采用借图释义、借助注释、勾连旧知等方法,帮助学生扫清释义障碍,习得学文方法。围绕"待兔"理清文章的逻辑结构,为学生读懂整个故事,理解文章寓意打下坚实基础。

5. 理解寓意:读懂这个故事,不仅要明白故事讲了什么,还应该知道这个故事到底告诉了我们什么。结合故事的意思,同桌讨论故事的寓意。

6. 学习反馈,教师择机板书。

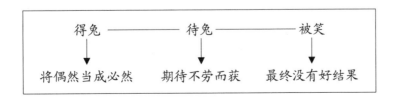

7. 读懂了文义,理解了寓意,我们对这个故事的理解也更深入了一层,让我们带着自己的理解和感悟,再来读一读这个有趣的故事。恭喜大家再次进阶,获得副导演的头衔。

> 设计意图:故事虽简短,但寓意深刻。教师借助板书,从种田人被笑入手,引导学生体会种田人的可笑之处,进而体会故事寓意。

(四)尝试创编,思维进阶

1. 示例比较,了解方法。

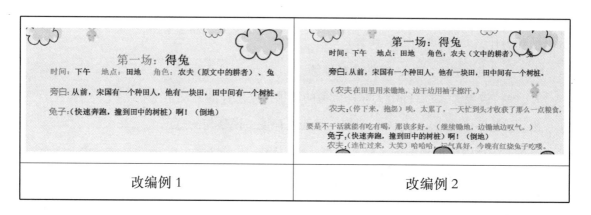

思考:从例 1 和例 2 中你发现了创编的诀窍了吗?

小结:(1)合理想象,不胡编乱造;(2)写好人物语言和动作是重点。

2. 自主选择,合作创编。

3. 以小组为单位,集体创编,再尝试将创编的内容分配角色演一演、练一练,并表演给大家看。

> 评价标准
> 1. 把故事完整地表演出来。☆
> 2. 表演中有一定的旁白。☆
> 3. 人物语言、动作符合故事情节。☆

4. 完成表演,获得大导演称号。

设计意图:借助范例,为创编搭好脚手架,降低创编难度。"大导演"的情境设置,步步进阶,为学生注入了充足的学习动力。学生想尽一切办法,群策群力,为获得大导演称号而努力。创编过程,既是对文本的深入理解的过程,更是学生思维火花碰撞的过程。学生在具身活动中,在对当大导演的不懈追求中,深刻领会了寓意。

(五) 课外延伸,推荐阅读

守株待兔的故事选自《韩非子》,作者是战国末期的思想家韩非子。书中还有不少生动的小故事,推荐大家看一看。像守株待兔这样从古至今流传下来的寓言故事,是我们宝贵的精神财富,启迪和滋养了一代又一代的中国人,让我们徜徉在寓言的长河中,去收获一个又一个人生哲理吧。

设计意图:第二单元为寓言单元,本单元编排"快乐读书吧",提示孩子们读一读古今中外的寓言故事,体会小故事中蕴含的大道理。学习本文后,适时推荐阅读,可谓水到渠成。

三年级下册《守株待兔》相关资源链接

课　文

宋人有耕者。田中有株。兔走触株,折颈而死。因释其耒而守株,冀复得兔。兔不可复得,而身为宋国笑。

——选自《韩非子·五蠹》

其人其事

守株待兔是一个由寓言故事演化而成的成语,该成语一般比喻死守经验,不知变通。也用于讽刺妄想不劳而获的侥幸心理。这只兔子会在树桩上撞断脖子,只是一个偶然,宋人却把偶然当成必然,妄想一直不劳而获,最终荒芜了自己的田地,一无所获,为后人笑也。

文章出处

本文选自《韩非子·五蠹》。《韩非子·五蠹》是战国末期法家学派代表人物韩非创作的一篇散文。作者举出了大量的事实,于对比中指出古今社会的巨大差异,行文论据充分,言辞锐利,推理事实直击关键之处。

附《韩非子·五蠹》原文(片段):

上古之世,人民少而禽兽众,人民不胜禽兽虫蛇。有圣人作,构木为巢以避群害,而民悦之,使王天下,号之曰有巢氏。民食果蓏蚌蛤,腥臊恶臭而伤害腹胃,民多疾病。有圣人作,钻燧取火以化腥臊,而民说之,使王天下,号之曰燧人氏。中古之世,天下大水,而鲧、禹决渎。近古之世,桀、纣暴乱,而汤、武征伐。今有构木钻燧于夏后氏之世者,必为鲧、禹笑矣;有决渎于殷周之世者,必为汤武笑矣。然则今有美尧、舜、鲧、禹、汤、武之道于当今之世者,必为新圣笑矣。是以圣人不期修古,不法常可,论世之事,因为之备。宋人有耕者,田中有株,兔走触株,折颈而死,因释其耒而守株,冀复得兔。兔不可复得,而身为宋国笑。今欲以先王之政,治当世之民,皆守株之类也。

古者丈夫不耕,草木之实足食也;妇人不织,禽兽之皮足衣也。不事力而养足,人民少而财有余,故民不争。是以厚赏不行,重罚不用,而民自治。今人有五子不为多,子又有五子,大父未死而有二十五孙。是以人民众而财货寡,事力劳而供养薄,故民争。虽倍赏累罚而不免于乱。

尧之王天下也,茅茨不翦,采椽不斫;粝粢之食,藜藿之羹;冬日麑裘,夏日葛衣;虽监门之服养,不亏于此矣。禹之王天下也,身执耒臿以为民先,股无胈,胫不生毛,虽臣虏之劳,不苦于此矣。以是言之,夫古之让天子者,是去监门之养,而离臣虏之劳也,古传天下而不足多也。今之县令,一日身死,子孙累世絜驾,故人重之。是以人之于让也,轻辞古之天子,难去今之县令者,薄厚之实异也。夫山居而谷汲者,膢腊而相遗以水;泽居苦水者,买庸而决窦。故饥岁之春,幼弟不饷;穰岁之秋,疏客必食。非疏骨肉爱过客也,多少之实异也。是以古之易财,非仁也,财多也;今之争夺,非鄙也,财寡也。轻辞天子,非高也,势薄也;重争士橐,非下也,权重也。故圣人议多少、论薄厚为之政。故罚薄不为慈,诛严不为戾,称俗而行也。故事因于世,而备适于事。

古者文王处丰、镐之间,地方百里,行仁义而怀西戎,遂王天下。徐偃王处汉东,地方五百里,行仁义,割地而朝者三十有六国。荆文王恐其害己也,举兵伐徐,遂灭之。故文王行仁义而王天下,偃王行仁义而丧其国,是仁义用于古不用于今也。故曰:世异则事异。当舜之时,有苗不服,禹将伐之。舜曰:"不可。上德不厚而行武,非道也。"乃修教三年,执干戚舞,有苗乃服。共工之战,铁铦矩者及乎敌,铠甲不坚者伤乎体,是干戚用于古不用于今也。故曰:事异则备变。上古竞于道德,中世逐于智谋,当今争于气力。齐将攻鲁,鲁使子贡说之。齐人曰:"子言非不辩也,吾所欲者土地也,非斯言所谓也。"遂举兵伐鲁,去门十里以为界。故偃王仁义而徐亡,子贡辩智而鲁削。以是言之,夫仁义辩智,非所以持国也。去偃王之仁,息子贡之智,循徐、鲁之力,使敌万乘,则齐、荆之欲不得行于二国矣。

相 关 文 化 知 识 介 绍

1. 宋国:公元前11世纪——公元前286年,是周朝的一个诸侯国,国都商丘(今河南省商丘市)。宋国的国君在周朝初期被周天子封为公爵,国姓由上古时期的子姓延续到宋氏。宋国共传了三十四代,建国八百二十九年。

2. 韩非:约公元前280年—公元前233年,又称韩非子、韩子。战国末期韩国新郑(今属河南)人。中国古代思想家、哲学家和散文家,法家学派代表人物,荀子的学生。韩非是法家思想之集大成者,其学说一直是中国封建社会时期统治阶级治国理政的思想基础,为君主专制制度提供了理论根据。

三年级下册《守株待兔》拓展阅读及译注

拓展阅读一

揠 苗 助 长

宋人有闵②其苗之不长而揠之者,芒芒然③归,谓其人④曰:"今日病⑤矣!予助苗长矣!"其子趋⑥而往⑦视之,苗则槁⑧矣。

——选自《孟子·公孙丑上》

注释:

① 揠(yà):拔。② 闵(mǐn):同"悯",担心,忧虑。③ 芒芒然:疲惫但十分满足的样子。④ 其人:他家里的人。⑤ 病:疲劳,困苦,精疲力尽,文中是引申义。⑥ 趋:快步走。⑦ 往:去,到……去。⑧ 槁(gǎo):草木干枯,枯萎。

译文:

有一个宋国人,因担心禾苗不长而将它们拔高。忙好后非常疲惫地回到家里,对家人说:"今天太累了,我帮助禾苗长高了。"他的儿子跑到地里一看,禾苗都已经枯萎了。

(译文参考:方勇,译注. 孟子[M].北京:中华书局,2015:49.)

拓展阅读二

龟 兔 竞 走

龟与兔竞①走②,兔行速,中道而眠,龟行迟,努力不息③。及兔醒,则龟已先至④矣。

——选自《意拾喻言》

注释:

① 竞:比赛。② 走:跑。③ 息:停止。④ 至:到达。

译文:

乌龟和兔子赛跑。兔子跑得快,但在中途休息时睡着了;乌龟跑得慢,却努力不停歇。等到兔子醒来时,乌龟早就到达终点了。

拓展阅读三

画蛇添足

楚有祠者①,赐其舍人②卮③酒,舍人相谓④曰:"数人饮之不足,一人饮之有余。请画地为蛇,先成者饮酒。"

一人蛇先成,引⑤酒且⑥饮之,乃左手持卮,右手画蛇,曰:"吾能为之足。"未成,一人之蛇成,夺其卮曰:"蛇固⑦无足,子安⑧能为之足?"遂饮其酒。

为蛇足者,终亡⑨其酒。

——选自《战国策·齐策二》

注释:

① 祠者:主管祭祀的官员。② 舍人:门客,部下。③ 卮(zhī):古代的一种盛酒器,类似壶。④ 相谓:互相商量。⑤ 引:拿,举。⑥ 且:将要。⑦ 固:本来,原来。⑧ 安:怎么。⑨ 亡:丢失,失去。

译文:

楚国有个主管祭祀的人,赏给他的舍人一壶酒。舍人们相互商量说:"几个人都喝不够分,一个人喝还有剩。让我们在地上画一条蛇,先画成的喝这壶酒。"

其中有个人先画好了,他拿过酒刚要喝,却又左手拿着酒壶,右手继续画着蛇说:"我能给它添上脚。"还未添完,另一个人的蛇画成了,夺过酒壶说:"蛇本来没脚,你怎么能给它画脚呢?"说完就喝了那壶酒。

画蛇足的人,结果失去了喝酒的权利。

(译文参考:孟庆祥.战国策译注[M].哈尔滨:黑龙江人民出版社,1986:258-260.)

拓展阅读四

叶公①好龙

叶公子高好龙,钩②以写③龙,凿④以写龙,屋室雕文⑤以写龙。于是天龙闻而下之⑥,窥⑦头于牖⑧,施⑨尾于堂。叶公见之,弃而还⑩走,失其魂魄,五色无主。

是叶公非好龙也,好夫⑪似龙而非龙者也。

——选自《新序·杂事五》

注释：

① 叶公：春秋时楚国叶县县令沈诸梁，名子高，封于叶（古邑名，今河南叶县）。② 钩：衣服上的带钩。③ 写：画。④ 凿：通"爵"，古代饮酒的器具。⑤ 屋室雕文：房屋上雕刻的图案、花纹。文，通"纹"。⑥ 下之：从天上下来到叶公的住处。⑦ 窥（kuī）：探望、偷看。⑧ 牖（yǒu）：窗户。⑨ 施（yì）：延伸，同"拖"。⑩ 还（xuán）走：转身就跑。还，通"旋"。⑪ 夫：这，那。

译文：

叶县县令子高非常喜欢龙，在衣带钩上雕刻龙，在饮酒器上雕刻龙，在房屋的图案、花纹上雕刻龙。天上的真龙听说了，于是就从天上下来，把头从窗户伸进来偷看，把尾巴拖在厅堂里。叶公看见了它，丢下它转身就跑，吓得魂飞魄散，脸色大变。

所以叶公不是真的喜欢龙，是喜欢那些似龙非龙的东西罢了。

拓 展 阅 读 五

刻 舟 求① 剑

楚人有涉②江者，其剑自舟中坠于水，遽③契④其舟，曰："是吾剑之所从坠。"舟止，从其所契者入水求之。舟已行矣，而剑不行，求剑若此，不亦惑⑤乎？

——选自《吕氏春秋·察今》

注释：

① 求：寻找。② 涉：过，渡。③ 遽：急忙，立刻。④ 契：通"锲"，用刀雕刻，刻。⑤ 惑：愚蠢，糊涂。

译文：

楚国有个人过江，他的剑从船上掉进了河里，他赶忙在船上刻了一个记号，说："这是我的剑掉下河的地方。"船停了，他从刻有记号的地方下水去找。船已经航行了，剑却不会随着船走，这样找剑，不是很糊涂吗？

（译文参考：吕不韦.吕氏春秋[M].王学典，编著.哈尔滨：哈尔滨出版社，2007：202.）

拓 展 阅 读 六

郑 人① 买 履

郑人有且置履②者，先自度③其足而置④之其坐，至之市而忘操⑤之。已得履，乃曰："吾忘持度⑥。"反⑦归取之。及反,市罢,遂不得履。人曰:"何不试之以足?"曰:"宁信度,无自信⑧也。"

——选自《韩非子·外储说左上》

注释:

① 郑人:郑国的一个人。② 履(lǚ):鞋子。③ 度(duó)(动词):衡量。用尺子度量的意思。④ 置:放,搁在。⑤ 操(动词):拿,携带。⑥ 度(dù)(名词):量好的尺码。⑦ 反:通"返",返回。⑧ 自信:相信自己。

译文:

郑国有个想买鞋子的人,先自己量好了脚的尺码并把这尺码放在他的座位上,但去集市的时候却忘了带上它。等在集市上挑好了鞋子,这才发现:"我忘记拿尺码了。"就回家去取。等到他再返回集市时,集市已经收摊了,最终他没有买到鞋子。有人说:"你为什么不用脚去试试这鞋子呢?"他说:"我宁愿相信那尺码,也不相信自己的脚。"

(译文参考:张觉,等.韩非子译注[M].上海:上海古籍出版社,2007:413-414.)

三、四年级上册《精卫填海》游戏教学设计及拓展资源

四年级上册《精卫填海》游戏教学设计

塑精卫形象,传中国精神

执教整理:莫燕燕(杭州市半山实验小学)

指导点评:金晓芳(特级教师)

教学目标

1. 认识"帝、曰"等4个字,读准多音字"少",会写"溺"等5个字。

2. 正确流利地朗读课文,背诵课文。

3. 结合注释,理解句子意思,通过角色体验游戏,展开想象,用自己的话讲述精卫填海的故事,体会故事的神奇性,感受精卫的形象和精神。

教学过程

(一)猜猜故事,走进神话世界

1. 猜猜故事,了解神话。

师:同学们,我们先来玩一个游戏——"考考你"。看图猜一猜,你知道这是什么神话故事吗?(出示第一幅图)

生1:这是"盘古开天辟地"的故事。

师:你真会观察!第二幅呢?

生2:第二幅是"夸父追日"。

师:是的,有些版本也称"夸父逐日"。第三幅图,有点儿难度——

生3:我认为是"女娲造人"的故事。

师：看来，你的阅读面很广。最后一幅图，大家一起猜猜看——

生（异口同声）：愚公移山！

师：真了不起！同学们，这些都是你们熟悉的神话故事。从这些中国神话故事中，我们认识了盘古、夸父、女娲、愚公等神话人物，他们的精神代代流传。

2. 解题质疑，导入新课。

师：神话是古代人民对自然现象和社会生活的天真的解释和美丽的向往。今天我们将学习一个新的神话故事，一起去认识另外一个神话人物。（出示"精卫鸟"图片）她就是——

生：精卫！

师：精卫，神话中鸟的名字，形状像乌鸦，头上有花纹，还有白色的嘴、红色的脚。

师：一起读课题！

（生齐读课题）

师：课题也是课文的一部分，阅读要从课题开始。通过课题，你知道了什么？

生：通过课题，我知道这篇神话讲的是精卫，讲的是精卫填海的故事。

师：是的。通过课题，我们就知道了这个神话的大意。

师：读了课题，你有什么疑问吗？

生1：精卫为什么要填海？

生2：精卫是如何填海的？

生3：精卫最后把海填平了吗？

师：同学们，要想解决这么多问题，就必须走进课文。

设计意图：学问，学问，有学有问。教学借助"考考你"游戏，从熟悉的神话故事入手，凸显精卫鸟的形象，自然入题。带着问题，学生们走进课文，走近神话故事的主人公——精卫鸟。

(二) 音准句顺,读通神话故事

1. 初读课文,读准读通。

师:下面,请同学打开书,自由读课文,借助注音读正确、读流利。

> 学习活动一:自由读课文,借助注音读正确、读流利。

(生自由朗读)

师:哪位同学先来读一读?

(指名朗读)

师:真了不起。课文中有两处难读的生字,这位同学都读正确了。一处是(标红)——

生:溺而不返。

师:千万别读半边。另一处在最后(标红)——

生:以堙于东海。

师:"堙"是前鼻音,同学们都读准了。

师:去掉注音,你还会读吗?

(指名一生读,"衔"字读错)

师:这一处你再试着读一读。

(生再读)

师:这回读正确了。

(再请一生读,大家一起读正确)

2. 朗读挑战,读出韵味。

师:看来,读正确难不倒我们。不过,老师想提醒大家,读文言文不但要读正确,还应该读准停顿,读出节奏。谁来挑战一下?

(生读,错把"女娃"读成"女娲")

师:你有没有发现自己有一处小错误?

生:我把"女娃"读成"女娲"了。

师:(板书:女娃)课文中是女娃,那么女娲是谁呀?

生:"女娲"是"女娲造人"中的女娲。

师:是呀,女娲是远古神话中的创世女神,是她创造了人类。

(再指名一生读)

师：同学们都忍不住送给她掌声了！你们听出她哪里停顿得比较明显？

生1：我听出"溺/而不返"这里停顿得比较明显。

生2：我听出她还有两处停顿得特别明显。一处是"故/为精卫"，一处是"以/堙于东海"。

师：你们听得真仔细。"故/为精卫"的"故"在这里是因此的意思，是连接词，后面要稍作停顿。"以/堙于东海"的"以"后面省略了"之"，也要稍作停顿。

师：谁再来挑战挑战？

（指名读）

师：有文言文的味道了。我们一起读，注意做到声断意连，读出文言文的韵味。

（学生齐读，读出节奏和韵味）

设计意图：从读准到读通，再到读出韵味，教师以学生为主体，发现并点拨课文难读字、易错字"溺""堙""衔"等，不平均用力，并以四年级学生原有水平为基础，引导学生读好文言文的停连，把握好阅读文言文的节奏和韵味，直至朗朗上口。每个学生热爱祖国传统文化之情溢于言表。

(三) 聚焦"填海"，读懂神话故事

1. 重温文言文，回顾方法。

师：同学们真有灵气，一点就通，不仅读通了文言文，还读出了古文的韵味。学习文言文，读通读顺只能算学到了皮毛，我们还得读懂文言文的意思。

师：（出示图片）在三年级，我们曾学习了两篇文言文——《司马光》和《守株待兔》。请同学们回顾一下，理解文言文意思的方法有哪些？

生1：借助注释。

生2：看《字词手册》

师：哦，也是属于"借助注释"一类。

生3：组词法。

生4：联系上下文。

生5：联系生活经验。

2. 多种方法，读懂故事。

（1）师：接下来，请大家用上这些方法，自己说一说文言文的意思。

| 学习活动二：借助注释，自己说说故事的意思。|

（生自己练说文言文的意思）

师：请同桌互相说一说意思，一人说一句。

（同桌互说）

（2）师：全文一共只有两句话。哪一对同桌来汇报一下第一句的意思？汇报的时候先说用上什么方法，再说句子意思。

生1：我们是借助注释的方法理解的。

生2：我们认为第一句的意思是"炎帝的小女儿，名字叫作女娃"。

师：看来，这对同桌的合作很有效。你们知道"炎帝"是谁吗？

生：知道！炎帝是传说中上古时期的部落首领。

师：是的，课文注释中有解释。老师还给大家带来了更具体的资料。

（播放介绍炎帝的视频）

师：有一种说法认为，炎帝就是神农氏。你知道"少女"是什么意思吗？

生：通过注释，我知道"少女"是小女儿的意思。

师：是啊，"少女"和我们现在的意思不一样，在古时候是小女儿的意思，那么"少子"是什么意思？

生：小儿子。

师：与"少"相对的是"长"。"大儿子"古时候怎么说？

生：长子。

师：那么大女儿就是？

生：长女。

师：课文中是这样介绍女娃的——

生：炎帝之少女，名曰女娃。

师：你能用上这样的文言句式介绍一下自己吗？

（　　　）之（　　　），名曰（　　　）。

师：老师先来介绍一下，我的爸爸叫××，我可以说××之长女，名曰××。

生1：胡启翔之少子，名曰云飞。

生2：长贤之少女，名曰佳辰。

生3：岳明之少女，名曰安安。

师：第一句"炎帝之少女，名曰女娃"，其实交代了故事的——

生：主人公。

（师板书：主人公）

（3）师：第二句话比较长，我们先来看前半句。哪对同桌来汇报一下？

生1：我们用借助注释的方法来理解。

生2：前半句的意思是"女娃到东海游泳，溺水淹死了，不能返回，因此变成了精卫鸟"。

师：有几位同学把小手举起来了，看来是有不同意见，我们来听听他们的想法。

生3：我们同桌两个认为"游于东海"的意思应该是"到东海游玩"，而不是"到东海游泳"，后面的"溺"是"溺水，淹没"的意思。如果女娃会游泳，就不会这么轻易淹死了。

师：哦，你们是联系生活经验来理解的。同学们，你们同意他们的看法吗？

生：同意。

师：女娃到东海游玩，溺水身亡不能返回，因此变成了精卫鸟。前半句告诉我们故事的——

生：起因。

（师板书：起因）

（4）师：后半句，哪对同桌来汇报？

生1：我们主要用了联系上下文和借助注释的方法。

生2：后半句的意思是"精卫常常衔着西山的小树枝和小石头，用来填塞东海"。

师：感谢你们的汇报。精卫是怎么填东海的？

生：精卫是用西山的木头和石头来填东海的。

师：木头和石头？有没有更恰当的说法？

生："小树枝和小石头"更恰当，因为精卫是用嘴叼的。

师："用嘴叼"，文中用的是哪个字？

生：衔。

师：第一天，精卫——

生：衔着西山的小树枝和小石头，去填塞东海。

师：第二天，精卫——

生：衔西山之木石，以堙于东海。

师：第三天，精卫——

生：衔西山之木石，以堙于东海。

师：日复一日，这就是文中的——

生：常。

师：是的，"常"就是"常常，经常"的意思。

师：你们知道西山吗？

（生摇头）

（师补充资料）

> 西山：曰发鸠之山，其上多柘木。

师：其实，西山并不是山的名字，这里的西山指发鸠山，山上有很多柘木。称"西山"和"东海"，一西一东，是为了表明什么？

生：是为了表明西山和东海距离很远，精卫用嘴衔小树枝和石子难度很大。

师：想象一下，精卫在填海时会遇到哪些困难？

> 精卫（遇到什么困难），最终还是_____。

生1：精卫会遇到东海汹涌的海浪。

师：请把句子说完整。

生1：精卫会遇到东海汹涌的海浪，最终还是衔着西山的木石去填东海。

（师板书：海浪汹涌）

生2：我觉得精卫可能会遇到海啸，海啸可能把精卫卷进去，但是精卫最终还是衔着西山的小树枝和小石子去填东海。

师：哦，由海浪升级为海啸。

生3：我认为精卫也许会遇到狂风，把她吹进海里，最终精卫还是继续飞回西山，衔着西山的小树枝和小石子去填东海。

（师板书：狂风）

生4：精卫可能会遇到猎人，把她打伤，还可能遇到天敌猎鹰。

(师板书：猎人)

师：精卫会怎么做？

生4：精卫四处躲避猎人的子弹和她的天敌，最终还是衔着西山的木石继续去填东海。

生5：精卫可能会被东海的飞鱼撞来撞去，最终还是到达了西山，衔着西山的木石去填东海。

(师板书：飞鱼)

师：同学们，你们的想象力可真丰富！

(5) 师：下面让我们一起走进精卫填海"小剧场"。请同桌合作，一人演精卫，一人说旁白。选择其中一个场景，演一演。场景下面是旁白建议，可以作参考。

(出示四幅场景图："烈日当空""寒风呼啸""狂风大作""暴雨倾盆")

| 烈日当空 | 寒风呼啸 | 狂风大作 | 暴雨倾盆 |

旁白：(什么场景)，精卫(遇到什么困难)，但她(怎么克服)，最终还是_____。

(生练习)

师：哪一对同桌愿意上台展示一下？请坐在最后排的两位同学，老师还为你们准备了小道具呢！谁扮演精卫？谁说旁白？(师为扮演精卫的同学戴上"精卫"头饰，并准备了小树枝、小石子等道具)

生1：我们选择的是"狂风大作"的场景。

(师点击音效)

生2：(旁白)一天，狂风大作。精卫被狂风吹得东倒西歪，还遇到了鹫鹰，但她没有退缩，一边顶着狂风，一边躲着鹫鹰，衔着西山的小树枝去填东海。

(生1扮演精卫，表演狂风大作时精卫填海的场景)

师：(戴上大海的头饰，问精卫的扮演者生1)我就是大海，我想劝劝精卫鸟！你这样填海,哪怕填上一百万年也休想把我填满,我劝你算了吧!

生 1:(摇摇头)不行!

师:(问生 2)精卫精卫,你看你来来回回地衔树枝、投石子,日复一日,这么辛苦,这是何必呢?

生 2:不行,我怕船只会遇上狂风,像我一样丧命,我不能白死!

师:(面向全体学生)精卫精卫,你如此辛苦,干脆就放弃吧!

生 3:我不会放弃的,我总有一天会把你填满的。

生 4:我不会放弃的,只要我坚持下去,大海总有被我填平的一天!

师:精卫精卫,你为什么想要把我填平呢?

生 5:因为大海中住着一个妖怪,总是把过往的船只吃掉。我不想让更多的人遇难,不想让更多的人失去生命。

(6)师:同学们,你们看到了一只怎样的精卫鸟?

生 1:我看到了一只坚持不懈的精卫鸟。

师:请你在黑板上写下来。

生 2:我看到了一只努力奋斗的精卫鸟。

师:请你写在黑板上。

生 3:我看到一只持之以恒的精卫鸟。

师:也请你写在黑板上。

(生上台板书)

师:让我们用掌声感谢表演的同学!他们让我们看到了这样的精卫鸟!

师:如果说第二句的前半句是故事的起因,那么后半句就是故事的——

生:经过。

(师板书:经过)

师:故事还给我们提供了一个可供想象的结果。通过学习,我们理解了课文的意思,知道了故事的起因和经过,还带着想象进行了表演。让我们带着理解读一读这篇文言文。

(生齐读)

设计意图:在回顾理解文言文方法的基础上,教师引导学生活学活用方法,自己理解文言文,提高语言运用的能力,比如通过理解"少女",运用并积累"少子""长子""长女",并运用文言文句式像介绍女娃一样介绍自己。接着,教师在短短的文言文中，多次补充资源，比如播放介绍炎帝的视频以帮助学生更全面地了解主人公；补充西山资料，引导学生推测西山和东海的距离，以增进体验，为后面激发学生想象遇到的困难推波助澜；补充四幅场景图——"烈日当空""寒风呼啸""狂风大作""暴雨倾盆"，帮助学生更好地演绎"精卫填海"故事，收放自如，支架鲜明，使学生有效了解了故事的起因、经过，使得精卫鸟的形象栩栩如生。

（四）用自己的话讲故事，感受精卫形象

1. 用自己的话讲故事。

（1）师：老师发现每个同学都读得很投入。你能用自己的话讲一讲"精卫填海"的故事吗？

> 学习活动三：用自己的话把这个故事说给同桌听。
> 要求：
> （1）借助起因、经过，把故事说清楚。　　☆
> （2）补充想象，把故事说具体。　　☆☆
> （3）加上动作，把故事说生动。　　☆☆☆

（生互相讲故事）

（2）师：同学们，如果你的同桌讲得特别精彩，可以推荐一下哦！

生1：（上台）炎帝有一个小女儿，名字叫女娃。有一天，女娃去东海边游玩。海浪汹涌，她被卷入水中，溺水身亡，变成了一只精卫鸟。精卫鸟常衔西山的小石头和小树枝去填东海。她想：我一定要把东海填平，不然会有更多的人遇难。

师：请小观众们，评一评，打几星？

生：我给她打两星。她能借助起因、经过、结果，把故事说清楚，还能加上自己的想象，把故事说具体。我有一点建议，如果她能再加上动作，就更好了。

师：有没有想挑战三星的同学？

生2：（上台）炎帝有一个伶俐可爱的小女儿，她的名字叫作女娃。有一天，女娃到东海游玩。东海里住着一个水怪，他听到水面有动静，急忙探出头来，发现是一个这么可爱的女孩儿，心想着：我终于可以饱餐一顿啦！于是，他让狂风大作，暴雨来袭，把女娃卷入海中。女娃太生气啦，希望再没有人像她这样遇难，就变成一只精卫鸟来到西山，衔起小树枝扔进东

海,又衔起小石头,一颗一颗地投入东海。日复一日,东海终于被她填平了,水怪也被她打败了,再也没有一个人像她这样遇难了。

师:这位同学表达了她对这个故事美好的向往。请大家评价一下。

生:她讲得很精彩,故事的起因、经过很清楚,发挥了自己的想象,故事特别生动具体,同时她还加上了动作表演,我给她打三星!

2. 感受精卫形象。

(1)师:同学们,精卫填海精神感人,流传千古。很多文人墨客对精卫的精神赞叹不已,他们在作品中流露了这种敬佩之情。(出示诗句,生齐读)

> 精卫衔微木,将以填沧海。
> ——[晋]陶渊明《读山海经·其十》
> 吁嗟精卫亦偿冤,一旦奋飞身不顾。
> ——[宋]胡仲弓《精卫》
> 我愿平东海,身沉心不改。
> 大海无平期,我心无绝时。
> ——[明]顾炎武《精卫·万事有不平》

(2)师:同学们,精卫填海的故事代代相传,你认为人们代代传诵的是什么?

生1:我认为人们代代传诵的是精卫努力奋斗的精神。

生2:我认为传承的是精卫奋不顾身、坚持不懈的精神。

师:所以,后来人们称精卫这种鸟为"誓鸟""志鸟"。

(3)师:中国传统文化博大精深,精卫填海的故事影响了一代又一代炎黄子孙。在古代,文章是没有标点的,而且还是竖着写的。精卫填海的故事被这样记载,你会读吗?

(生读)

师:更古老一些的篆书,你会读吗?

(生读)

师:再古老一些的文字,你还会读吗?

(配乐,生熟读成诵)

3. 拓展延伸。

(1)师:同学们,课文用了仅仅35个字,就塑造了精卫这个坚韧执着的形象。精卫填海这个神话故事最早被保存在一本名为《山海经》的书里。

（师出示《山海经》及介绍）

> 《山海经》是先秦古籍，被称为"上古奇书"，是我国第一部描述山川、物产、风情的大型地理著作。《山海经》保存了很多远古神话故事，如夸父逐日、女娲造人、愚公移山、精卫填海等，展现出了中华民族最为本真、最为自由、最为阳刚的精神气质。

（2）师：（出示各种版本的《山海经》）《山海经》有很多版本，推荐同学们课外去读一读，你们一定会爱不释手的。今天的课就上到这里，下课！

设计意图：紧扣课后语文要素，引导学生在增进体验的基础上，发展语言，用自己的话讲一讲这个神话传说，并引导学生进行适当评价，融教学评为一体。最后，教师引用古往今来文人墨客对"誓鸟"的赞誉，传播中国精神，把精卫这个坚韧执着的形象刻在每一个学生的心里。

板 书 设 计

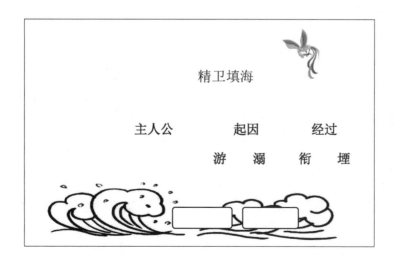

四年级上册《精卫填海》相关资源链接

课 文

炎帝之少女,名曰女娃。女娃游于东海,溺而不返,故为精卫,常衔西山之木石,以堙于东海。

——《山海经·北山经》

其 人 其 事

"素描"精卫

精卫填海,是中国上古神话传说之一。相传精卫本是炎帝神农氏的小女儿,俗称帝女雀,也被称为誓鸟、志鸟。精卫是一种样子像乌鸦的鸟,头部羽毛上有花纹,据传是精卫生前头发上插的花朵所幻化;身体背部的羽毛通体翠绿,像是草原的鲜草铺在背部;嘴巴苍白色;红色的足爪像是和鲲战斗之后留下的血迹;发出的叫声就像在叫自己的名字。

"意象"精卫

相传现在的山东半岛和辽东半岛,乃精卫所填。后来民间传说,这种鸟就住在海边,和海燕为偶,生下的孩子雌得像精卫,雄的像海燕。至今东海还有精卫誓水的地方,因为它们曾经淹死在那里,所以就发誓不再喝那里的水。如是,古人认为它是一种有志气的禽鸟,并把它当作追求理想和毅力的化身。

文 章 出 处

《精卫填海》出自《山海经·北山经》。《山海经》版本复杂,传世版本共计18卷,包括《山经》5卷,《海经》13卷,是中国志怪古籍,也是一部富含神话传说的古老奇书。

《山海经》内容主要是民间传说中的地理知识,包括山川、地理、民族、物产、药物、祭祀、巫医等,保存了包括夸父逐日、精卫填海、大禹治水等相关内容在内的远古神话传说和寓言故事。其中《北山经》所记北方三列山系,总共八十七座山,绵延两万三千两百三十里。传说精卫鸟就居住在其中的发鸠山上,而如今的山东半岛和辽东半岛,是由精卫尽全力填成。

原文如下:

又北二百里,曰发鸠之山,其上多柘木。有鸟焉,其状如乌,文首、白喙、赤足,名曰精卫,其鸣自詨。是炎帝之少女,名曰女娃。女娃游于东海,溺而不返,故为精卫,常衔西山之木石,以堙于东海。漳水出焉,东流注于河。①

相关文化知识介绍

炎帝:中国上古时期姜姓部落的首领尊称,号神农氏,又号魁隗氏、连山氏、列山氏。传说姜姓部落的首领由于懂得用火而得到王位,故称炎帝。相传炎帝牛首人身,亲尝百草,致力于用草药治病;他发明刀耕火种,创造了两种翻土农具,教民垦荒,种植粮食作物;他还领导部落人民制造出了饮食用的陶器和炊具。

精卫填海:是古人颂扬善良愿望和锲而不舍精神的神话故事。后演变为成语,旧时比喻仇恨极深,立志报复;现多比喻意志坚决,不畏艰难。

文献记载:

《抱朴子·内篇》卷二:精卫填海,交让递生。

《博物志》卷三:有鸟如乌,文首、白喙、赤足,名曰精卫。故精卫常衔西山之木石,以填东海。

《述异记》卷上:昔炎帝女溺死东海中,化为精卫,其名自呼。每衔西山木石填东海。偶海燕而生子,生雌状如精卫,生雄如海燕。今东海精卫誓水处,曾溺于此川,誓不饮其水。一名鸟誓,一名冤禽,又名志鸟,俗呼帝女雀。

《读山海经·其十》:精卫衔微木,将以填沧海。刑夭(天)舞干戚,猛志固常在。

四年级上册《精卫填海》拓展阅读及译注

拓展阅读一

大 禹 治 水

尧舜时,九河不治①,洪水泛滥。尧用②鲧③治水,鲧用壅④堵之法,九年而无功。后舜用

---

① 郭璞.百子全书·山海经·北次三经[M].杭州:浙江古籍出版社,1998:1188.

禹治水,禹开九州,通九道,陂⑤九泽,度⑥九山。疏通河道,因势利导,十三年终克水患。一成一败,其治不同也。

——选自《山海经》

注释:

① 九河不治:天下的大河泛滥成灾,得不到治理。九在古文中经常为泛指,言其多。② 用:任用。③ 鲧(gǔn):人名,禹的父亲。④ 壅(yōng):堵塞。⑤ 陂(bēi):修筑河岸。⑥ 度(duó):勘测。

译文:

尧、舜执政时期,天下的很多大河得不到治理,泛滥成灾。尧任用鲧来治水,鲧用堵塞的办法治水,很多年也没有成功。后来舜任用禹来治水,禹带领老百姓开通许多州,在很多湖泊边上修筑堤岸,勘测许多大山,疏通河道,因势利导,历经十三年,终于克服了水灾。一个成功一个失败,是因为他们治理的方法不同啊。

拓 展 阅 读 二

夸 父 追 日

夸父与日逐走①,入日②。渴欲得饮③,饮于河渭④,河渭不足,北饮大泽⑤。未至⑥,道渴而死⑦。弃⑧其杖,化为邓林⑨。

——选自《山海经·海外北经》

注释:

① 逐走:赛跑。逐:竞争。走:跑。② 入日:追赶到太阳落下的地方。③ 欲得饮:想要喝水解渴。④ 河渭:即黄河、渭水。⑤ 北饮大泽:向北去喝大湖的水。大泽:大湖,传说纵横千里,在雁门山北。北:方位名字用作状语,向北。⑥ 未至:没有赶到。⑦ 道渴而死:在半路上因口渴而死去。⑧ 弃:遗弃。⑨ 邓林:地名,现在在大别山附近,河南、湖北、安徽三省交界处。邓林即"桃林"。

译文:

夸父追逐太阳,渐渐追上了太阳。夸父非常口渴,想要喝水,于是喝干了黄河和渭河,可还是不解渴,就想去北方喝大泽的水。不过还没走到,就渴死在半路上了。夸父死后,他丢掉的手杖变成了邓林。

(译文参考:小岩井,译注.山海经[M].杭州:浙江教育出版社,2019:345-346.)

拓展阅读三

鹦鹉扑火

有鹦鹉飞集①他山,山中禽兽辄②相爱③重。鹦鹉自念,虽乐,不可久也,便去。后数月,山中大火。鹦鹉遥见,便入水沾羽④,飞而洒之。

天神言:"汝虽有志意,何足云也!"对曰:"虽知不能救,然尝侨居⑤是⑥山,禽兽行善,皆为兄弟,不忍见耳。"

天神嘉感⑦,即为灭火。

——选自鲁迅《古小说钩沉》

注释:

① 集:栖息。② 辄:总是。③ 相爱:互敬互爱。④ 沾羽:沾湿羽毛。⑤ 侨居:寄居,寄住。⑥ 是:这。⑦ 嘉感:赞扬它的行为。

译文:

有鹦鹉飞到一座山上栖息,山中的飞禽走兽和它互敬互爱。鹦鹉心想这个地方虽然很快乐,但也不可久留,就离开了。几个月后,山中起大火。鹦鹉远远看见,便飞入水中沾湿羽毛,飞到山上洒水。

天神说:"你虽然有志气、义气,但有什么用呢!"鹦鹉回答道:"我虽然知道这样救不了它们,然而我曾经寄居在这座山上,飞禽走兽对我很好,都像兄弟一般,不忍心看到这种情况啊!"

天神赞扬它的行为,就为它灭了火。

拓展阅读四

女娲①补天

往古之时,四极废②,九州③裂,天不兼覆④,地不周载⑤。火爁焱⑥而不灭,水浩洋⑦而不息。猛兽食颛民⑧,鸷鸟⑨攫⑩老弱。

于是女娲炼五色石以补苍天,断鳌⑪足以立四极,杀黑龙⑫以济⑬冀州⑭,积芦灰以止淫水⑮。苍天补,四极正,淫水涸⑯,冀州平,狡虫⑰死,颛民生。

——选自《淮南子·览冥训》⑱

注释:

① 女娲(wā):女神名,据说是我国化育万物的古创生神,有"抟(tuán)黄土作人"的故事

流传。本篇讲述的是女娲补天止水、拯救人类的又一奇迹。② 四极:指天的四极。极:边,端。废:毁坏,此指折断。③ 九州:传说中古代中国划分的九个地区,《尚书·禹贡》称九州之名为冀、兖、青、徐、扬、荆、豫、梁、雍。州:水中陆地。④ 天不兼覆:此指天体有塌落而不能全面覆盖大地。⑤ 地不周载:此指大地有崩裂溢水而不能全部容载万物。周:遍,全。⑥ 爁焱(làn yàn):大火绵延燃烧的样子。⑦ 浩洋:水广大、盛多的样子。⑧ 颛(zhuān)民:纯朴善良的百姓。⑨ 鸷(zhì)鸟:凶猛的禽鸟。⑩ 攫(jué):抓取。⑪ 鳌(áo):海里的一种大龟。⑫ 黑龙:指水怪,发洪水危害人民。⑬ 济:救助。⑭ 冀州:古九州之一,古代中原地带。此代指九州大地。⑮ 淫水:泛滥的洪水。⑯ 涸:干枯。这里指洪水消退了。⑰ 狡(jiǎo)虫:凶猛的禽兽。虫,泛指动物。⑱《淮南子》:西汉淮南王刘安及其门客编著的一部综合性论说著作,其思想于诸子中属杂家学派。

译文:

远古的时候,四极坍塌,九州崩裂,天不能全部覆盖大地,地不能完全承载万物,大火蔓延不熄,洪水泛滥不止,猛兽吞食善良之民,鸷鸟攫取老弱之人。于是女娲炼五色石来修补苍天,斩断鳌足来支撑四极,杀死黑龙来拯救冀州,堆积芦灰来阻止洪水。苍天被补好,四极被立正,淫水干涸了,冀州安定了,猛兽被杀死,人们得以生存。

(译文参考:赵宗乙.淮南子译注[M].哈尔滨:黑龙江人民出版社,2003:307-310.)

拓展阅读五

盘古开天地

天地浑沌如鸡子①,盘古生其中。万八千岁②,天地开辟,阳③清为天,阴④浊为地。盘古在其中,一日九⑤变,神于⑥天,圣于地。天日高一丈,地日厚一丈,盘古日长一丈,如此万八千岁。天数极高,地数极深,盘古极长,后乃⑦有三皇⑧。数起于一,立⑨于三,成于五,盛于七,处⑩于九,故⑪天去⑫地九万里。

——选自《三五历纪》

注释:

① 鸡子:鸡蛋。② 岁:年。③ 阳:古代哲学概念,与"阴"相对,此处指阳气。④ 阴:阴气。⑤ 九:泛指多数或多次。⑥ 于:介绍比较的对象。神于天:比天还神圣。⑦ 乃:才。⑧ 三皇:三皇是华夏的祖先;在此处指"天皇""地皇""人皇"。⑨ 立:建立。⑩ 处:终止。⑪ 故:所以,因此。⑫ 去:距,距离。

译文：

天地初时混沌一片，就像一个鸡蛋，盘古就生在这里。过了一万八千年，天地分开了，阳气变清成为天，阴气变浊成为地。盘古在天地间，一天变很多次，比天和地还要神圣。天每日升高一丈，地每日增厚一丈，盘古每日长高一丈，这样过了一万八千年。天变得很高很高，地变得很深很深，盘古变得很高很高，后来才有了华夏的祖先。数字从一开始，在三建立，到五有了成就，到七就比较壮盛，到了九就是最大了，因此天距离地有九万里。

四、四年级上册《王戎不取道旁李》游戏教学设计及拓展资源

四年级上册《王戎不取道旁李》游戏教学设计

游戏，打开小古文学习的另一扇门①

执教整理：张燕（杭州市外语实验小学）
指导点评：金晓芳（特级教师） 李青（浙江省教科院附属小学）

教材分析

在统编小学语文教材当中，《王戎不取道旁李》被安排在四年级上册第八单元的开篇。本单元以"历史传说故事"为主题，指向本课的语文要素是"了解故事情节，感受人物形象，初步接触简要复述课文内容"。

《王戎不取道旁李》，原文出自南北朝时期刘义庆编著的《世说新语·雅量》，讲述了魏晋时期"竹林七贤"之一的王戎幼时和小伙伴在路边看到李树上有很多李子，其他孩子争着跑过去摘李子，王戎却认为这必是苦李，结果不出王戎所料的故事，赞扬了王戎仔细观察、准确推理的优秀品质。

"道旁苦李"这个成语就出自此文。全文虽只有49个字，却情节完整，描写生动，用简明的语言将人物形象描写得非常传神。通过"诸儿竞走取之"与"唯戎不动"的鲜明对比，突出了王戎的个性特点和人物形象。文章浓郁的生活气息以及同龄人的故事所带来的亲切之感，让学生能够快速融入到故事情境之中。此外，插图的设计也有助于学生更好地了解故事情节，进而用自己的话讲述故事。

---

① 此教学设计已发表，参见：张燕,金晓芳,李青.游戏，打开文言文学习的另一扇门[J].小学教学设计（语文），2021(12)：30-32.此处有修改。

学情分析

通过学情分析发现,四年级学生已经有3篇小古文学习的经历,具有一定的小古文学习基础,能够通过查阅字典和注释、联系上下文、结合插图等方法理解文章大意。但是要按一定顺序清楚地讲述,需要把文言文转化为现代孩子自己的语言,更大的挑战在于语言和文化背后的"思维训练",感知王戎的形象特点。

教学目标

1. 认识"戎、尝"等5个生字,重点学写"戎"字。正确朗读课文,读出节奏和韵调,能熟读成诵。
2. 用多种方法理解课文内容,用自己的话讲故事。
3. 能解释"树在道边而多子,此必苦李"的原因,感受神童王戎认真观察思考、敏于推理判断的品质。

教学重难点

重点:用多种方法理解课文内容,用自己的话讲故事。
难点:理解课文,感受王戎的思维推理过程,并领悟道理。

教学过程

(一) 课文猜一猜,以旧引新

1. 师:同学们,课前我们先玩一个"猜一猜"的游戏,老师出示信息,你们猜猜是我们学过的哪篇课文,是这么猜到的。第一幅——(出示《司马光》插图)

生1:这是《司马光》,因为我看到有一个大缸,有一个孩子从缸里顺着水流出来了。

师:你真会观察!第二幅——(出示图片的一部分)

生2:图上一只兔子跑过来撞到了树桩上,肯定是《守株待兔》。

师:(出示整幅图)你不但会观察,还能进行推测,真厉害!最后一张只有3个词语,你们能猜到吗?(出示:女娲、西山、东海)

生3:我知道,是我们这个学期学的《精卫填海》。女娃游于东海,溺而不返,化为精卫,常衔西山之木石,以堙于东海。

师:你能从简短的词语中进行推测,并判断出来,太棒了!

2. 师：这三篇课文和我们学过的其他课文相比有什么不同？

生：这三篇都是文言文。

师：是的，你们用了哪些方法学习这些文言文？

生1：我会看注释。

生2：可以联系上下文猜一猜。

生3：还可以看插图。

师：同学们已经积累了那么多办法了，今天我们要新学一篇文言文，希望你们也能用上学过的方法来学习。

3. 师：通过预习，你们知道课文的主角是——

生齐答：王戎。

师：（出示"戎"字甲骨文）你们看，甲骨文的"戎"字左下横撇就像盾牌，右边戈字代表武器，戎是兵器的总称。请你们书空，和老师一起写一写这个字。（师板书：王戎）

4. 师：王戎何许人也？（出示资料介绍）

师：读完资料，我们知道王戎是"竹林七贤"中年龄最小的一个，是历史上有名的神童。那他"神"在哪？我们今天来学习一下神童小时候的故事。（师板贴课题）

（生齐读）

> 设计意图：语文学习是一个螺旋上升的过程，需要利用已知学习未知。四年级学生已经有小古文学习的经历，课始通过回顾学过的三篇小古文，变换猜测的方法，鼓励学生仔细观察，发现三篇文章的共同点，同时回顾学习小古文的方法，如看注释、联系上下文、结合插图等；再以旧引新，引出本课学习的主角——王戎，也为学习本课王戎观察—推论的品质做铺垫。

（二）朗读赛一赛，读出韵味

1. 师：题目仅仅7个字，就告诉我们故事的主角是——（生：王戎）地点发生在——（生：道旁）也把事件交代清楚了，这就是文言文的特点——短小精悍。

2. 师：同学们都预习了课文吗？

生：预习了。

师：那老师要来考考你们，你们赶紧先准备一下，把书本打开，自由读一读课文，读准字音,读通句子。还可以用学过的学习文言文的方法尝试读懂故事。

3. 学生自读课文。

4. 师：都读好了吗？谁来读一读课文？他读的时候,请其他同学认真听。（指名读）

师：读得字字准确,句子通顺,不错！谁觉得自己能读得比他还要好？（指名）第一位同学也认真听,如果觉得比你读得好,就赶紧坐下,如果觉得不如自己就还站着,听明白了吗？

生：明白了。（第二位学生挑战朗读）

师：你不但读得准确,还有古文特有的停顿、节奏,真好！谁还想来读一读,把她读得坐下去？（第三位学生挑战朗读）

师：还有谁想挑战他？（没有学生举手）

师：我给你们出个主意,人多力量大,一起读,把他读得坐下去。

（生齐读,第三位学生坐下）

5. 师：听你们读得那么好,老师也想来试试,行吗？（师读）

师：你们觉得我读得怎么样？

生1：我觉得您读得很好,很有节奏。

生2：还有一种古文的韵味。

师：古人读文时讲究平长仄短,声断气连,这样读起来就更有韵味了。谁能学我一样读一读第二句？（指名读）

师：下一句谁来读？（生纷纷举手,指名读）

师：谁接着读？（请生读）

6. 师：学得有模有样,读得有滋有味,不过刚才我们是一句句读的,如果把4句连起来,谁能读？（请生读）

7. 师：还有谁想读？（生纷纷举手）

设计意图：书读百遍,其义自见。小古文的理解更是基于对课文的充分朗读。通过自读、个别读、示范读、合作读、齐读等多种朗读方式,先正音,然后把握节奏,再读出韵味。以"赛一赛"的方式激发学生的朗读兴趣,在对比中不断提升,层层递进,渐有增量,读出节奏,读出韵味。

(三)图片拼一拼,理解意思

师:你们读得真不错,可是这个故事到底讲了什么,你们看懂了吗?

生:看懂了。

师:有一个画家把这个故事画成了连环画,但顺序乱了,你们能按照课文排排序吗?每个小组桌上都有一个信封,请你们把里面的图片拿出来,拼一拼。(出示合作要求)

我来拼一拼:
(1)以小组为单位,把图片按顺序排一排,说说理由。
(2)用课文中的句子为图片配上文字。

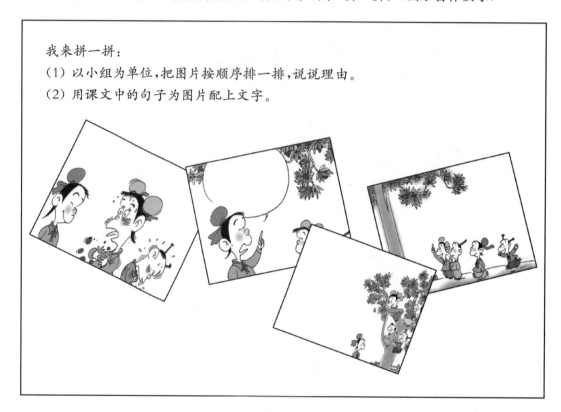

(学生小组合作,将信封里的图片排序,说原因,配文字)

师:(出示游戏道具)哪个小组能上来排一排?二人贴图,二人贴文字,并说说为什么这样排?(请一小组上台排一排,说一说为什么这么贴)

生:王戎和小伙伴们一起出去玩,看见一棵李子树。小伙伴们爬到树上去摘李子,但王戎站在树下没有爬上去。有人问他为什么不摘,他回答:"树在道边而多子,此必苦李。"小伙伴们摘下来一尝,看他们的表情就知道肯定很苦。

设计意图:本文语言浅显易懂,故事性强。采用合作拼图的方法,根据课文内容给打乱的连环画排序,配上文中词句,再说说这样排列的原因。通过图文结合的方式,学生迅速理清故事的主要内容,同时培养了细致观察与逻辑思维能力。

(四) 趣味考一考,突破难点

师:他们排对了吗?(生:对了)排是排对了,但是这个故事你们真的看懂了吗?老师可要考考你们了。

(师出示 PPT:"王戎七岁,尝与诸小儿游。")

师:这句话中的"尝"是什么意思?你是怎么知道的?

生:"尝"是曾经的意思,注释里写了。

师:看注释是我们三年级学过的方法,你已经能熟练运用了。那"诸小儿"是什么意思?

生:就是很多小孩子。

师:原来"诸"就表示人数——

生:众多。

师:那么你们这么多学生可以说是——

生齐答:诸生。

师:后面很多老师可以叫——

生齐答:诸师。

师:教室里在座的各位,就可以称作——

生齐答:在座诸位。

师:瞧,文言文就是这么有意思。

(师出示 PPT:"看道边李树多子折枝,诸儿竞走取之,唯戎不动。")

师:这句话中有个词"竞走取之"(标红),是什么意思?你们能做个动作展示吗?(请两位学生做动作)

师:句子中明明说是"走",你们怎么跑了起来?

生:这里的"走"就是"跑"的意思。

师:你们还记得吗?三年级我们学过的《守株待兔》中有这么一句,(师出示 PPT)"兔走触株,折颈而死"。兔走,说的是兔子跑过来,我们背过一首诗,有一句——

生:儿童急走追黄蝶。

师：在古文中"走"就是跑的意思。同样一个字，在古代和现代的意思并不一样，所以我们在学习时要前后多联系起来读，收获更大。

（师出示PPT：人问之,答曰："树在道边而多子,此必苦李。"）

师：李树果实累累,诸儿竞走取之,只有王戎一动不动,就有人问了,何人问之？

生1：我觉得可能是和王戎一起游玩的小伙伴。

生2：可能是一旁看见的大人。

生3：也可能是过路的人。

师：那这样,老师来问,谁来当王戎和我进行配合？（请一生）

师：王戎,众人皆取,汝为何不取？

生1：因为李子树在路旁,如果李子甜的话,早就被人吃完了。

生2：李子长在路边,却没有人摘来吃,那李子肯定不好吃。

（师出示PPT："树在道边而多子,此必苦李。"）

师：这两位王戎都好现代呀,哪个王戎能用古人的方式回答我？（请一生）戎,众人皆取,汝为何不取？

生3：树在道边而多子,此必苦李。

师：王戎怎么能那么肯定地判断出来？

生4：王戎是进行了思考才做出判断的。

生5：王戎进行了观察,诸儿竞走取之,唯戎不动,他一动不动,我觉得就是在观察。

师：是呀,王戎就是先进行了观察、思考,才做出了判断——此必苦李。那么王戎的判断对吗？

（师出示PPT："取之,信然。"）

（生读）

师：你觉得王戎的思维方式怎么样？（生：好）我们学着他的思维方式来试着反向推理——

（师出示PPT："反之,树在道边而＿＿＿＿＿,＿＿＿＿＿＿＿＿＿。"）

生1：反之,树在道边而少子,此必甜李。

师：你说出了李树少子的一种可能性,还有没有其他可能呢,谁还能来推测？

生2：反之,树在道边而少子,此必烂李。

生3：反之,树在道边而少子,此必病李。

师：你们真厉害，不但自己读懂了整个故事，还学着王戎的样子尝试推理。老师在读的时候有一个发现，你们看课文只有四句话，有一个字出现了三次之多，是什么字？

生："之"字。

师：文言文常用词有"之乎者也"，其中"之"排在第一位，可见它出现的频率之高。文中三个"之"分别是什么意思呢？请拿出学习单，独立思考、填写。

```
25. 王戎不取道旁李
一、我能写出下面三个"之"的意思
  1. 诸儿竞走取之。（    ）
  2. 人问之，答曰："树在道旁而多子，此必苦李。"（    ）
  3. 取之，信然。（    ）
二、小剧本表演
  一位同学表演王戎，一位同学旁白，其他角色自由分配，可以一人饰演两个角色。
    旁白：王戎七岁，尝与诸小儿游。
    （合作表演，诸儿游玩，采李子）
    （    ）问："_____"
    王戎答曰："_____"
    旁白：取之，信然。
```

（生填，汇报）

生：第一个"之"是指李子，"人问之"的"之"是指王戎，第三个"取之"的"之"也是指李子。

师：你的理解正确。原来同样一个字，在不同的语境中能表示不同的意思，这叫"一字多义"，我们不但要在这篇课文里注意，在其他的文言文中遇到"之"字时，也要联系上下文多想一想。

设计意图：对于学生而言，分析王戎做出判断的依据并不难，难的是体会并学习他由观察现象到推理原因、做出判断的思维方式。本环节主要扣准王戎的话"树在道边而多子，此必苦李"，进行了三次思维翻转游戏，不断生发新的思考，螺旋上升，形成学习回路。学生不但读懂了整个故事，还能够在创意表达的过程中体会到思维的独特魅力，这无疑赋予了课堂鲜明的思辨色彩。

（五）合作演一演，呈现故事

师：这个故事多有趣，除了读和说，我们还可以演一演。

（师出示 PPT：表演要求和剧本）

> 小组合作：分角色表演故事
>
> 小剧本表演：
> 旁白：王戎七岁，尝与诸小儿游。
> （合作表演，诸儿游玩，采李子）
> （　　）问："＿＿＿＿＿＿"
> 王戎答曰："＿＿＿＿＿＿"
> 旁白：取之，信然。
>
> 评分标准：
> 一星：把故事完整表演出来。
> 二星：用自己的对话来表演。
> 三星：表演中能加上动作、语言。

（生分组表演，师巡视指导，准备时间 3 分钟）

师：哪一组愿意先来展示？其他同学都是老师的特邀评委，请你们仔细看，表演完后要对照评分标准评一评。（组 1 表演，师引导评价）

师：评委们请用手势打出星级。（请打二星的同学评价）

师：你为什么打二星？他们哪里表演得最生动？

生 1：他们表演的时候用了自己的话来演，也加上了一些动作。不过他们表演得不太熟练。

师：（问另一生）你为什么只打了一星？

生 2：我觉得他们动作不明显，也没有神态，比如小伙伴们爬上树摘了李子后，李子是很苦的，所以应该皱紧眉头，可是他们脸上还是笑嘻嘻的。

师：看来动作、表情、对话缺一不可呀，他们是第一组表演的小组，相信听了评委们的建议，他们再改进一下会演得更好。掌声送给他们。（生鼓掌）

（组 2 表演，生纷纷打出三星，师继续引导评价）

师：你为什么给他们组打三星呀？

生 3：他们组进行了改编，加上了人物之间的对话，动作也配合得很好，小伙伴们跑过去爬树、摘李子，演出了争着去摘的样子。

生 4：他们的语气也很恰当，老爷爷问的时候压低了声音，摘下李子后，他尝了一口，就立马吐出来了，眉毛、鼻子都皱起来，看起来就很苦。

师：老师也给他们打三星。同学们，学到这里，你们觉得王戎"神"吗？（生：神）神在哪儿呢？你们能不能用文言文的形式夸夸他？

（师出示PPT：众人皆赞曰："＿＿＿＿＿＿＿＿＿＿＿＿＿＿＿＿。"）

生1：众人皆赞曰："王戎真会观察也！"

生2：众人皆赞曰："王戎真会观察，善推理，能判断也！"

生3：众人皆赞曰："王戎真聪慧也！"

> 设计意图：本节课的重点目标是"用多种方法理解课文内容，在熟读成诵的基础上，用自己的话讲故事"。因此，在理解课文内容、读懂课文的基础上，通过"合作演一演"环节，鼓励孩子大胆发挥想象，补充情节中的人物对话，并加上神态、动作，在丰富故事表现力的同时，进一步体会神童之"神"，可谓水到渠成。

（六）类文拓一拓，内化思维

（师出示PPT：《世说新语·雅量》）

师：这篇文言文选自《世说新语》中的"雅量"篇，这一篇章写的都是魏晋时期名士的风度，文字虽短，却准确地传达了人物的个性特点。所以流传了千百年，仍然为人津津乐道，逐渐演变成了一个成语——

生：道边苦李。

师：当有人问这个成语的出处时，你们能不能和他说说《王戎不取道旁李》的故事？

生齐：能。

师：不看文字也行吗？（生：行）请你们一齐——

（生背）

师：凑巧的是在同一章中，还记录了"神童"王戎的另外一个故事，你们想不想看一看？请同学们用我们学习文言文的方法，试着自己读一读。

（屏幕出示PPT：《王戎观虎》）

> **王 戎 观 虎**
>
> 魏明帝于宣武场上断虎爪牙，纵百姓观之。王戎七岁，亦往看。虎承间攀栏而吼，其声震地，观者无不辟易颠仆，戎湛然不动，了无惧色。

师：这个故事中的王戎给你留下了怎样的印象？

生：我觉得故事中的王戎很冷静，大家都跑了，只有他不跑。

师：以这节课我们对王戎的了解，他之所以镇定，是因为他一定是经过了观察—推理—判断。那么他是怎样推理的呢？文章中并没有写，你能不能仿照课文，说一说？

（师出示 PPT：人问之，答曰："虎＿＿＿＿＿＿＿＿＿＿＿，＿＿＿＿＿＿＿＿＿＿＿！"）

生1：虎在栏中，此必安全也！

生2：虎断爪牙，此必无险也！

生3：虎在栏中而断爪牙，此必无险也！

师：看，只要你们遇事也能像王戎一样认真观察、善于思考、冷静推断，诸儿皆乃"神童"也！

师：下课了，我也试着用文言文的形式告别——诸生，再会！你们也可以向后排老师说——

（生转向听课老师，抱拳："诸师，再会！"）

设计意图：思维的提升并非一蹴而就，需要在迁移拓展中巩固运用、潜移默化。因此，在课堂的最后一个环节，教师选取了《世说新语》中有关"神童"王戎的另外一个故事《王戎观虎》。聚焦王戎的思考与判断过程，再度回顾他的思维方式，体会他的细致观察、冷静推理判断的品质。

板书设计

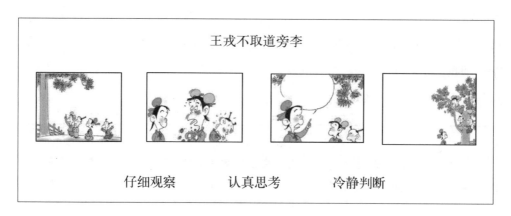

四年级上册《王戎不取道旁李》相关资源链接

课 文

王戎七岁，尝与诸小儿游。看道边李树多子折枝，诸儿竞走取之，唯戎不动。人问之，答曰："树在道边而多子，此必苦李。"取之，信然。

——选自《世说新语·雅量》

其人其事

多 面 王 戎

王戎，字濬冲，出身于高门琅琊王氏，就是"旧时王谢堂前燕"那个王家。他是三国至西晋时期名士、官员，是竹林七贤中年龄最小的一位，和最大的山涛相差30岁。王戎家学渊源，祖父官至幽州刺史；父亲官至凉州刺史，封贞陵亭侯。

关键词一：神童

王戎少时卓异，自幼聪颖，神采秀美。七岁时，大家在宣武场看表演，当时猛兽在栅槛中咆哮，众人都被吓跑，只有王戎站立不动，神色自如。魏明帝曹叡在阁上看见后，称赞王戎是奇童。

关键词二：铁公鸡

进入官场后虽身居高位，俸禄丰厚，但王戎的聚敛、吝啬也是有名的。《世说新语·俭啬》中说他的侄儿结婚，王戎借给他一件单衣，事后就急着向他要回。王戎家有好李，自己舍不得吃，就卖了，又怕别人得了他家的李子种，就将李子核钻通了才卖。他的女儿嫁给裴顾，结婚时向他借了几万钱。女儿归宁时因没还钱，王戎不给她好脸色看，女儿知道他的心思，急忙还钱，他才显得和悦些。

＊ 相关人物评价 ＊

裴楷：戎眼灿灿，如岩下电。

阮籍：浚冲清赏，非卿伦也。共卿言，不如共阿戎谈。

钟会：裴楷清通，王戎简要。

文章出处

《王戎不取道旁李》出自《世说新语·雅量》。"雅量"，指为人具有宽广之胸怀、淡定之气度、优雅之涵养。"雅量"篇在《世说新语》中位列第六，共有四十二则，《王戎不取道旁李》选自其中第四则。[①]

《世说新语》是南朝宋临川王刘义庆编撰的一部志人笔记小说。全书原为八卷，刘孝标注本分为十卷，今传本皆为三卷，分为德行、言语、政事、文学、方正等三十六篇，共一千一百三十则，主要记述东汉末年至南朝宋时二百多年间士族阶层的言语风尚和琐闻轶事。[②]

刘义庆为南朝宋彭城（今江苏徐州）人，字季伯，时宋武帝刘裕之弟刘道怜之子。《世说新语》被鲁迅先生称为"一部名士底教科书"，集中反映了魏晋时期的名士风度，涉及各类重要人物数百人（包括帝王、卿相等），善于描写人物的独特性格，是研究魏晋历史文化的重要辅助资料，具有较高的文学研究价值。

相关文化知识介绍

竹林七贤：指的是三国魏正始年间（240年—249年），嵇康、阮籍、山涛、向秀、刘伶、王戎及阮咸七人，先有七贤之称。因常在当时的山阳县（今河南辉县一带）竹林之下，喝酒、纵歌、肆意酣畅，世谓七贤，后与地名竹林合称。

成语出处

道边苦李——出自《世说新语·雅量》，指路边的苦李，走过的人不摘取。比喻被人所弃，无用的事物或人。

卿卿我我——出自《世说新语·惑溺》，形容夫妻或相爱的男女十分亲昵。王戎之妻常

[①] 刘义庆.世说新语[M].朱碧莲，沈海波，译注.北京：中华书局，2011：5,334.
[②] 刘义庆.世说新语[M].朱碧莲，沈海波，译注.北京：中华书局，2011：1,5.

以"卿"称呼王戎(按礼,妇人应以"君"称其夫,"卿"乃是夫对妻的称呼)。王戎说:"妇人卿婿,于礼为不敬,后勿复尔。"其妻曰:"亲卿爱卿,是以卿卿。我不卿卿,谁当卿卿?"

四年级上册《王戎不取道旁李》拓展阅读及译注

拓展阅读一

王 戎 观① 虎

魏明帝于宣武场上断虎爪牙②,纵③百姓观之。王戎七岁,亦往看。虎承间④攀栏而吼,其声震地,观者无不辟易颠仆⑤,戎湛然⑥不动,了无惧色。

——选自《世说新语·雅量》

注释:

① 观:观看。② 魏明帝:曹叡。宣武场:操练场,在洛阳宣武观北面。断:隔断。③ 纵:放纵,听任。④ 承间:趁机。⑤ 辟易:避开,退避。颠仆:跌倒。⑥ 湛(zhàn)然:安适的样子。

译文:

魏明帝在宣武场上把老虎的爪牙包裹起来,听任老百姓来看。王戎当时七岁,也前去观看。老虎乘机攀住围栏大吼起来,吼声震地,观看的人没有不退避跌倒的,王戎则安然不动,毫无恐惧之色。

(译文参考:刘义庆.世说新语[M].朱碧莲,沈海波,译注.北京:中华书局,2011:337-338.)

拓展阅读二

王元泽分辨獐与鹿

王元泽①数岁②时,客有以一獐③一鹿同笼以问雱:"何者是獐,何者为鹿?"雱实未识,良久④对⑤曰:"獐边者是鹿,鹿边者是獐。"客大奇⑥之。

——选自《梦溪笔谈·权智》

注释:

① 王元泽:即王雱(pāng),字元泽,王安石之子。② 数岁:几岁。③ 獐:獐子,一种动

物,形状像鹿而较小。④ 良久:许久。⑤ 对:回答。⑥ 奇:惊奇。

译文:

王雱几岁大的时候,一位客人将一只獐和一只鹿关在一个笼子里,然后问他:"哪一只是獐,哪一只是鹿?"王雱确实不能分辨,过了一会儿回答说:"獐旁边的是鹿,鹿旁边的是獐。"客人对他的回答感到惊奇。

(译文参考:刘枫,主编.梦溪笔谈[M].银川:阳光出版社,2016:198-199.)

拓 展 阅 读 三

管庄子刺① 虎

有两虎争②人而斗者,管庄子③将刺之。管与止④之曰:"虎者戾虫⑤,人者甘⑥饵也。今⑦两虎争人而斗,小者必死,大者必伤。子待⑧伤虎而刺之,则是一举而兼⑨两虎也。无刺一虎之劳,而有刺两虎之名⑩。"

——选自《战国策·秦策二》

注释:

① 刺:刺杀。② 争:争抢。③ 管庄子:人名。下文管与也是人名。④ 止:阻止,制止。⑤ 戾:凶暴、猛烈。虫:动物、野兽,在古代指老虎。⑥ 甘:美味。⑦ 今:此时,现在。⑧ 待:等待。⑨ 兼:同时具有。⑩ 名:名声。

译文:

有两只老虎为争食人肉而打起来,管庄子想要去刺杀它们,管与阻止他说:"老虎是贪狠的野兽,人是它的可口的食物。现在两虎为争人肉而打起来,那小的必被咬死,大的也必定受伤。您只要等着刺杀那只伤虎,便可一抬手就兼得两虎。这样没用刺杀一虎的力气,却有了刺杀两虎的名声。"

(译文参考:孟庆祥.战国策译注[M].哈尔滨:黑龙江人民出版社,1986:105-107.)

五、四年级下册《囊萤夜读》游戏教学设计及拓展资源

四年级下册《囊萤夜读》游戏教学设计

多种方法，活学活用

执教整理：王莹（杭州市文澜小学）

指导点评：金晓芳（特级教师）

教学目标

1. 认读"恭、勤"等4个生字，会写"囊、萤"等9个生字。

2. 能正确、流利地朗读课文，能借助看注释、扩词语等方法理解课文的意思，并能用自己的话说故事。

3. 拓展学习古人勤奋读书的故事，感受人物的优秀品质。

教学流程

（一）激趣导入，揭示课题

1. 出示图片，猜一猜。

同学们，在古代，读书是一件非常不容易的事情，一般家庭是读不起书的。但是中国古代却有很多勤奋好学的人物。你知道有哪些古人读书求学的成语故事吗？让我们一起来看图猜一猜。

（出示："凿壁偷光""孙康映雪""江泌映月"的图片）

古时候很多人家里条件不好，有些人买不起书，有些人买不起灯油，但是他们都通过自己的勤奋上进，读了很多书，最终改变了命运。今天我们就来学习一则新的故事——《囊萤夜读》。

> 设计意图：古代读书人是很勤奋努力的，他们惜时如惜金一般。从孩子们熟知的贫苦人家读书条件不好的成语故事导入，看图猜一猜故事的名称，既激发了学生的学习兴趣，又为后面这一则成语故事的学习奠定了基础。

2. 指导"萤"。

观看萤火虫视频，欣赏夏夜里萤火虫的翩翩舞姿。它是一种小型甲虫，因为尾部能发出荧光，故名为萤火虫。所以我们看，这个"萤"是——（生：虫）

（师板书"萤"，生齐读）

3. 指导"囊"。

请仔细观察图片，说说你看到了什么？课件出示课文插图。

闪闪亮的小灯笼被古人用来刻苦读书，大家知道他是谁吗？

要把小小的萤火虫聚集起来当一盏灯，怎样做才可以呢？如果用课文中的一个字表示，是什么？（生：囊）你还能给囊字找找朋友吗？（生：胶囊、囊括、皮囊……）

这个字笔画真多，老师先来写一写。你们觉得王老师这个字写得怎么样？（学生评价）重新范写"囊"。

4. 揭示课题。

补充完成课题。学生齐读课题。

师小结：借助插图理解词语意思，这种学习方法叫作图文结合。

> 设计意图：萤火虫是学生熟知的事物，借助视频资料，激发学生的学习兴趣，帮助他们对生字进行理解。"囊"的意思比较难理解，结合萤火虫和扩词法，进一步引导学生理解意思。在课题书写的时候，顺势提醒写字要点。环环联系，层层递进，巩固生字的学习。

（二）初读课文，读通读顺

1. 自由朗读课文。

同学们，你们知道这是一个什么故事吗？能不能把这个故事说给同学听呢？

别急，要想把这个用文言文写的故事讲给小伙伴听，首先要把故事读通读顺。下面就请同学们打开语文书,自由读课文,注意把字音读准确,把句子读通顺。

2. 反馈检查,考一考。

重点学习:囊萤夜读、胤、恭勤不倦、博学多通、家贫、盛放、以夜继日焉。

重点指导:胤、盛(多音字)。

3. 朗读巩固。

多种形式朗读课文,巩固生字词语。

> 设计意图:文言文学习不能仅仅停留在知识的学习上,采用"讲故事"这一形式可激发学生的学习动机,使其更有内驱力。在初读课文阶段,学生为了讲好故事,认真清扫生字障碍,读准字音,读通句子,采用多种形式练读、反馈,为下一阶段的"讲故事"奠定基础。

(三) 精读课文,理解文意

1. 首句为例,学习方法。

(1)出示:胤恭勤不倦,博学多通。

同学们,来看第一句话:胤恭勤不倦,博学多通。你知道是什么意思吗?(指名说)学习文言文时,我们经常会遇到一些不理解的字,你有什么好方法呢?(板书:看注释)

(2)学习"恭"字。课件出示"恭"字的演变:"恭"字下面有两点,是由"心"字变形而成的,强调内心恭敬,谦逊有礼。

(3)"倦"字没有注释怎么办?引导学生用"扩词语"的方法理解,"倦"组词"疲倦"。(板书:扩词语)

(4)引导学生采用"看注释"和"扩词语"的方法理解句义:学到了这些方法,请再说说你的理解。

(5)指导朗读。

(6)学法小结:我们在学习文言文时,可以用"看注释"和"扩词语"的方法理解文意,以帮助我们读好课文。

2. 活用方法,理解第二句。

(1)出示:家贫/不常得油,夏月/则练囊/盛数十萤火/以照书,以夜继日/焉。

这一句话是整篇文言文中最长的句子了,请同学们运用自己的好方法来理解长句子。

这句话是什么意思呢？（指名说）

（2）理解关键词语的意思。

这句话中的"练囊"是什么意思？（看注释："白色薄绢做的口袋"。）"家贫不常得油"的"贫"是什么意思？（扩词语：贫穷）同学们的方法太有效了，长句子的意思也能很快得以理解了。

（3）指名朗读句子，说意思。

3. 想象补白，感受人物品质。

（1）想象补白。

车胤家非常贫穷，连晚上读书用的清油灯都用不起，所以他只能用一个白绢做的袋子装上萤火虫来读书。这样的光其实非常微弱，但车胤看书却非常认真，读完一卷再拿一卷，甚至不知疲倦。现在就让我们走进约 1 700 年前，车胤囊萤夜读的情景。

（出示PPT）

> 忙了一天的农活，现在已是夜晚九点，车胤依旧_____。
> 夜已深，家人皆睡着，车胤依旧_____。
> 屋内的蚊子陪伴了车胤一宿，车胤依旧_____。

同桌合作，演一演。

（2）感受形象。

现在同学们一定明白什么是"以夜继日"了吧？你看到了一个怎样的车胤？

车胤真的是太勤奋了，难怪课文第一句就写：胤恭勤不倦，博学多通。（齐读）

（3）补充资料。

《车胤传》原文记载，车胤恭勤不倦，博学多通，官至吏部尚书，为国家作出了重要贡献。让我们带着这份敬意，合着古曲，再次诵读全文。

设计意图：这篇课文短小精悍，理解意思时可以充分发挥学生的学习经验，看插图、读注释、生字扩词等都是常用的好方法。理解了意思后，在朗读中进一步感受车胤的良好品质，学生也就能够更好地用自己的语言讲故事了。

(四) 练说故事,相互评价

1. 出示讲故事要求。

同学们,现在我们既读通了文言文,也理解了意思,感受了人物形象,现在我们就要讲故事啦。看看以下要求:

星 级	要 求
☆	我能把故事讲清楚。
☆☆	我能加上语言、动作等,把故事说得更具体。
☆☆☆	我能加上自己的理解,用自己的话创造性地把故事说得更加具体、生动。

2. 同桌合作说故事,互相评价。
3. 班级展示,评价激励。

> 设计意图:把日常枯燥乏味的说文言文意思,转变成了一场趣味十足的讲故事比赛,充分调动了学生的积极性。有竞赛、有标准、有评价、有激励,真是学习文言文的好方法。多种形式的练习,既巩固了课文的学习,也进一步提高了学生的口头表达能力、逻辑思维能力及演讲才能。

(五) 拓展阅读,巩固方法

1. 阅读《江泌映月》。

在我国古代,像车胤这样勤奋的人可不止一个,你们还知道谁?

今天给同学们带来一位学者,他名叫"江泌",我们一起来读读他的故事。

出示:

> **江 泌 映 月**
>
> 江泌,字士清,济阳考城人也。父亮之,员外郎。泌少贫,昼日研䶩(zhuó xiè)为业,夜读书随月亮,光斜则握卷升屋,睡极坠地则更登。

要把这个故事也讲给同学听,接下来,请同学们自己读通文言文,读准字音,运用学过的方法理解意思。

2. 理解词语意思。

3. 练说故事。

4. 体会人物品质。

月亮一出,江泌就坐在床沿边读书。月亮走到哪儿,江泌就坐到哪里。月光微弱,江泌看书很辛苦,但是他没有放弃。无论是车胤,还是江泌,都值得我们学习。我们要像他们一样,平时也要勤奋学习。

(六)课后作业,拓展阅读

1. 同学们,除了囊萤夜读,古时候还有人是这样读书的——

(出示"凿壁借光""孙康映雪"的图片)

2. 古人身上的这些美好品质是需要我们传承的,你能把这些古人读书的故事讲给伙伴们听一听吗?赶快试一试吧!

> 设计意图:古人勤奋读书的故事还有很多,将课后拓展与本课或本单元的人文主题进一步融合在一起,把课文中学到的好方法在拓展学习中进一步巩固,从而使学生对人物的优秀品质有了更深的感悟。

四年级下册《囊萤夜读》相关资源链接

课 文

胤恭勤不倦,博学多通。家贫不常得油,夏月则练囊盛数十萤火以照书,以夜继日焉。

——《晋书·车胤传》

其人其事

车胤,字武子,是南平人,东晋大臣。曾祖车浚,是吴会稽太守。父车育,是郡主簿。太守王胡之以知人出名,在小孩子中看见了车胤,对车胤父亲说:"这孩子将大大地兴盛卿家,可让他专心学习。"车胤恭谨,勤奋不倦,博学多通。家中贫穷,常常没有灯油,于是夏天就用个白绢袋子装几十只萤火虫照明读书,以夜继日。长大后,风姿美俊,机智敏捷,很得乡里的称誉。桓温在荆州时,召车胤任从事,因辨识义理而很器重他。举荐他为主簿,于是车胤逐渐迁为别驾、征西长史,显耀于朝廷。当时只有车胤和吴隐之靠贫寒博学知名于世。车胤善于使会聚欢畅,当每次有盛会而车胤不在时,宾客都说:"没有车工不快活。"谢安游赏宴集的时候,每次都开筵了等着他来。①

车胤自幼聪颖好学,《三字经》的"如囊萤,如映雪,家虽贫,学不辍"一句,其中"如囊萤"便指的是车胤。

文 章 出 处

《囊萤夜读》选自《晋书·车胤传》。

《晋书》是唐代一部大型的官修正史。全书一百三十卷,其中帝纪十卷,志二十卷,列传七十卷,载记三十卷,记载整个晋朝从泰始元年(265年)至元熙二年(420年)共156年的史事。

《晋书》帝纪记帝王,列传记大臣,载记记"五胡十六国",都是先写内容,后加史评。列传可分专传、合传、类传、民族传四种。这些传记虽不是类传,却以类相从。重视政治人物,是《晋书》列传的一大特点,把重要的大臣都单独立传,没有放在类传中。②

相 关 文 化 知 识 介 绍

关于"囊"

观察"囊"的小篆字体(如右图),整体上就像一个里面塞满了东西、两端扎得紧紧的口袋。它的本义就是指装东西的口袋,渐渐地,将用口袋装东西这种动作也称为"囊",故而有了"囊括"一词。本文中这个字出现了两次,恰恰是两个不同的意思。题目中的"囊"是指用口袋装的意思,而文中的"练囊"则是指白色薄绢做的口袋。这里的"练"即白绢之意,从大小上说是精巧的——相对于麻料之类的口袋,丝绸自然是轻巧便携的;从质地上说是轻薄的——它必然近乎透明才能透光。理解了"囊"的意思,我们也就能较好地理解"囊萤夜读"

"囊"的小篆体

---

① 许嘉璐,主编.二十四史全译·晋书·车胤传[M].上海:汉语大词典出版社,2004:1857-1858.
② 许嘉璐,主编.二十四史全译·晋书·车胤传[M].上海:汉语大词典出版社,2004:1857-1858.

这篇文言文了。

关于"囊萤台"

囊萤台位于新洲嘉山东北麓,为东晋吏部尚书车胤囊萤照读之所。每逢夏季,此处萤光闪烁,照得原野一片明亮。车胤故居车渚岗,建有车公祠,供车胤塑像。后在其旧址上建车渚书院。院前有雌雄二井,汲雌则雄竭,汲雄则雌竭,并汲则并深。车胤死后葬于故土,有车武子墓。宋王齐舆曾赋诗曰:"儒生骨休名犹在,高冢相望已失真。只认夜深萤聚处,便应冢下读书人。"

车胤故里的人们为纪念车胤,鼓励后人,每当农历八月初八,学童们便聚萤赛灯,后逐成习惯,相传下来,便有了八月八萤火节。

四年级下册《囊萤夜读》拓展阅读及译注

拓展阅读一

怀素写字

怀素①居零陵②时,贫无纸可书③,乃种芭蕉万余株,以④蕉叶供挥洒,名⑤其庵曰"绿天"。书不足⑥,乃漆一盘书之,又漆一方板,书之再三,盘板皆穿⑦。

——选自《书林纪事》

注释:

① 怀素:唐代的和尚,是书法史上领一代风骚的草书家。② 零陵:今湖南零陵。③ 书:书写。④ 以:用。⑤ 名:命名,起名。⑥ 足:足够。⑦ 穿:穿透。

译文:

怀素住在零陵的时候,穷得没有纸可以练习书写,于是种了一万多株芭蕉,用蕉叶来挥洒文墨,并给他的庵取名叫"绿天"。但还是不够书写,于是漆了一个木盘来写字,又漆了一块方板,写了又写,最后木盘和方板都被写穿了。

◎**我积累**

怀素的草书被称为"狂草",用笔遒劲有力,圆转如环,奔放流畅,一气呵成,与唐代另一草书书法家张旭齐名,人称"张颠素狂"或"颠张醉素"。

拓展阅读二

匡衡好学

匡衡①,字稚圭,勤学而无烛。邻居有烛而不逮②,衡乃穿壁③引其光,以④书映光而读之。邑人⑤大姓⑥文不识⑦,家富多书,衡乃与其佣作⑧而不求偿。主人怪而问衡,衡曰:"愿得主人书遍读之。"主人感叹,资给以书,遂成大学⑨。

衡能说《诗》,时人为之语曰:"无说《诗》,匡鼎来;匡说《诗》,解人颐。"鼎,衡小名也。时人畏服之如是。闻者皆解颐欢笑⑩。衡邑人有言《诗》者,衡从之与语,质疑。邑人挫服,倒屣而去。衡追之,曰:"先生留听,更理前论!"邑人曰:"穷矣!"遂去不返。

——选自《西京杂记》

注释:

① 匡衡:西汉经学家。② 不逮:指烛光照不到;逮:到,及。③ 穿壁:在墙上打洞;穿:凿。④ 以:用。⑤ 邑人:同县的人。⑥ 大姓:大户人家。⑦ 文不识:人名,姓文名不识。⑧ 佣作:受雇为人劳作。⑨ 大学:大学问家。⑩ 解颐:开颜而笑。

译文:

匡衡,字稚圭,勤奋好学,但家中没有蜡烛照明。邻居有蜡烛,匡衡于是在墙上打洞把光引进来,用书映照光而读。同县有个大户名叫文不识,家境富裕,有很多藏书。匡衡于是给他家做佣人,辛勤劳作却不求报酬。主人感到奇怪,就问匡衡。匡衡说:"希望能够通读主人家的书。"主人十分感叹,就把书借给他。最终匡衡成为大学问家。

匡衡擅长讲解《诗经》,当时的人称赞他说:"如果没有人讲解《诗经》,就请匡鼎来;匡鼎讲解《诗经》,使人欢笑。""鼎"是匡衡的小名。当时的人如此这般敬畏佩服他,听他说《诗经》的人都畅怀欢笑。同县也有一个讲解《诗经》的人,匡衡便到他那里去和他交流讨论。这个人辩论不过匡衡,对他十分佩服,鞋子没穿好便跑了。匡衡追上去说:"先生请留步,再理论一下前面的观点。"那个人说:"我已经没什么可说的了。"于是说完就跑了,再也不回头。

◎我积累

出自这个故事的成语是凿壁偷光。这个成语表面上的意思是借邻舍的烛光读书,后来形容在艰苦的条件下依然勤奋学习。

拓展阅读 三

断齑画粥

范仲淹家贫,就学于南都书舍,日煮粥一釜,经宿①遂凝,以刀画②为四,早晚取其二,断齑③数十茎啖④之。留守有子同学,归告其父,馈以佳肴。范仲淹置之,既而悉败矣,留守子讶曰:"大人闻汝清苦,馈以食物,何为不食?"范曰:"非不感厚意,盖食粥安之已久,今遽⑤享盛馔⑥,后日岂能复啖此粥乎?"

——据《昨非庵日纂》改写

注释:

① 宿:宵,夜。② 画:划。③ 齑(jī):腌菜。④ 啖:吃。⑤ 遽(jù):就。⑥ 盛馔(zhuàn):丰盛的饭食。

译文:

范仲淹小时候家里贫穷,在南都书舍读书,每天做一锅粥,经过一夜的凝固(后),用刀切成四块,早晚各拿两块,切断几十根腌菜就着吃。有一个留守的儿子是他的同学,这个同学回家后把这件事告诉了父亲,他们家便赠送给范仲淹好吃的饭菜。范仲淹把饭菜放在一边,不久全都腐烂了。留守的儿子惊讶地说:"家父听说你日子清苦,赠送你食物,为何不吃呢?"范仲淹说:"不是我不感恩你们的厚意,而是因为我已经习惯了吃粥,现在一下子享受丰盛的饭食,以后怎么能再吃得下这粥呢?"

◎我积累

断齑画粥:汉语成语,形容虽贫苦但努力学习。

拓展阅读 四

欧阳苦读

欧阳公①四岁而孤②,家贫无资。太夫人以荻③画地,教以书字。多诵古人篇章,使学为诗。及④其稍长,而家无书读,就闾里士人⑤家借而读之,或⑥因⑦而抄录。抄录未毕,而已能诵其书。以至昼夜忘寝食,惟读书是务⑧。自幼所作诗赋文字⑨,下笔已如成人。

——选自《欧阳公事迹》

注释:

① 欧阳公:指欧阳修,北宋文学家、史学家。② 孤:小时候失去父亲。③ 荻(dí):多年

生草本植物,与芦苇相似。④ 及:等到。⑤ 闾(lǘ)里士人:乡里、邻里的读书人。士人,中国古代文人知识分子的统称。⑥ 或:有的时候。⑦ 因:趁机,借……的机会。⑧ 务:致力。⑨ 诗赋文字:诗歌文章。

译文:

欧阳修四岁的时候失去父亲,家里很穷,没有钱供他上学。他的妈妈用荻在地上画,教他读书写字;经常给他诵读古人的文章,让他学习作诗。等到他年龄稍大一点时,家里已经没有书可读,就到乡里读书人家借书而读,有时趁机抄录下来,还没抄完,他就已经能背诵了。欧阳修一心一意地读书,已到了废寝忘食的程度。他小时候所作的诗歌文章,下笔就已经具有成人一般的水平了。

◎我积累

欧阳修,号六一居士,"唐宋八大家"之一。欧阳修去世后拥有了一个谥号——"文忠",所以他的有些作品选集就叫《欧阳文忠集》《欧阳文忠公文集》。历史上被封为"文忠"的还有苏东坡、林则徐、李鸿章等人,可见这是一个非同小可的评价。

六、四年级下册《铁杵成针》游戏教学设计及拓展资源

四年级下册《铁杵成针》游戏教学设计

从象耳山到半山脚下

执教整理：汪远（杭州市半山实验小学）

指导点评：金晓芳（特级教师）

教材分析

课文主要围绕"人物品质"这个专题进行编排，主要由《文言文二则》《小英雄雨来（节选）》《我们家的男子汉》及《芦花鞋》四篇课文组成，《文言文二则》是第一篇课文。本单元课文都是写人物，"能够感受课文中主要人物的美好品质"是本单元的重点。基于以上分析，本设计围绕单元重点，引导学生通过小组合作、表演、创编等形式感受文言文生动的语言，边学习边感知人物的形象，感悟人物的精神品质。

名称与课时

统编小学语文教科书四年级下册第六单元（1课时）。

课标要求

1. 通过借助注释的方法了解文言文重点字词的意思。

2. 能够借助自己熟悉的理解文言文的方法，了解文言文的主要内容，感知主要人物的形象。

3. 能够从人物的语言、动作等细节描写中感悟人物的品质。

学习目标

1. 通过自学、借助注释等方法认识生字"卒",读准"铁杵、老媪、还卒业"这3个词语,理解"铁杵、方、弃去、老媪、还卒业"等重点字词的意思,提升理解文言文字词的能力。

2. 正确、流利地朗读课文。在朗读中把握节奏,掌握诵读文言文的基本方法,提升阅读感悟能力。

3. 通过同桌表演"小剧场",感悟人物品质,并能够结合自身的生活实际,创编《铁杵成针》,领悟文言文的表达特点,提升语言运用的能力。

资源与建议

1. 反复诵读必有得。文言文的诵读当从读出文言文的声韵节奏着手。在读时,要做到自由大声地朗读,读正确、读流利,并学会根据意思恰当处理长句的适当停顿,最后达到读得有声有色的效果。

2. 文言文中有不少难懂的句子,比如"世传李太白读书山中,未成,弃去"等,我们可以引导学生运用联系上下文、结合资料和自己积累的方法去理解,从而了解文言文的意思,感悟人物的精神品质,提升解决问题的能力。

3. 学习文言文时,要先感知故事内容,接着聚焦语言、动作等细节描写感悟人物的品质,再深入阅读,学会用自己的话说说故事的内容,提升语言表达能力。

> 设计说明:上述内容不仅告诉学生学习本课对于进一步理解单元主题,体会"从语言、动作等细节描写中感悟人物品质"这一阅读方法的重要意义,还告知学生朗读文言文的方法以及学习的大致流程,为学生开启文言文的学习做好铺垫。

学习过程

(一)课前热身:太白印象

1. 读一读。

朗读《铁杵成针》至少三遍,注意读准字音,读通句子。

2. 谈一谈。

你了解李白吗？

3. 背一背。

你会背李白的诗吗？

相信聪明的你，一定能完成课前热身，获得三个笑脸章的！

设计说明：回顾李白的生平及李白的诗，走进太白印象，温故知新，为《铁杵成针》的学习奠定基础。

(二) 课中学习：走进《铁杵成针》

李白大诗人的形象一定深深印在你的心里了吧！话说，李白有这么大的成就和一个故事有关，让我们一起走进这个故事：《铁杵成针》。

任务一：围绕"杵""针"，朗读感知

1. 借助课题，解疑答惑。

题目中的"杵"是什么？你从哪里知道的？（出示"杵"的图片）

（继续出示"针"的图片）你有什么问题吗？

杵　　　　　　　　　　　针

如此重的杵怎么能磨成不到一克重的针呢？

2. 检查字词，朗读感悟。

（1）借助图片资料了解磨针溪。

磨针溪，在李白故居的旁边，它是后人为纪念李白并弘扬磨针精神而修建的。

(2) 自主朗读课文,把课文读通、读顺,注意读准字音。

> 磨针溪,在象耳山下。世传李太白读书山中,未成,弃去。过是溪,逢老媪(ǎo)方磨铁杵。问之,曰:"欲作针。"太白感其意,还卒(zú)业。

(3) 挑战:我能把文言文读得更有节奏,更有韵味。

> 磨针溪,在象耳山下。世传/李太白读书山中,未成,弃去。过是溪,逢老媪/方/磨铁杵。问之,曰:"欲作针。"太白感其意,还/卒业。
>
> 我给自己打打分: ☺

设计说明:一读课题,学生面对"杵"和"针",普遍会产生问题:如此肥硕的杵,如何磨得出细长的针呢?这一问题成功激起了阅读期待,阅读之旅开始了。"读书百遍,其义自见。"文言文教学应该坚持贯彻"以读为本"的理念。教学时采取各种形式的读,不仅要读正确,更要读出韵味,引导学生享受古代汉语的神韵和传统文化的熏陶。

任务二:李白逢老媪

1. 象耳山下磨针溪旁到底发生了一个什么样的故事呢?四人小组运用已知的理解文言文的方法理解句子意思。(想一想,你学过哪些理解文言文的方法?学生们根据以往所学,交流习得方法)

> 要求:1. 小组分工,一人一句。
> 　　　2. 组内交流,互听评价。
> 　　　3. 小组汇报,完整清晰。

2. 为什么李白会从"弃去"到"还卒业"呢?通过补白的形式还原一下李白偶遇老媪的情节?(可借助道具)

> 1. 同桌合作，补充人物对话。
> 2. 角色扮演，注重语言动作。
> 3. 上台表演，生动自然大方。

小剧本如下：

> 旁白：磨针溪，在象耳山下。相传李白在山中读书，没有读完就放弃离开了。李白路过磨针溪，遇到一位老奶奶正在磨针。
> "_____？"
> "_____。"
> "_____？"
> "_____。"
> ……
> 旁白：李白听了老奶奶的话，恍然大悟，回去完成了学业。

（1）看到老奶奶"欲作针"，李白"感其意"，从剧本的表演中你感受到李白被老奶奶什么样的意志所感动？请你写下来！

_____

（2）这个故事后来还变成了一句民间谚语警示后人，请你来选一选（　　　）

A. 天行健，君子以自强不息。

B. 只要功夫深，铁杵磨成针。

C. 宝剑锋从磨砺出，梅花香自苦寒来。

设计说明：要提高学生阅读浅显文言文的能力，词语的理解是关键。本课的语文要素是学会借助注释了解词语的意思，通过小组合作运用已知方法解释句子意思，并以互相评价的方式提升学生自主解决问题的能力。学生通过剧本表演，能用自己的话对整体的内容进行正确、连贯的表达。这种轻松愉快的游戏情境增进了不同学生的体验，能让学生对文本有更深入的理解。

任务三：吾遇老媪

唐代少年李白在象耳山脚下路遇老媪，从而改变了他的一生。我们学校也在半山国家森林公园脚下，生活在半山脚下的你，有过放弃的时候吗？如果你碰到了老媪，会有什么新的感受呢？

吾 遇 老 媪

上塘河，在半山脚下。相传吾_____山下，未成，弃去。过是河，逢老媪方磨铁杵。问之："_____？"曰："欲作针。"吾感其意，(明)_____，还卒业。

> 可以结合自己学习本领的经历创编，如学琴、绘画……

评价：
1. 尝试用文言文创编。★★★
2. 试着脱稿表达。★★★★
3. 运用恰当的语言、神态、动作进行表演。★★★★★

设计说明：通过创编小剧本的形式，让学生在感悟李白品质的同时，能够结合自己的生活经历进行反思。结合地域特色，教师创设"上塘河，在半山脚下……"这个情境，让学生运用文言文的语言进行创编。以读促写，读写结合，既锻炼了学生的语言能力，发展了思维，又加深了对文言文内容理解及不懈努力价值观的引领。

任务四：推荐阅读

推荐同学们阅读宋代祝穆的《方舆胜览·眉州》，还推荐同学们阅读《怀素写字》《欧阳苦读》《宋濂嗜学》《王冕读书》《文征明习字》等。

检 测 与 作 业

1. 我会制作《铁杵成针》故事卡。

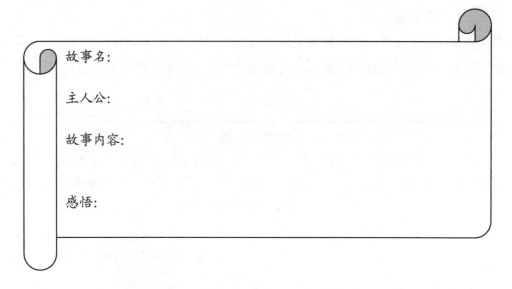

故事名：

主人公：

故事内容：

感悟：

2. 很多人一直怀疑这个故事的真实性，你怎么看？

学 后 反 思

我认为在感悟人物品质时应该关注＿＿＿＿＿＿＿＿＿＿＿＿＿＿＿＿＿。

四年级下册《铁杵成针》相关资源链接

课 文

铁 杵 成 针

磨针溪，在象耳山下。世传李太白读书山中，未成，弃去。过是溪，逢老媪方磨铁杵。问之，曰："欲作针。"太白感其意，还卒业。

——选自《方舆胜览·眉州》

其 人 其 事

李白（701年—762年），字太白，号青莲居士，又号"谪仙人"，我国唐代浪漫主义诗人。

后人誉之为"诗仙",与杜甫并称为"李杜"。当代郭沫若先生将李白和杜甫誉为盛唐诗歌的"双子星"。

李白有《李太白集》传世,诗作多于醉中写就,代表作有《望庐山瀑布》《行路难》《蜀道难》《将进酒》《越女词》《早发白帝城》等,表现了盛唐时期文人意气风发、积极进取的精神风貌。

李白的诗豪迈奔放,清新飘逸,意境奇妙,常灵活运用想象、夸张、比喻、拟人等手法,是后世所公认的浪漫主义学派代表人物。

李白的诗歌对后代产生了极为深远的影响。中唐的韩愈、孟郊、李贺,宋代的苏轼、陆游、辛弃疾,明清的高启、杨慎、龚自珍等著名诗人,都深受李白诗歌的影响。李白诗歌在当代依然广为流传,大家读之诵之,十分喜爱。

文 章 出 处

本文选自宋代祝穆所撰写、祝洙增订的《方舆胜览》,全书共七十卷。

祝穆字和父,建宁府崇安县人。其曾祖祝确是朱熹的外祖父。祝洙字安道,宝祐四年进士。祝穆写作《方舆胜览》的动机,是由作四六之语发展到编写地志。而对地志编写的爱好,曾促使他几十年如一日,到处搜集"古今记序诗文,与夫稗官小说之类"。所以《方舆胜览》的风格不同于《元和郡县志》《太平寰宇记》之类的地志,处处体现出多诗文记序及四六用语的特点。[①]《方舆胜览》主要记载了南宋临安府(今浙江杭州)及其辖下的浙西路、浙东路、江东路、江西路等十七路所属的府州等地的郡名、风俗、形胜、土产、山川、学馆、堂院、亭台、楼阁、轩榭、馆驿、桥梁、寺观、祠墓、古迹、名官、人物、题咏等,内容十分丰富全面,对于了解南宋时期江南各地的经济、文化、风俗、民情、山川、土产等有着极大的帮助。特别是对于各地名胜古迹及有关的诗赋序记,记载尤其详细,为后世提供了翔实的历史资料。

相 关 文 化 知 识 介 绍

世人对李白的评价——

杜甫:"笔落惊风雨,诗成泣鬼神。"(《寄李十二白二十韵》)

杜甫:"李白斗酒诗百篇,长安市上酒家眠。天子呼来不上船,自称臣是酒中仙。"(《饮中八仙歌》)

---

① 祝穆,撰;祝洙,增订.方舆胜览[M].施和金,点校.北京:中华书局,2003:1-2.

贺知章："谪仙"。（《本事诗》）

魏　颢："白与古人争长，三字九言，鬼出神入。"（《李翰林集序》）

白居易："又诗之豪者，世称李杜之作。才矣奇矣，人不逮矣。"

辛弃疾："当年宫殿赋昭阳，岂信人间过夜郎。明月入江依旧好，青山埋骨至今香。不寻饭颗山头伴，却趁汨罗江上狂。定要骑鲸归汗漫，故来濯足戏沧浪。"（《忆李白》）

苏　轼："李太白、杜子美以英玮绝世之姿，凌跨百代，古今诗人尽废。然魏、晋以来，高风绝尘亦少衰矣。"（《书黄子思诗集后》）

韩　愈："李杜文章在，光焰万丈长。"（《调张籍》）

杨升庵：李太白为古今诗圣。（《周受庵诗选序》）

余光中："酒入豪肠，七分酿成了月光，余下的三分啸成剑气，绣口一吐就半个盛唐。"（《寻李白》）

唐朝文宗御封李白的诗歌、裴旻的剑舞、张旭的草书为"三绝"。

四年级下册《铁杵成针》拓展阅读及译注

拓展阅读 一

宋濂嗜学

余①幼时即嗜②学。家贫，无从致③书以观，每假④借于藏书之家，手自笔录，计日以还。天大寒，砚（yàn）冰坚，手指不可屈伸，弗之怠⑤。录毕⑥，走送之，不敢稍逾⑦约。以是⑧人多以书假余。余因得遍观群书。既加冠，益慕圣贤之道，又患无硕师、名人与游，尝趋百里外，从乡之先达执经叩问。

——选自《送东阳马生序》

注释：

① 余：我。② 嗜（shì）：特别喜欢。③ 致：得到。④ 假：通假字，通"借"。⑤ 怠（dài）：偷懒，放松。弗（fú）之怠：不敢放松学习。⑥ 毕：完成。⑦ 逾（yú）：超过。⑧ 以是：因此。

译文：

我小的时候就特别喜欢读书，家中贫穷，没有办法得到书来读，常常向藏书的人家去借，亲手抄录，计算日期，按时归还。天非常冷的时候，砚池里的墨结冰，手指不能屈伸，我仍不敢放松学习。抄录完毕，跑着把书送还，不敢稍稍超过约定的期限。因此，大多数人都愿意把书借给我，我得以博览群书。成年以后，我更加仰慕圣贤的学说，又担心没有才学渊博的老师、名人交往求教，常跑到百里以外，拿着经书向乡中有道德学问的前辈请教。

拓展阅读二

程门立雪

至时，又见程颐于洛，时盖①年四十矣。一日见颐，颐偶瞑②坐，时与游酢③侍立④不去，颐既觉⑤，则门外雪深一尺矣。

——选自《宋史·杨时传》

注释：

① 盖：大约。② 瞑(míng)：同"眠"，瞌睡。③ 游酢(zuò)：杨时的同学，北宋书法家、理学家。④ 侍立：恭敬地站在一旁。⑤ 既觉：已经睡醒。

译文：

这时候，他又在洛阳见到程颐，杨时已经有四十岁。有一天去见程颐，正赶上程颐闭目静坐，杨时与游酢就在一旁侍立，没有离开，等到程颐发觉时，门外的雪已经下得有一尺深。

（译文参考：许嘉璐，主编.二十四史全译.宋史.卷四百二十八·列传第一百八十七[M].上海：汉语大词典出版社，2004：9297.）

拓展阅读三

司马光好学

司马温公①幼时，患②记问不若③人，群居讲习，众兄弟既④成诵，游息矣。唯司马温公迨⑤能倍诵⑥乃止。用力多者收功远，其所精诵，乃终身不忘也。温公尝言："书不可不成诵，或在马上，或中夜⑦不寝时，咏⑧其文，思其义，所得多矣。"

——选自《三朝名臣言行录》

注释：

① 司马温公：司马光死后被追赠以温国公的称号，故称温国公。② 患：担忧，忧虑。③ 不若：比不上。④ 既：已经。⑤ 迨(dài)：到，等到。⑥ 倍诵："倍"通"背"，背诵。⑦ 中夜：半夜。⑧ 咏：吟咏。

译文：

司马光小时候，担心自己的记忆力和学问比不上别人，所以大家一起学习的时候，众兄弟会背就去玩了，只有司马光等到能够熟练背诵才停止。功夫用得多，收效自然长远，因此他所熟读精诵的文章，终生不会忘记。司马光曾经说："读书不可以不背诵，有的时候在马上，有的时候在半夜睡不着觉的时候，吟咏文章，思考它的意义，收获就会非常大。"

拓 展 阅 读 四

王 冕 读 书

王冕者，诸暨人。七八岁时，父命牧牛陇①上，窃②入学舍，听诸生诵书；听已，辄③默记。暮乃反，亡其牛，父怒，挞④之。已而复如初。母曰："儿痴如此，曷⑤不听其所为？"冕因去，依僧寺以居。夜坐佛膝上，执策⑥映长明灯读之，琅琅达旦。佛像多土偶，狞恶可怖⑦，冕小儿，恬⑧若不见。安阳韩性⑨闻而异之，录为弟子，学遂为通儒。

——选自《宋学士文集·王冕传》

注释：

① 陇(lǒng)：通"垄"，田埂。② 窃：偷偷地，暗中。③ 辄(zhé)：总是(常常)，就。④ 挞(tà)：用鞭子、棍子等打人。⑤ 曷(hé)：通"何"，为什么。⑥ 执策：拿着书。⑦ 狞恶可怖：狰狞凶恶，令人害怕。⑧ 恬：神色安然、满不在乎的样子。⑨ 韩性：元代绍兴人，祖籍为河南安阳，浙东理学家。

译文：

王冕，诸暨县人。七八岁的时候，父亲叫他去田埂上放牛，他偷偷跑进学校，去听大家背书。听完以后，总是默默地记住。傍晚的时候才回家，却把牛给忘了。父亲很生气，用鞭子打了他。停了一段时间后又和之前一样。母亲说："儿子痴迷读书到这个地步，你为什么不顺从他呢？"于是王冕离开家，在寺庙里住下来。夜里坐在佛像的膝盖上，拿着书映着长明灯诵读，书声琅琅，直到天亮。佛像多是土坯，狰狞凶恶，令人害怕。王冕是个小孩子，却神色安然，视若不见。安阳有一个叫韩性的人听说了王冕的事情，感到很惊讶，就收王冕为弟子，王冕学问精进,最终成为大学问家。

拓 展 阅 读 五

文征明习字

文征明临①写《千字文》,日以十本为率②,书③遂大进。平生于书④,未尝苟且⑤,或答人简札⑥,少⑦不当意,必再三易⑧之不厌,故愈老而愈益⑨精妙。

——选自《书林纪事》

注释:

① 临:临帖,照着字画模仿。② 率:标准。③ 书:书法。④ 书:写字。⑤ 苟且:敷衍了事,马虎。⑥ 简札:信件,书信。⑦ 少:通"稍",稍微。⑧ 易:改变,更换。⑨ 愈益:愈加,更加。

译文:

文征明临帖《千字文》,一天以十本为标准,书法于是大为精进。平常日子里对于写字,从来不曾敷衍了事,有的时候回人书信,稍稍不满意,必定再三修改,不厌其烦,所以他的书法越老越精妙。

七、五年级上册《古人谈读书》游戏教学设计及拓展资源

五年级上册《古人谈读书》游戏教学设计

诵读·明理·励志也

执教整理：俞玉珍（杭州市文三教育集团总校）
俞芳（杭州市富阳区永兴小学）
指导点评：金晓芳（特级教师）

教材分析

《古人谈读书》是统编小学语文教材五年级上册第八单元的第一篇课文，由两则文言文组成，呈现古人的读书态度和方法。第一则出自《论语》：第一句是孔子告诫弟子，读书要实事求是，知道就是知道，不知道就说不知道，这才是真正的智慧；第二句是孔子对他人——卫国大夫孔圉的评价；第三句是孔子自己在读书教育上的反思；第四、五、六句是孔子践行的读书言论。六句读书言论展现了孔子的学习主张：实事求是、勤学好问、学而不厌。第二则选自朱熹的《童蒙须知》，告诉我们读书要心想、眼看、口诵，"心到"是三到中最重要的。

教学目标

1. 认识"耻、矣"等4个生字，读准多音字"识"，会写"耻、诲"等5个生字。能正确流利地诵读课文，在趣味诵读中背诵课文内容。

2. 能用借助注释、联系上下文等方法读懂言论，并能用关键词提炼古人的读书态度与方法。能用自己的话说说课文的大意。

3. 能联系自己的读书体会，说说课文中某种读书态度、方法对自己的启发。

教学重点

能用借助注释、联系上下文等方法读懂课文,用关键词提炼古人的读书态度与方法。

教学准备

收集一些读书格言;了解孔子其人及其与读书学问有关的故事。

教学课时

2课时。

教学过程

第 一 课 时

(一) 诵读书言论

1. 诵读格言揭题。

> 开卷有益。——[晋]陶潜
> 书山有路勤为径,学海无涯苦作舟。——[唐]韩愈
> 书到用时方恨少。——[宋]陆游
> 读书破万卷,下笔如有神。——[唐]杜甫

这样的读书格言,古人给我们留下不少,而且他们还专门著述论说读书。

(出示课文照片)今天我们学的两则文言文分别出自古代教育圣贤——孔子和朱熹,他们和我们分享读书之道!这节课我们重点学习第一则。(出示第一则)

2. 基于预习正音。

(1) 反馈预习中关注的生字:以词为单位"开火车"读。

(不耻下问、默而识之、终夜不寝)

(2) 强调部分据字意定音的字:以请教的方式展开。

(默而识之、是知也)

(3) 关注预习中出错的字:圈出汉字注音齐读。

(诲人不倦)

预习中,汉字读音要正确,并逐渐学习归类,这样的学习会更有效。请大家打开书本,各自大声正确地朗读第一则。

(4)检测朗读情况,"开火车"诵读。

> 设计意图:由诵读耳熟能详的读书格言引入,出示本课学习内容——古人谈读书,上课伊始就朗朗诵读,主题突出,简单自然。巧借预习单,抓住学生朗读中易读错的字跟进指导:据意定音。教学立足学生实际学习困难和问题,富有针对性和实效性。

3. 采用歌诀乐读法诵读。

(1)展示歌诀乐读法。

老师给大家带来一种新的诵读方式——歌诀乐读,请看视频。

① 知之 为知之,不知 为不知,是知也。
② 敏而好学,不耻下问。
③ 默而识之,学而不厌,诲人不倦。
④ 我非 生而 知之者,好古,敏以求之者也。
⑤ 学如不及,犹恐失之。
⑥ 吾尝 终日 不食,终夜 不寝,以思,无益,不如学也。

说说发现什么?文字下方的诵读图示:文字下一横表示一拍连读;没有横线的,一字一拍。看图示跟老师轻打节奏诵读第一则。

(2)跟老师用歌诀乐读法读第一则。

采用多种形式进行歌诀乐读:跟老师滚雪球诵读;组际挑战;谁敢挑战俞老师!

> 滚雪球式:知之 为知之
> 　　　　　知之 为知之,不知 为不知
> 　　　　　知之 为知之,不知 为不知,是知也。

(3)以同桌为单位试诵2—6句,读透全文。

具体形式有：以同桌为单位；大组比拼；男女生比拼；全班诵读。

设计意图：在诵读中引入游戏元素，让学生喜欢诵读小古文。在第一句言论读正确后，教师引入"歌诀乐读法"，极大地提升了诵读小古文的乐趣。从跟着老师看"诵读图示"学习歌诀乐读，到同桌合作尝试，在短短几分钟内每个学生打着节奏，迅速学会并反复诵读。这种歌诀诵读法告诉我们：其一，学生喜欢这样的诵读方式。在诵读中加入肢体动作，有节奏地诵读，激起诵读欲望。其二，学生喜欢竞争的诵读方式。同桌展示，大组比拼，男女生比拼，师生比拼，极大地激发了学生的诵读激情。学生在反复、快乐的诵读中不知不觉就读通了全文，提高了课堂教学效率。

(二) 明读书之道

1. 基于学情——共学第五句。

在这六句话中，同学们感到理解困难的主要集中在第五句，预学单中有25位同学提及。我们一起先来读读。

学如不及，犹恐失之。

(1) 齐读。你觉得哪里有困难？

（估计学情：文中没有这句话的注释；预学单上有同学圈出"如、及"这两个字，猜不出何意）

(2) 借助工具书，定字意，猜句意。

查看这两字在古汉语词典中的注释，联系整句话，你能判定字意吗？

如：①像，如同。 ②随顺，依从。 ③往，到……去。	及：①至，到。 ②追上，赶上。 ③涉及，推及。

学习如同 ☐ 赶不上， ☐ 还怕会丢失。

师：觉得怪怪的，联系整个句子，中间补充点什么呢？

生：学习如同追赶什么似的，生怕赶不上。赶上了，还担心被甩掉。

师：我们在理解古文意思时，要适当增补，让句子的意思表达得更明白。

（板书方法：适当增补）

（3）用词概括学习态度：这句话告诉我们读书要注意什么？用词写下来。

（不断学习、学而不辍）

（4）读出韵味：个别读——齐读。

2. 小结学法。

师：刚才我们借助工具书、联系整个句子猜句意，并把概括句意的词写下来，然后再读出各自的理解。

猜　借注释猜句意；	四人小组汇报时分工（建议）：
写　写概括句意词；	一号：主持；带同学读句子；询问
读　读出各自理解。	二号：借注释讲关键词义，猜句意
	三号：用词概括句意，写，贴
	四号：读出自己的理解

师：接下来，以四人小组为单位合作学习余下的五句，每小组可选两到三句按学习步骤合作学习。把概括的词写板贴上，派代表贴黑板上。待会儿以组为单位汇报学习成果。

> 设计意图：以生为本，抓住学生预习中的难点"学如不及，犹恐失之"进行集中学习，之后小结学习方法。对于余下的言论，四人小组选择两到三句按学习步骤独立学习，并合作讨论。呈现合作分工的建议，促使学生能尽快投入学习，提高合作效率。

3. 小组合作学习，交流反馈。

小组汇报一：第二、四句

> 第二句：敏而好学，不耻下问。
> 第四句：我非/生而知之者，好古，敏以求之者也。

生1：（主持，上讲台）大家好，我们组由我主持。我们组一起学了第二、四句。（组内同学说，生1在PPT上圈画、贴词卡）

生2：（串讲第二句）请大家跟我读第二句——"敏而好学，不耻下问"。敏、好、耻、下问的意思，在课文注释中都有。我们组认为这句话是说：聪敏且好学，有了疑问，不以向地位、学问不如自己的人请教而感到耻辱或羞愧。我们概括的词语是：勤学好问。

生3：（串讲第四句）请大家跟我读第四句，这句中的"好古"和上句"好学"的"好"意思一样，但"敏以求之"与"敏而好学"意思不同。"敏以求之"的敏是"勤勉"的意思。我们组认为整句话是说：我不是生来就是博学多识的人，而是喜好古文化，通过勤勉学习获取知识的人啊。我们概括的词语是：勤学知之。

生4：这两句都告诉我们学习要勤奋。我代表我们组诵读，请听——（摇头晃脑读）

生1：其他小组有补充吗？

师：这个组不仅读懂了两句读书名言，而且交流中分工明确，朗读有长者劝学的味儿。挺棒！好古，喜好古文化。孔子时代的古文化是什么？我们有请微课老师解答。

> **微课——好古，学而知之**
>
> 　　孔子（公元前551年—公元前479年），子姓，孔氏，名丘，字仲尼，春秋末期鲁国陬邑（今山东曲阜）人。
> 　　孔子说自己并不是天生就是知识渊博的人，而是喜好古文化，靠勤勉求取知识的人。孔子那时所喜好的古文化是什么呢？原来他喜欢古代文化典籍《诗》《书》，自觉学习周朝官学"六艺"——礼、乐、射、御、书、数。他向郯子询问官职的来历，向苌弘学乐，向师襄学习弹琴，到千里之外拜老子为师学习正统的周礼，向在路边玩耍只有七岁的项橐拜师讨教……孔子走到哪学到哪，永远不知满足，不知疲倦。
> 　　孔子一生曾三次办学，在第二次办学的十五年里，他已基本形成自己的学说，整理了一系列古籍作为讲学的教材：整理修编的《诗》《书》；多方比较后定的《礼》《乐》；给《周易》写序；创作我国第一部编年体史书——周朝时期鲁国国史《春秋》。他整理编纂的这些古籍，后来成为儒家"六经"：《诗》《书》《礼》《乐》《易》《春秋》。《诗经》是我国第一部诗歌总集；《尚书》是我国最早的一部历史文献汇编；《礼记》是一部中国古代典章制度选集；《春秋》是我国第一部编年体史书。他为中国文化的传承和发扬创造了那么多第一，后人称其为万世师表。
> 　　孔子是春秋时期鲁国人，他所处的时代正是天下动荡不安、周礼崩塌的时期，但他始终勤学好问，敏以求之，被古代称为"天纵之圣"，成为当时社会上博学者之最。他对自己的评价是"我非生而知之者，好古，敏以求之者也"。

师：听了微课老师的讲解，大家对两千年前孔子勤奋好学、学而知之的学习态度了解得更清楚了。接下来我们带着崇敬之情诵读。

> 设计意图：了解圣人孔子之伟大与神圣，不在学问伊始，而在学问之困时"好古"。由此引出微课，以图文并茂的方式介绍孔子好学的一生，著书立说的一生。在孔子一生求学的宏大背景中学其读书言论"我非生而知之者，好古，敏以求之者也"，对孔子之敬仰之情油然而生，效果特别好。

小组汇报二：第一、三、六句

> 第一句：知之为知之，不知为不知，是知也。
> 第三句：默而识之，学而不厌，诲人不倦。
> 第六句：吾尝终日不食，终夜不寝，以思，无益，不如学也。

生1：（主持，上讲台）大家好，我们组由我主持。我们组一起学了第一、三、六句。（组内同学说，生1在PPT上圈画、贴词卡）

生2：（串讲第一句）请大家跟我读第一句："知之为知之，不知为不知，是知也"。前面四个"知"是知道的意思，"是知也"的"知"是智慧的意思。我们组认为这句话是说：知道就是知道，不知道就是不知道，这才是智慧。这一句格言告诉我们读书不能不懂装懂，不能自欺欺人，要实事求是。我们概括的词语是：实事求是。

生3：（串讲第三句）请大家跟我读第三句，这句中"默而识之"的"识"是记住的意思，"厌"是满足的意思，"诲"是教导的意思。我们组认为整句话是说：读书时默默地记住所学的知识，努力学习不满足，教导人（他人）不知道疲倦。我们认为这三个词是从读书时要记忆、要不断进取、要教导帮助他人三个方面说的，很难整合，所以就三个词都写上了。

生4：（串讲第六句）请大家跟我读第六句，这句中"尝"是曾经的意思，我们组认为整句话是说：我曾经整天不吃，彻夜不眠地思考，发现这样做并没有多少益处，不如学习。在读这句时，我们想到了孔子说的另一句话：学而不思则罔，思而不学则殆。学习与思考都重要。当思考不出结果时，还不如去学习，在学习中，在他人的书籍中，也许能触动思维解决疑惑。我们在学习中不懂，就再打开书本学习，如果只是苦思冥想，那么即使时间流逝，问题会依然存在。

生1：我代表我们组诵读，请听——（摇头晃脑读）其他小组有补充吗？谢谢！

师：谢谢你们组的阅读分享。他们在采用借助注释、联系上下文等方法理解的基础上，还联系以往学过的相关知识,以及生活感悟来表达阅读感受,学习能力非常强!我们一起把这六句读书格言诵读一遍。

> 设计意图:通过四人小组展示学习成果,确保人人有发言机会,并帮助表达相对弱的同伴一起进步。小组展示后,由主持人向其他小组提出:是否有补充?这样的学习交流点面结合,学习效果大大提高。

(三) 谈读书之事

师:孔子的读书言行对后人产生了深远的影响,中华民族上下五千年,你脑海中出现了谁呢?……你又想到了哪些读书画面?

```
* 晋车胤(yín)囊萤读书,孙康映雪读书,其行如孔子曰:_____。
* 先生陈,好古,_____,携弟子诵之,乐在其中矣。
* 吾父常问网络之技,复操练至熟耳,吾父_____之为,吾之榜样也。
* _____。
```

1. 学生说历史人物(苏秦、孙康、朱买臣……)。
2. 借助人物故事图片介绍。
3. 看书法作品诵读。

师:老师把这些格言写成了书法作品,你还能正确诵读吗?

(生看书法作品诵读)

总结:(指着小组概括的板贴)孔子两千多年前提出的读书态度,如实事求是、勤学好问、学而不厌、学而不辍、熟读深思等,都出自《论语》。《论语》是中国春秋时期的一部语录体散文集,由孔子弟子及再传弟子编纂而成,主要记录孔子及其弟子的言行。这样的读书言论在《论语》中多处出现,感兴趣的同学可以尝试诵读。让我们成为行动的巨人,践行孔子的读书态度,做一个学识渊博的读书人。

设计意图：从"诵读书言论"到"明读书之道"，再到"谈读书之事"，学生借助击打节奏、图片、微课、执教者书法作品展示等多种途径，深刻感受孔子的读书言论，并勾连生活实际，结合自身谈谈读书体会，文言文的学习效果非常好。古今中外皆好读书者也！

板书设计

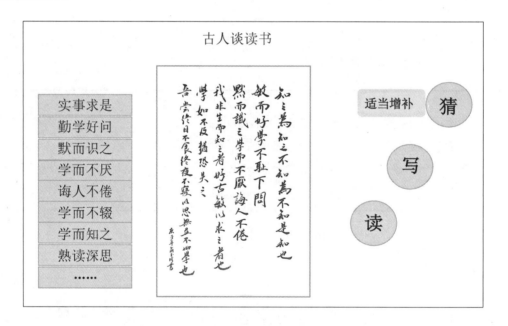

第二课时

（一）诵孔子读书言论，听朱熹读书之道

① 知之 为知之，不知 为不知，是知也。

② 敏而好学，不耻下问。

③ 默而识之，学而不厌，诲人不倦。

④ 我非 生而 知之者，好古，敏以求之者也。

⑤ 学如不及，犹恐失之。

⑥ 吾尝 终日 不食，终夜 不寝，以思，无益，不如学也。

1. 歌诀乐读"孔子"读书言论。

师：孔子身体力行的读书言论一直影响着后世，宋代朱熹还专门著书论述他的读书之道。

2. 诵读朱熹"三到"读书之道。

指名朗读：强调生字"岂"的读音。说说句意，读出反问句语气。

3. 歌诀乐读，读出节奏，读出构段方式。

（1）出示课文，看课文歌诀乐读视频。

（2）师指导第二句诵读。

> 余尝谓读书有三到，谓心到、眼到、口到。心不在此，则眼不看仔细，心眼既不专一，却只漫浪诵读，决不能记，记亦不能久也。三到之中，心到最急。心既到矣，眼口岂不到乎？

师采用滚雪球式指导诵读第二句：

> 心不在此，则眼不看仔细
> 心不在此，则眼不看仔细，心眼既不专一，却只漫浪诵读
> 心不在此，则眼不看仔细，心眼既不专一，却只漫浪诵读，决不能记，记亦不能久也。

设计意图：学生刚用歌诀乐读法诵读了第一则读书言论，对歌诀乐读法已经有了一定的了解。因此，教师在指导时针对诵读难点有效带诵即可，比如"眼不看"三个字如何读好节奏等。借助滚雪球式带诵，学生很快轻松学会。之后小组合作诵读就显得轻松顺畅了。

（3）四人小组合作诵读全文。

在学生小组合作中，教师有意识地指导两个小组，采用别样的诵读展示形式。

例如，和余音式：一生领诵，组员和加粗字部分。

> 余尝谓读书有三到，
> 谓心到、眼到、口到。

> 心不在此,则眼不看仔细,心眼既不专一,却只**漫浪诵读**,
> 决**不能记**,
> 记亦**不能久也**。
> 三到之中,**心到最急**。
> **心既到矣,眼口岂不到乎**?

(4) 展示歌诀乐读,读透全文。

四人小组展示,抽两组;全班用"和余音"的方式诵读全文。

设计意图:学生喜欢用歌诀乐读法诵读古诗文。诵读中老师时不时加点"佐料"——新鲜的诵读方式,如"和余音""滚雪球""接力式"等,能更好地激发学生诵读文本的热情。由此,则所诵读课文烂熟于心也。

(二) 借多种诵读方法,读懂"读书之三到"

1. 忆读古文方法。

借助注释、联系上下文、查古汉语词典等。

2. 用方法一起学。

弄懂字意;个别读;齐读。

> 余尝谓读书有三到,谓心到、眼到、口到。
> 重点词:
> (1) 两个"谓"。
> 借助注释,联系上下文。
> (2) "尝"。
> 联系学过的古文——王戎七岁,尝与诸小儿游。
> (3) "余"。
> 两千年前孔子用"我",也用"吾"。读句子:
> "我"——"我非生而知之者"。
> 吾十有五而志于学。——《论语》

3. 串大意懂读书之道。

(1) 同桌合作,串讲大意。

(2) 组际比拼展示：四个组两两比拼，两个组串讲大意，两个组做评价。

串讲方式	评分细则	组别	读原文流利	说大意流畅	串讲方式正确	关键字意正确	发言声音响亮	总分
一个人读原文，一个人说大意，以点号为单位，再以句为单位，读原文说大意。	读原文流利；说大意流畅；串讲方式正确；关键字意正确；发言声音响亮。	一						
		二						
		三						
		四						

每个组的代表是随机的：定单双列后，教师抓笔筒内 1—6 数字即时定组发言代表。

设计意图：朱熹的读书之道，读来容易明白。以第一句为例，可借助多种方法读懂。然后让学生运用这些方法独立学习后面几句。同桌合作串讲大意。最后引入竞赛游戏，四个组两两比拼串讲文本大意，要求细则明晰。游戏规则有趣又可操作，有效地提高了学生学习文言文的成效。

（三）读懂文本结构，用事例阐述观点

1. 默读全文，独立学习。

> 要求：
> (1) 找观点画线条，把朱熹的读书观点用"＿＿"画出来。
> (2) 画论述写批注，把阐述观点的句子用"～～"画出来。你信服吗？请批注事例。

2. 交流反馈，集中学习。

(1) 发现论述方法——反正两个方面辩证阐述。

生1：反面论述——心不在此……

生2：正面论述——三到之中……

师：这则读书言论出自朱熹的《童蒙须知》。我们有请微课老师介绍《童蒙须知》以及学者朱熹。

> **微课——朱熹著书立说**
>
> 　　朱熹(1130—1200年)，字元晦，号晦庵，徽州婺源(今属江西)人。南宋哲学家、思想家、教育家。他专心儒学，继承二程(程颐、程颢)，又独立发挥，形成了自己的体系，后人将其与二程合称为程朱理学。他一生著述宏富，对后世影响很大。《童蒙须知》即《训学斋规》，就是朱熹写的一篇孩童启蒙读物。《童蒙须知》分衣服冠履、言语不趋、洒扫涓洁、读书写文字、杂细事宜等方面。对儿童生活起居、学习、道德行为礼节等均作了详细规定。今天学的"读书三到"就选自《童蒙须知》。

　　读《童蒙须知》之节选。(各自读；请一生读；说说前面这段话与文本内容的联系)

　　凡读书，须整顿几案，令洁净端正。将书册齐整顿放，正身体对书册，详缓看字，仔细分明。读之，须要读得字字响亮，不可误一字，不可少一字，不可多一字，不可倒一字，不可牵强暗记。只是要多诵遍数，自然上口，久远不忘。古人云："读书百遍，其义自见。"谓熟读则不待解说，自晓其义也。余尝谓读书有三到，谓心到、眼到、口到。心不在此，则眼不看仔细，心眼既不专一，却只漫浪诵读，决不能记，记亦不能久也。三到之中，心到最急。心既到矣，眼口岂不到乎？

　　(2)用事例说观点——正反事例阐述读书之道。

　　加分题——渗透游戏元素：用正反事例阐述读书之道。每组最多两人发言。

> 　　**设计意图**：引导学生读懂古代学者立言的表达方式：亮观明点——反正不断阐述论证。适时引入微课，介绍朱熹及《童蒙须知》，读相对完整的朱熹论读书片断，前后互为论述，由此五年级学生辩论起来更有理有据。之后引入组际竞赛的方式，以正反生活事例来论证朱熹的读书观点，进一步训练学生的辩证思维。

3. 诵、背朱熹读书之道。

(1) 诵读书法作品上的"读书之道"(隶书、行书)。

(2) 镂空式背诵。

| 余尝谓(　　　　)，谓(　　)、眼到、(　　　)。 |
| 心不在此，则眼(　　　　)，(　　　)既不专一，却只(　　　　　)，决(　　　)， |

```
记(          )也。
三到之中,(     )最急。(     )既到矣,(     )乎?
```

设计意图:文言文是中华传统文化之精髓。在学习传统文化过程中,教师融入自创的书法作品,引导学生熟读成诵,可谓锦上添花。学生感受到中华文化的多姿多彩,从内心激发出对祖国传统文化的热爱。

(四)诵读两则古人读书之道,谈谈自己的感受

1. 按组接诵《古人谈读书》。

2. 文中哪一个方面对自己有启发,联系自己的读书体会写一写。

自己独立写;交流分享;修改。

板书设计

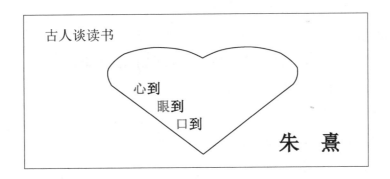

同课异构: 巧用思维导图,学懂文言文

执教整理:陈建平(杭州市文三教育集团文苑小学)
指导点评:金晓芳(特级教师)

教材分析

本课是第八单元的第一篇课文,由两则文言文组成,记录了古人有关读书、学习的言论。

第一则选自《论语》,是孔子关于学习态度和学习方法的一组句群。第二则选自朱熹的《童蒙须知》,告诉我们读书要心到、眼到、口到。"心到",是"三到"中最重要的,用心思考了,自然就会看得仔细,也会读得正确并记忆犹新。

教 学 目 标

1. 通过随文识字认识"岂"等生字,会写"谓、诵、岂"3个字。
2. 正确流利地朗读课文,在趣味诵读中尝试背诵课文内容。
3. 能用借助注释、联系上下文等方法理解课文大意。
4. 概括朱熹的读书方法;联系自己的读书体会,说说朱熹的读书观点对自己的启发。

教 学 重 难 点

重点:能用借助注释、联系上下文等方法理解课文大意。

难点:概括朱熹的读书方法;联系自己的读书体会,说说朱熹的读书观点对自己的启发。

教 学 过 程

(一)名言导课

1. 整理展示课前预习收集的"古人读书"名言,说说自己的理解。
2. 引入《古人谈读书(二)》。

(二)初读课文,初识朱熹其人

1. 初读课文,读准字音,读通句子。
2. 检查朗读。

(1)读准并理解"岂"。

(2)理解"心既到矣,眼口岂不到乎",读好反问语气。

3. 再次自读课文,读通课文,读好反问句。
4. 介绍朱熹。

> 朱熹是宋朝著名的理学家、教育家、诗人,儒学集大成者,世尊称之为朱子。朱熹是唯一一个非孔子亲传弟子,却受到儒教祭祀的人。朱熹的理学思想对后世影响很大,是中国历史上继孔孟之后的又一儒学圣人。

设计理念：朱熹是儒学集大成者，他总结并发展了以往的儒家思想，成为宋代理学代表人物。学习朱熹的读书方法与观点，先要对朱熹有大致的了解，让学生明白朱熹在儒家的地位，从而激发学生的学习兴趣。

(三) 通读明旨，概括朱熹的读书方法

1. 学习活动。

(1) 默读课文，找出朱熹的读书方法，写在学习单上。

(个人自学，师巡视指导)

(2) 四人小组合作，讨论并概括朱熹的读书方法，板贴到黑板上。

(3) 结合注释，用自己的话说说朱熹的读书方法。

2. 小组汇报，交流反馈朱熹的读书观点，并理解句子。

(1) 预设1：余尝谓读书有三到，谓心到、眼到、口到。

① 理解"余"，拓展文言文中关于"我"的一种意思多种表达。

(联系《古人谈读书(一)》中的"我非生而知之者……""吾尝终日不食……")

② 理解"谓"的一字多义。

③ 理解朱熹对读书提出的三个要求。

(2) 预设2：三到之中，心到最急。

① 比较理解"急"的古今异义：借助《现代汉语词典》和《古汉语常用字字典》中"急"的解释，进行比较理解。

《现代汉语词典》中"急"字解释　　　　《古汉语常用字字典》中"急"字解释

② 理解朱熹的观点：读书要心到、眼到、口到，其中心到最重要。

（整合文中的两句话，才是朱熹先生关于读书的观点）

③ 你同意朱熹的观点吗？说说你的想法。

（自由辨析，自圆其说即可）

④ 联系课前收集的"古人读书"名言，找出与朱熹的读书方法相同的名言。

3. 朱熹是怎样把自己的观点阐述清楚的？再次默读课文，完成学习单的思维导图。

（1）板贴，校对。

（2）理解句子的意思。

（3）完成板书，说说发现。

先总述观点；再分点阐述；最后总结重申观点。（总分总）

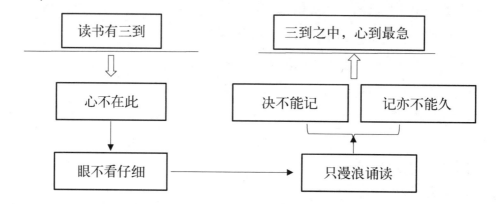

4. 通读全文，串讲大意。

（1）同桌读，一个主讲，一个评价。

（2）指名一对同桌讲，一个讲意思，一个圈画评价。

5. 在理解意思的基础上，诵读全文，注意停顿。

余尝谓/读书有三到，谓/心到、眼到、口到。心/不在此，则/眼不看仔细，心眼/既不专一，却只/漫浪诵读，决不能记，记/亦不能久也。三到之中，心到最急。心/既到矣，眼口/岂不到乎？

（1）同桌互读→指名读。

（2）配乐吟诵→尝试唱读。

6. 借助板书，尝试背诵。

设计理念：通过小组合作，讨论并概括朱熹的读书方法，这对高段学生来说，并非难事。但通过合作，将朱熹的读书方法用思维导图的方式呈现，并从中发现朱熹在文中所用的总分总的表达方法，这需要学生打开思路，重整思维。这个环节需要学生充分发挥主体作用，建立小组合作创新的意识。合作交流补充并创新观点，不失为一种新型的游戏学习方式。

（四）拓展阅读，补充朱熹读书观点

1. 出示朱熹《读书有三到》原文，自读第一段。

> **读书有三到**
>
> 读之，须要读得字字响亮，不可误一字，不可少一字，不可多一字，不可倒一字，不可牵强暗记。只是要多诵遍数，自然上口，久远不忘。古人云："读书百遍，其义自见。"谓熟读则不待解说，自晓其义也。

2. 说说对原文第一段的理解。
3. 联系自己的读书体会，说说课文中哪些内容对你有启发。

播放学习小伙伴谈读书体会的微视频。

> 我觉得"敏而好学，不耻下问"说得很有道理，我在读《昆虫记》时，遇到不懂的问题，经常会向比我小三岁的"昆虫迷"弟弟请教。当他把那些昆虫知识娓娓道来的时候，我发现我的问题就迎刃而解了。

4. 完成学习单第三题，写后交流。
5. 总结课文。

朱熹还在"读书有三到"的基础上，总结提炼出自己的读书六法，即"循序渐进、熟读精思、虚心涵泳、切己体察、着紧用力、居敬持志"，成为后世广为学习与流传的读书方法。

设计理念：在学习课文的基础上，对于所选文本内容进行适当的拓展与延伸，有利于高年级学生更全面地把握和理解朱熹的读书方法与观点。在此基础上，教师引导学生联系自身的读书经历，谈谈朱熹的读书方法带给自己

的启发,会显得更有的放矢,有据可依。微视频作为一种引导,不断唤醒学生学以致用的读书方法。总结课文时,引入朱熹的"读书六法",既是对"读书要三到"的提升,又是对全文学习的补充,让学生明白读书方法的学习也是不断总结提炼的。

附:《古人谈读书(二)》学习单

班级_____ 姓名_____ 学号_____

一、收集1—2条有关"古人读书"的名言,并选一条写下你的理解。

名言:_____

我的理解:_____

二、默读课文,找出朱熹的读书方法,写在下面的横线上。

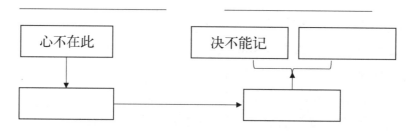

三、朱熹的《读书有三到》中哪些内容对你有启发?联系自己的读书体会写一写。

> **读 书 有 三 到**
>
> 　　读之,须要读得字字响亮,不可误一字,不可少一字,不可多一字,不可倒一字,不可牵强暗记。只是要多诵遍数,自然上口,久远不忘。古人云:"读书百遍,其义自见。"谓熟读则不待解说,自晓其义也。
>
> 　　余尝谓读书有三到,谓心到、眼到、口到。心不在此,则眼不看仔细,心眼既不专一,却只漫浪诵读,决不能记,记亦不能久也。三到之中,心到最急。心既到矣,眼口岂不到乎?

_____

_____

五年级上册《古人谈读书》相关资源链接

课 文

读书有三到

余尝谓读书有三到,谓心到、眼到、口到。心不在此,则眼不看仔细,心眼既不专一,却只漫浪诵读,决不能记,记亦不能久也。三到之中,心到最急。心既到矣,眼口岂不到乎?

——选自《童蒙须知》

其 人 其 事

朱熹(1130—1200 年),字元晦,世称朱子。祖籍徽州府婺源县(今江西省婺源县),生于南剑州尤溪(今属福建省尤溪县)。他是南宋时期著名的理学家、思想家、教育家,是孔子、孟子之后最为杰出的儒学大师,在历史上有着极其深远的影响。

朱熹是"二程"(程颢、程颐)的三传弟子李侗的学生,与二程合称"程朱学派"。他是唯一非孔子亲传弟子而享祀孔庙,位列大成殿十二哲者。朱熹是理学集大成者,他的理学思想影响很大,成为元、明、清三朝的官方哲学。

朱熹著述甚多,有《四书章句集注》《太极图说解》《通书解说》《周易读本》《楚辞集注》,后人辑有《朱子大全》《朱子集语象》等。其中《四书章句集注》成为钦定的教科书和科举考试的标准。

文 章 出 处

选自《童蒙须知》(一作《训学斋规》),是宋代大儒朱熹撰写的针对学龄前儿童的一部启蒙读物。朱熹一生致力于教育事业,蒙学在其教育思想中具有重要地位。《童蒙须知》是朱熹《小学》之外的另一部重要的蒙学著作。它内容翔实、语言精练,体现出朱熹蒙学思想的整体特点和基本内容。《童蒙须知》中说:"夫童蒙之学,始于衣服冠履,次及言语步趋,次及洒扫涓洁,次及读书写文字,及有杂细事宜,皆所当知。"这正是要从生活实践的层面入手,展开蒙学教育,为儿童奠定"修身治心""穷理尽性"的基础。具体而言,朱熹从"衣服冠履""言语步趋""洒扫涓洁""读书写文字""杂细事宜"五个方面详细说明了儿童应当遵守的行为规范,涉及生活①中方方面面的细节。《童蒙须知》为儿童提供了具体可行的行为规范,使"知行合一"。

"读书写文字第四"全文:

凡读书,须整顿几案,令洁净端正。将书册整齐顿放,正身体对书册,详缓看字,仔细分明。

读之,须要读得字字响亮,不可误一字,不可少一字,不可多一字,不可倒一字,不可牵强暗记。只是要多诵遍数,自然上口,久远不忘。古人云:"读书百遍,其义自见。"谓熟读则不待解说,自晓其义也。

余尝谓读书有三到,谓心到、眼到、口到。心不在此,则眼不看仔细,心眼既不专一,却只漫浪诵读,决不能记,记亦不能久也。三到之中,心到最急。心既到矣,眼口岂不到乎?

凡书册,须要爱护,不可损污绉折。济阳江禄,书读未完,虽有急速,必代掩束整齐然后起,此最为可法。

凡写文字,须高执墨锭,端正研磨,勿使墨汁污手。高执笔,双钩端楷书字,不得令手指着毫。凡写字,未问写得工拙如何,且要一笔一画,严正分明,不可潦草。凡写文字,须要子细看本,不可差讹。②

相关文化知识介绍

本单元引用苏轼《送安惇秀才失解西归》诗中名句"旧书不厌百回读,熟读深思子自知"开篇,人文主题为"书山有路勤为径",阅读时注意梳理信息,把握内容要点。本篇记录了朱熹关于读书的言论,告诉我们读书要心想、眼看、口诵。"心到"是"三到"中最重要的,用心思考了,自然就会看得仔细,也会读得正确并记忆犹新。

朱熹是南宋时期理学大家,又是著名的教育家。他一生大部分时间都在读书和教书,提出过许多精辟的见解。他死后不久,弟子们将他的读书经验归纳为六条,称为"朱子读书法",对于今人仍有启示和借鉴的作用。

---

① 孟琢,彭著东,译注.童蒙须知·名贤集[M].北京:中华书局,2013:4.
② 孟琢,彭著东,译注.童蒙须知·名贤集[M].北京:中华书局,2013:121-123.

第一条：循序渐进。

读书不能着急，不可急于求成；应当遵循由易到难、由简单到复杂的认识规律。《三字经》中有言："史虽繁，读有次。史记一，汉书二。后汉三，国志四。兼证经，参通鉴。"读书还应当根据自己的认知水平制定学习计划，扎扎实实，逐步推进。

第二条：熟读精思。

孔子曰："学而不思则罔，思而不学则殆。"（《论语·为政》）朱熹主张："读书，始读，未知有疑；其次，则渐渐有疑；中则节节是疑。过了这一番，疑渐渐释，以至融会贯通，都无所疑，方始是学。"朱熹告诉我们既要熟读成诵，又要精于思考，揭示了熟读与精思之间的紧密关联。

第三条：虚心涵泳。

常言道："书读百遍，其义自见。"朱熹强调，读书时要虚心专心，反复咀嚼文章的涵义，细细品味，方能收到读书之功效。

第四条：切己体察。

陆游曾有诗云："纸上得来终觉浅，绝知此事要躬行。"朱熹认为，"读书不可只专就纸上求义理，须反来就自家身上推究"，注重读书要切合自身实际，身体力行，强调实践出真知。

第五条：着紧用力。

韩愈说："业精于勤荒于嬉，行成于思毁于随。"朱熹指出读书时要勤奋精进，珍惜时间，反对松散拖拉，防止精神颓靡，用勤奋的态度对待学业。

第六条：居敬持志。

朱熹认为，君子立志为先，读书时宜心怀恭敬之心，坚定志向，专心致志，且持之以恒，方能收到读书之功效。

五年级上册《古人谈读书》拓展阅读及译注

拓展阅读一

读书须有疑

读书，始读，未知有疑；其次，则渐渐有疑；中则节节有疑。过了这一番，疑渐渐释①，以至融会贯通,都无所疑,方始是学。读书无疑者须教有疑,有疑,却要无疑,到这里方是长进。

——选自《训学斋规》

注释:

① 释:解释。

译文:

读书,刚刚开始读的时候,不知道有疑问;接着,就渐渐产生疑问;读到一半,对每个小节都有疑问。过了这一个时期,疑问渐渐得以解释,以至融会贯通,疑问都被解答了,才称得上是学习。读书没有疑问的人,必须要学习产生疑问,产生了疑问,则要想办法解决,这样才算是学有长进。

拓展阅读二

学 无 常 师

圣人无常师。孔子师郯(tán)子、苌(cháng)弘、师襄、老聃(dān)。郯子之徒,其贤不及孔子。孔子曰:三人行,则必有我师。是故①弟子不必不如师,师不必贤于弟子,闻道有先后,术业②有专攻,如是而已。

——选自韩愈《师说》

注释:

① 是故:因此。 ② 术业:学术技艺。

译文:

圣人没有固定的老师,孔子曾经以郯子、苌弘、师襄、老聃为师。郯子这些人,他们的贤能比不上孔子。孔子说:"几个人走在一起,其中一定会有我的老师。"因此,学生不一定不如老师,老师的贤能也不一定超过弟子,所学的道理有先有后,学问、技艺上有各自的主攻方向,只是这样而已。

拓展阅读三

三 余 读 书

董遇善治①《老子》,为《老子》作训注②。又善《左氏传》,更为作《朱墨别异》。人有从学者,遇不肯教,而云:"必当先读百遍!"言:"读书百遍,其义自见③。"从学者云:"苦渴无日。"遇言:"当以'三余'。"或④问"三余"之意。遇言:"冬者岁之余,夜者日之余,阴雨者时之余也。"

——选自《魏略·儒宗传·董遇》

注释:

① 治:研究。② 训注:注解。③ 见:同"现",出现,显现。④ 或:有的人。

译文:

董遇善于研究《老子》,为它作了注解;又善于研究《左氏传》,并为它写了《朱墨别异》一书。有读书人想跟从他学习,董遇不肯教,而说:"读书一定要先读百遍。"他说:"书读了上百遍之后,自然就明白其中的意思了。"请教的人说:"我苦于没有时间。"董遇说:"应当用'三余'时间。"有人问"三余"的意思。董遇说:"冬天没农活,是一年里的空闲时间;夜晚不必下地干活,是一天里的空闲时间;阴雨天无法出门干活,也是空闲时间。"

拓展阅读四

读书百遍,其义自见

凡读书,须整顿①几案②,令洁净端正。将书册整齐顿放,正身体对③书册,详缓看字,仔细分明。读之,须要读得字字响亮,不可误一字,不可少一字,不可多一字,不可倒一字,不可牵强暗记。只是要多诵遍数,自然上口,久远不忘。古人云:"读书百遍,其义自见④。"谓读熟则不待⑤解说,自晓其义也。

——选自《童蒙须知》

注释:

① 顿:整理。② 几案:书桌。③ 对:面对,正对。④ 见:同"现",出现,显现。⑤ 待:需要。

译文:

在读书时,先要收拾好书桌,把桌子上的物品整理清洁、摆放端正。把书本整齐放好,端正身体面对书本,详尽、缓慢地看书,把书中的内容看得仔细分明、清清楚楚。读书的时候,要把每个字都响亮地读出来,不能读错一个字,不能读少一个字,不能添加一个字,不能有一处前后读颠倒的地方。读书的时候不能勉强地暗暗记忆,只要一遍遍地多去诵读,自然能够牢记,顺口而出,很长时间之后都不忘记。古人说:"书读的遍数多了,其中的思想、义理自然而然便呈现出来。"指的是书读熟了之后,不需要别人讲解,自己就能明白书中的意思。

(译文参考:孟琢,彭著东,译注.童蒙须知·名贤集[M].北京:中华书局,2013:23-25.)

拓展阅读五

荀子·劝学

积土成山,风雨兴焉;积水成渊,蛟龙生焉;积善成德,而神明自得,圣心备焉。故不积跬①步,无以至千里;不积小流,无以成江海。骐骥②一跃,不能十步;驽马十驾③,功在不舍④。锲⑤而舍之,朽木不折;锲而不舍,金石可镂⑥。蚓无爪牙之利,筋骨之强,上食埃土,下饮黄泉,用心一也。蟹六跪而二螯⑦,非蛇鳝之穴无可寄托者,用心躁⑧也。

——选自《荀子·劝学》

注释:

① 跬:古代的半步。古代称跨出一脚为"跬",跨两脚为"步"。② 骐骥:骏马,千里马。③ 驽(nú)马十驾:劣马拉车连走十天也能到达。驽马:劣马。驾:古代马拉车时,早晨套上车,晚上卸去。套车叫驾,所以这里用"驾"指代马车一天的行程。十架就是指十天的行程。④ 舍:停止,舍弃。⑤ 锲(qiè):用刀雕刻。⑥ 镂(lòu):原指在金属上雕刻,泛指雕刻。⑦ 蟹六跪而二螯(áo):螃蟹有六只爪子,两个钳子。六跪,六条腿。蟹实际上是八条腿。跪:蟹脚。一说,海蟹后面的两条腿只能划水,不能用来走路或自卫,所以不能算在"跪"里面。螯:螃蟹等节肢动物身前的大爪,形如钳。⑧ 躁:浮躁,不专心。

译文:

土堆积起来成了高山,风雨就会在这里兴起;水聚集起来成了深潭,蛟龙就会在这里生长;积累善行而养成品德,那么就会达到高度的智慧,圣人的精神境界也就具备了。所以,不积累一步半步的路程,就不会到达千里之外;不积累细小的溪流,就不会形成江河湖泊。骏马一跃,不能超过十步;驽马拉车连走十天也可以走千里的路程,成功的原因就在于不放弃。雕刻东西时如果放弃了,就是腐烂的木头也不能刻断;雕刻东西时如果不放弃,就是金属和石头也可以雕刻成功。蚯蚓没有锋利的爪牙,强壮的筋骨,但是它可以向上吃到泥土,向下喝到泉水,这是用心专一的缘故。螃蟹有八只脚两只螯,但如果没有蛇和黄鳝的洞穴,它就没有容身之处,这是它用心浮躁的缘故。

(译文参考:荀况.荀子精华[M].王建玲,译注.沈阳:辽宁人民出版社,2018:4.)

拓展阅读六

与诸弟书

盖士人①读书,第一要有志,第二要有识,第三要有恒②。有志则断不甘为下流③;有识则知学问无尽,不敢以一得自足,如河伯之观海,如井蛙之窥天,皆无识者也;有恒者则断④无不成之事。此三者缺一不可。

——选自曾国藩《曾文正公全集》

注释:

① 士人:泛指知识阶层。② 恒:恒心。③ 下流:下等,劣等。④ 断:绝对,一定。

译文:

大凡读书人读书,第一要有志向,第二要有见识,第三要有恒心。有志向就断然不甘心居于下流;有见识就知道学问无穷无尽,不敢以稍有所得就自我满足,如河伯观海、井底之蛙观天之类,都是没有见识的人啊;有恒心的人就绝对没有办不成的事情。这三者缺一不可。

八、五年级下册《自相矛盾》游戏教学设计及拓展资源

五年级下册《自相矛盾》游戏教学设计

让思维与学生共舞

执教整理：张燕（杭州市明德小学）
指导点评：金晓芳（特级教师）

教材分析

《自相矛盾》是统编小学语文教材五年级下册第六单元的第一篇课文，是一则寓言故事。本文选自《韩非子·难一》，讲述了楚人卖矛和盾，先"誉盾"再"誉矛"，最后在围观者的质疑下"弗能应也"的故事，文末点明了对此事的观点，给人以深刻的启迪。本单元以"思维的火花"为人文主题，语文要素是"了解人物的思维过程，加深对课文内容的理解"。

学生已有学习文言文的经验，加上自相矛盾的故事对他们来说耳熟能详，因此在解读文本内容上的难度不大。因为五年级的学生正处于思维能力螺旋上升的关键期，所以要探究"其人弗能应也"的原因，以及发挥古文的现世意义是重中之重，可通过多种方式探寻人物的思维过程，进行高阶思维训练。

教学目标

1. 认识"吾、弗"等生字，读准多音字"夫"，会写"矛""盾"等生字。
2. 正确、流利地朗读课文，注意文言文的节奏，背诵课文。
3. 能用学过的借助图片、看注释、联系上下文等方法理解课文内容，用自己的话讲故事。
4. 通过想象补白、剧本表演、联系生活等方式，探寻人物的思维过程，懂得"其人弗能应也"的原因。

教学重难点

重点：灵活运用各种方法理解故事的主要内容，并用自己的话讲故事。

难点：了解围观者及楚人的思维过程，理解"其人弗能应也"的原因。

教学过程

（一）紧扣文体，激发矛盾

1. 师：同学们，上课前我们先看看几则我们学过的故事，你们发现它们有什么共同点？（出示：《亡羊补牢》《揠苗助长》《守株待兔》的课文插图）

生：这三个故事都是寓言故事。

2. 师：那什么是寓言故事？（课件出示"寓"的注释）请同学们选一选寓言的"寓"是什么意思。

生：选第三个解释——寄托。

师：寓言就是把道理寄托在故事里，今天要学一则新的寓言故事，看看其中又寄托着什么道理。

3. 师：你们看这两个字出自课题，猜猜是什么字？

生：是"矛"字和"盾"字。

师：猜得对不对呢？（课件出示"矛"字和"盾"字的字形演变）

师：请同学们观察这两个字的字形和图片，你们发现了什么？

生：我发现这两个字都是象形字。

师：真会发现！矛是古代一种用来进攻刺杀的武器，金文是象形字，像古代的长矛，上部是矛头,一长画是矛柄,中间的半环用来将红缨牢固地系在上面。"矛"的横撇要锋利,最后一撇就是握矛的手。盾是古代防御武器,下面的"目"字要写得端方。(老师边讲解边板书)请你们在学习单上各写一个。(生在书上书写)

师:矛和盾是古代最常用的两种兵器,矛主要用来进攻刺杀,盾用来防御。了解了两者的作用,你们又有什么发现?

生1:我发现矛和盾的作用是相反的。

生2:我发现它们一个用来进攻,一个用来防守。

师:是呀,这两种对立的武器怎么会在一起呢?接下来我们一起走进课文了解一下。

> 设计意图:从已知寓言故事出发,紧扣寓言文体,明白寓言往往是在故事中解释道理。观察"矛"字和"盾"字的字形演变及其不同之处,直观形象,进入"矛""盾",触及学生思维的表层,激发学习文言文的兴趣。

(二)读对读熟,明确结构

1. 师:这篇课文是文言文,要读通可不容易,我家隔壁的哥哥已经初一了,一开始读时也不能读好。你们要读正确,读流利,给你们两分钟,看看谁读的遍数最多,读得最准确。自己准备准备,特别注意这四个字的读音。

(生自由朗读)

2. 师:谁来把课文读一读?(指名读,生读)

师:首先要表扬你,读得正确,在课文中有一个字比较难认,因为它的笔画特别多,有22笔。(出示:鬻)其实这是一个会意字,从字形上看上面是"粥"下面是"鬲",字面上是用炊具来煮粥。那么在课文中是什么意思?

生:是"卖"的意思。

师:这个很简单,学习文言文时,看注释是最直接简便的方法。注释里还告诉了我们好几个重点词语的意思,其中有个多音字。

(出示课件:夫不可陷之盾与无不陷之矛,不可同世而立)

师:"夫"表示议论时放在句首,读的时候可以进行停顿。谁来读一读?

(生读)

师:除了难理解的词语外,你们还能从注释中得到什么信息呢?

生：我还知道这篇课文选自《韩非子·难一》。

师：我们通过一段资料简单了解一下作者。（生看资料）

韩非，我国古代思想家、哲学家，法家学派代表人物，又称"韩非子"。他善于用寓言故事来阐述观点，说明问题。《韩非子》一书是在韩非逝世后，后人辑集而成的。课文选自《韩非子·难（nàn）一》，难，是辩难的意思，在春秋战国时特别流行，是诸子百家为了让人们接受自己的观点而写的。

从资料中我们知道，韩非子最擅长的就是用寓言故事来阐述观点，而这篇课文就是韩非子为了让人们接受自己的观点而写的故事。那么文章中哪里是故事，哪里是道理呢？请用横线画出来。

（生反馈）

设计意图：以隔壁家上初一的哥哥作为比照，激发学生读通读对文言文的欲望和热情，抓住难读字"鬻"和多音字"夫"，巧妙结合文末注释，突破朗读难点，并初知文意，进而明确本文结构，何谓故事，何谓道理，自信而有条理地走进文本。

（三）紧扣"誉"字，读懂读透

师：韩非子究竟给我们讲了一个什么故事呢？用以前我们学过的理解文言文的方法读一读、想一想，试着填填表格，用横线画出起因，波浪线画出经过，双横线画出结果。

时间：不详	地点：集市	人物：
起因		
经过		
结果		

（生填写表格）

师：谁来说一说你是怎么填的？

生1：人物我填的是楚人和路人。

师：文中哪个字表示路人的意思？

生1："或曰"中的"或"就是路人，"曰"就是说。

师：文言文中有些词语的意思和现在完全不一样，可以通过查资料来理解。对于故事的起因、经过、结果，你分别画了什么句子？

生1：我画的起因是"楚人有鬻盾与矛者，誉之曰：'吾盾之坚，莫能陷也。'又誉其矛曰：'吾矛之利，于物无不陷也'；经过是"或曰：'以子之矛，陷子之盾，何如？'"；结果是"其人弗能应也"。

师：课前交流中很多同学说有个字不知道是什么意思。（出示课件：誉）老师想请教请教你们。

生2："誉"是夸赞的意思。

师：你是怎么知道的？

生2：课文前面说楚人在卖矛和盾，那肯定要夸自己的东西好。

师：真好，学习文言文就要像她一样，联系上下文来理解。（板书：联系上下文）

师："誉"字在文章中出现了两次，楚人分别"誉"了什么呢？

生3：楚人分别"誉"了自己的矛和盾。

师：如果你是楚人，你会怎么夸赞自己的矛和盾？

（指一生夸读）

师：你这是读，不是夸。你们有没有看过叫卖的小贩，谁能学着他们的样子再夸一夸？哪些字音可以读重些？哪些字音可以拖一拖？

（生再夸读，进步很大）

师：学得真快，有做生意的天分。中国有句俗话叫作"王婆卖瓜，自卖自夸"，再加上些动作、表情，就能把矛和盾夸得更好了。

（再请一生夸读）

师：越夸越好了，来，老师给你们提供道具，拿着道具夸起来就更有感觉了。

（请生拿着道具夸，夸得更加有滋有味）

师：（生夸矛和盾）还有谁想夸？

（生起立一起夸）

师：你们这么能夸，那么除了"誉"矛和盾之外，你们还能不能"誉"别的东西？（课件）

> 吾花之（　　），蜂蝶皆爱也。
> 吾树之（　　），众鸟无不爱也。

生1：吾花之美，蜂蝶皆爱也。

生2：吾花之香，蜂蝶皆爱也。

生3：吾树之密，众鸟无不爱也。

师：如果让你自己说呢，谁来试试？

生4：吾校之美，众人皆爱也。

生5：吾师之好，同学无不爱也。

师：真是越夸越会夸，我们把夸耀的语气带回课文中再读一读。看，文言文挺有意思的吧！（生齐读）

师：故事的转折点就在路人的一句话里，找到了吗？我们一起读一读。

生齐读：或曰："以子之矛，陷子之盾，何如？"

设计意图：教师的高明之处在于摸清学生认知上的困惑点、接受点，紧扣"誉"字，夸一夸"矛"和"盾"，学生越是理解了文本内容，就越能夸赞得到位而投入，学习效果也就越好。教师还运用文言文表达句式，促进语言的积累与运用，让学生以文言文的句式夸一夸生活中的事物，并回溯文本，读懂读透楚人卖矛与盾故事的起因，为下面揭穿矛盾之处奠定基石。此设计可谓精妙也。

（四）角色扮演，推演思维

师：奇怪了，楚人好好地在叫卖，路人为什么生此一问？（出示图片）看，我们来到了楚国的集市，瞧，那个楚人正在卖矛和盾呢。老师把表格变成一个剧本，请同学们四人小组分角色，一位同学演楚人，一位当路人，一位旁白，还有一位当导演，我们也来卖一卖、买一买。待会儿，咱们要评一评，比一比哪个楚人最能夸、最会夸，哪组表情、动作最到位，哪组配合得最默契。

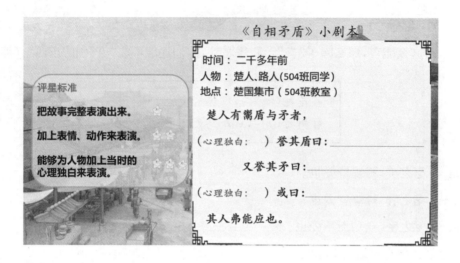

（生分小组表演。师点评）

师：你们看，这个楚人的表现就是"其人弗能应也"。奇怪，刚才楚人还口若悬河，自信满满，夸得多好呀，怎么这时候却"弗能应也"了呢？请同学们用一根手指当矛，一只手掌当盾，对照楚人的话，先自己试一试。

师：你能选择一幅思维导图，把推演的结果说一说吗？先在小组里说给同学听听。

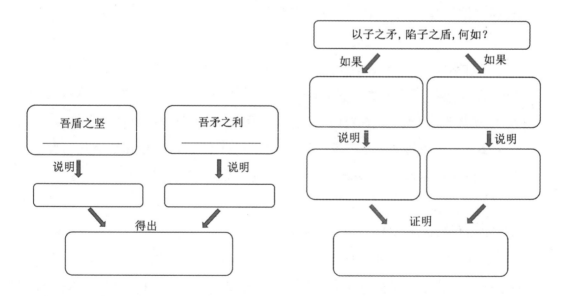

生1：我选择第二幅图。如果矛刺穿盾，说明盾并不像楚人说的那样坚固；如果盾没被刺穿，说明矛并不像楚人说的那样锐利，两种结果都证明楚人说得不对。

生2：我选择第一幅图。楚人说自己的盾"物莫能陷也"，说明任何矛都是刺不穿这个盾的;他又说自己的矛"于物无不陷也",说明任何盾都能被刺穿,这明显是前后矛盾了。

师:是啊,无论怎么推理,楚人说的话都不成立,这就是——自相矛盾。这样看来,楚人的"誉"是一种怎样的"誉"?

生1:我觉得是一种很夸张的"誉"。

生2:楚人吹牛,是不符合实际的"誉"。

师:楚人啊,楚人,你听见路人这样的质问,你是怎么想的?

生3:哎呀,我只顾着夸矛的锋利和盾的坚固了,没想到把两个放在一起比,这下真是搬起石头砸自己的脚了。

生4:是呀,路人说得对,这样的矛和盾怎么可能有呢?我这回可是吹牛吹破了。

师:难怪故事的结局是——其人弗能应也。课前我们从资料中了解到这个故事是韩非子为了让人们接受自己的观点而写的。韩非子的观点是怎样的呢?

(出示:"夫不可陷之盾与无不陷之矛,不可同世而立。")

生:韩非子认为什么都能刺穿的矛和怎么都刺不穿的盾是不存在的。

师:你们读了这个故事后,有没有形成和韩非子不一样的观点?能不能仿照韩非子的语言,说一说?

生1:夫为人不可过于夸张也。

生2:夫为人做事须实事求是也。

> **设计意图**:教师成功地运用小剧本表演和学生之间对"矛"与"盾"互相对刺的具身体验,走进人物内心,呈现并暴露楚人的思维过程。同时结合思维导图,从正向和反向进行推理,帮助学生推演"矛"与"盾"对立不可并存的思辨过程,彰显思维的严密逻辑。学生恍然大悟,"不可陷之盾与无不陷之矛,不可同世而立"也,明白了寓言的观点。教师在此基础上,也让学生仿照韩非子的样子表达自己的观点,"夫_____"也。这样教学,恰当融入了游戏,增进了学生体验,撬动了高阶思维,培育了学习文言文的良好情感。

(五)熟读成诵,拓展思维

师:老师去翻阅了资料,其实韩非子写这篇文章时是竖着写的。(课件出示)

(生读)

师：古人写文章是没有标点符号的。（课件去掉标点）

（生二次读）

师：古人是用毛笔写的。（出示草书）

（生读背）

（出示爱迪生的例子：一个年轻人对爱迪生说："我想发明一种万能溶液，它可以溶解一切物品。"爱迪生听罢，惊奇地问："那你想用什么器皿来放置这种万能溶液？"）

师：其实在生活中，也有很多这样"自相矛盾"的事情，在这个故事里"矛"就是——

生：万能溶液。

师："盾"就是——

生：装溶液的器皿。

师：你们还能举出哪些自相矛盾的例子？

生1：我奶奶叮嘱我不能多吃鱼子，不消化，可是她自己却吃了很多。

师：你年纪还小，奶奶这是因为关心你。

生2：人类用木头造成了纸，却在纸上写着：保护树木。

师：是呀，现在我们城市都在提倡"无纸化办公"，就是为了保护树木。

师：老师看到这么一则广告，（课件播放脑白金广告）你们觉得这则广告词怎样？

生：明明说过年不收礼，怎么收礼还收脑白金呢？这不前后矛盾了吗？

师：是呀，为什么这个商家明知楚人的故事，还要这样做广告呢？

生1：我觉得这是为了引起别人的关注，这样大家都会注意到这个产品了。

生2：我也觉得商家是故意的，制造一种矛盾，让大家记忆深刻。

师：你们看，这个故事虽然创作于两千多年前，但其中的道理和思维方式至今仍带给人们不同的启示。(出示篇章页)这就是篇章页所说的——

生齐读：思维的火花跨越时空，照亮昨天、今天和明天。

师：下课。

> **设计意图**：教师巧妙地运用古时候本寓言的各种呈现方式，在激发学生挑战朗读的同时，帮助学生背诵，可谓熟读成诵也。同时，教师引导学生勾连生活中自相矛盾之处，建立起文言文与现实意义的联结，促进思维拓展和创新，观照古文对现世的意义，实现自身的成长。正如本单元篇章页所说的——"思维的火花跨越时空，照亮昨天、今天和明天"。思维就是这样和学生跳起了美妙之舞。

五年级下册《自相矛盾》相关资源链接

课 文

楚人有鬻矛与盾者，誉之曰："吾盾之坚，物莫能陷也。"又誉其矛曰："吾矛之利，于物无不陷也。"或曰："以子之矛，陷子之盾，何如？"其人弗能应也。夫不可陷之盾与无不陷之矛，不可同世而立。

——《韩非子·难一》

其 人 其 事

太史公曰：韩子引绳墨，切事情，明是非，其极惨礉少恩。汉志法家韩非子五十五篇，隋唐志二十卷目，一卷注不详名氏。刘勰文心雕龙曰：慎到析密理之巧，韩非著博喻之富。蜀志先主敕曰：申韩之书，益人意智，可观诵之。①

韩非(约公元前280年—公元前233年)，战国末期韩国(河南新郑)人，出身于贵族世家。

---

① 韩非.百子全书·韩非子[M].杭州：浙江古籍出版社，1998：484.

他和秦始皇的丞相李斯都是荀况的学生,是秦王朝统一全国前法家思想的集大成者。韩非又称韩非子,他能被称"子",自然是响当当的法家学派代表人物。

* 优秀作家 *

韩非有轻微口吃,不爱说话,但文笔流畅,堪称一流。他的文章说理精密,文锋犀利,议论透辟,推证事理,切中要害,构思精巧,描写大胆,语言幽默,具有耐人寻味、警策世人的艺术效果。《韩非子》一书是在韩非逝世后,后人辑集而成的。

* 寓言大师 *

韩非善于用大量浅显的寓言故事和丰富的历史知识作为论证资料,说明抽象的道理,《韩非子》一书中就有三四百则寓言故事。著名的有"自相矛盾""守株待兔""讳疾忌医""滥竽充数""老马识途"等,这些生动的寓言故事,蕴含着深刻的哲理,给人们以智慧的启迪。他的寓言包罗万象,大至时代更迭、国家兴亡,小至个人荣辱、历代王侯,都成为他创作的素材,可谓跨越时空,巨细无遗。其内容之广泛,事件之纷,形象之众多,堪称先秦寓言之最。

文章出处

《自相矛盾》出自《韩非子·难一》,韩非的《难一》至《难四》4篇文章,收集了28则历史传说故事和一些思想家的言论,就同一言行,用对照辩驳、诘难的形式,提出截然相反的看法。

《韩非子》是法家学派的代表著作,共二十卷。其中《韩非子·说难》是全书55篇中最重要的作品之一。说(shuì),游说的意思;难(nán),困难;说难,即游说的困难。书中生动的寓言故事,许多演变成为脍炙人口的成语典故,至今为人们广泛运用。

相关文化知识介绍

部分典故:

智子疑邻——宋有富人,天雨墙坏。其子曰:"不筑,必将有盗。"其邻人之父亦云。暮而果大亡其财。其家甚智其子,而疑邻人之父。(宋国有个富翁,因下大雨,他家的墙坍塌下来。他儿子说:"如果不赶紧修筑它,一定会有盗贼进来。"隔壁的老人也这么说。可富人不听他们的话。这天晚上果然丢失了大量财物。这家人赞赏儿子聪明,却怀疑偷盗的是隔壁的老人。它告诫人们:在给人提正确的意见时,要考虑自己与听者的关系,否则会引起不必要的麻烦。)

郑人买履——郑人有且置履者,先自度其足而置之其坐。至之市而忘操之。已得履,乃曰:"吾忘持度。"反归取之。及反,市罢,遂不得履。人曰:"何不试之以足?"曰:"宁信度,无自信也。(郑国有个想买鞋子的人,先自己量好了脚的尺码并把这尺码放在他的座位上,但去集市的时候却忘了带上它。等在集市上挑好了鞋子,这才发现:"我忘记拿尺码了。"就回家去取。等到他再返回集市时,集市已经收摊了,最终他没有买到鞋子。有人说:"你为什么不用脚去试试这鞋子呢?"他说:"我宁愿相信那尺码,也不相信自己的脚。")

五年级下册《自相矛盾》拓展阅读及译注

拓展阅读一

南辕北辙

魏王①欲攻邯郸②,季梁③闻之,中道而反,衣焦④不申,头尘不去,往见王曰:"今者臣来,见人于大行⑤,方北面⑥而持其驾,告臣曰:'我欲之楚。'臣曰:'君之楚,将奚⑦为北面?'曰:'吾马良⑧。'臣曰:'马虽良,此非楚之路也。'曰:'吾用⑨多。'臣曰:'用虽多,此非楚之路也。'曰:'吾御⑩者善。''此数者⑪愈⑫善,而离楚愈远耳!'今王动欲成霸王,举欲信于天下。恃⑬王国之大,兵之精锐,而攻邯郸,以广⑭尊名。王之动愈数,而离王愈远耳。犹至楚而北行也。"

——选自《战国策·魏策四》

注释:

① 魏王:魏惠王。此章系周显王十五年。② 邯郸:赵国都。③ 季梁:魏人。④ 焦:物经火烧而卷曲。此指皱折。⑤ 大行(háng):大路。⑥ 方北面:正朝北面。⑦ 奚:为何。⑧ 良:精良。⑨ 用:资用,路费。⑩ 御:驾驭车马。⑪ 此数者:这几个条件。⑫ 愈:越,更加。⑬ 恃:依靠,依仗。⑭ 广:使……广大,扩展。

创作背景:战国后期,一度称雄天下的魏国国力渐衰,可是魏王仍想出兵攻伐赵国。谋臣季梁本已奉命出使邻邦,听到这个消息,立刻半途折回,风尘仆仆赶来求见魏王,劝阻伐赵。最后,季梁用南辕北辙的故事劝说魏王打消了企图依靠武力攻占赵国的念头。

译文：

魏王想要攻打邯郸，季梁听到此事，半路上就返回来。衣服皱折来不及舒展，头上的尘土顾不得洗去，就去谒见魏王说："今天我回来的时候，在大路上遇见一个人，正在向北面赶他的车，并告诉我说：'我想到楚国去。'我说：'您到楚国去，为什么往北走呢？'他说：'我的马好。'我说：'马虽然不错，这也不是去楚国的路啊。'他说：'我的路费多。'我说：'路费即使多，这到底不是去楚国的路。'他又说：'我的车夫善于赶车。'我最后说：'这几个条件越好，离楚国就越远了！'现在大王每一个行动都是想建立霸主的事业，每一个行动都是想在天下取得威信；然而依仗王国的强大、军队的精良，而去攻打邯郸，以使土地扩展，名分尊贵，大王这样的行动越多，那么距离大王的事业就越远。这犹如想到楚国却朝北走一样。"

（译文参考：孟庆祥.战国策译注[M].哈尔滨：黑龙江人民出版社，1986：587-588.）

拓 展 阅 读 二

滥 竽 充 数①

齐宣王②使③人吹竽，必三百人。南郭处士④请为王吹竽，宣王说⑤之，廪食以数百人⑥。宣王死，湣王⑦立⑧，好⑨一一听之，处士逃。

——选自《韩非子·内储说上》

注释：

① 这则寓言讽刺了无德无才、招摇撞骗的骗子，提醒人们只要严格把关，骗子就难以行骗。告诉人们要有真才实学。滥：失实的，假的。竽：一种古代乐器，即大笙；"滥竽"即不会吹竽。充数：凑数。② 齐宣王：战国时期齐国的国君。姓田，名辟疆。③ 使：让。④ 南郭：复姓。处士：古代称有学问、有品德而没有做官的人为处士，相当于"先生"。⑤ 说：通"悦"，对……感到高兴。⑥ 廪食(lǐn sì)以数百人：拿数百人的粮食供养他。廪：粮食。食：供养。⑦ 湣王：齐国国君，宣王的儿子，在宣王死后继位。姓田，名地或遂。⑧ 立：继承王位。⑨ 好：喜欢，喜悦，此处是喜欢。

译文：

齐宣王让人吹竽，一定要三百个人一起吹。南郭先生请求为齐宣王吹竽，宣王很喜欢他，由官仓供给他的粮食与供养几百个人一样多。宣王死了以后，湣王登上了王位，喜欢一个一个地听人吹竽，南郭先生就逃跑了。

（译文参考：张觉，等.韩非子译注[M].上海：上海古籍出版社，2007：341.）

拓展阅读三

狐假①虎威

荆宣王②问群臣曰:"吾闻北方③之畏昭奚恤④也,果诚何如?"群臣莫对。江乙⑤对曰:"虎求⑥百兽而食之,得狐。狐曰:'子⑦无敢食我也!天地使我长⑧百兽,今子食我,是逆⑨天帝命也。子以我为⑩不信⑪,吾为子先行,子随我后,观百兽之见我而敢不走乎?'虎以为然,故遂⑫与之行。兽见之皆走。虎不知畏己而走也,以为畏狐也。今王之地方五千里,带甲百万,而专属⑬之昭奚恤;故北方之畏昭奚恤也,其实畏王之甲兵也,犹百兽之畏虎也。"

——选自《战国策·楚策一》

注释:

① 假:假借,凭借。狐狸假借老虎的威风去吓唬其他野兽。比喻依仗别人的势力去欺压别人。② 荆宣王:楚宣王,名良夫,肃王之子。此章系周显王十七年。③ 北方:中原各国。④ 昭奚恤(xù):楚国名将。⑤ 江乙:楚臣,魏人。⑥ 求:寻求,寻找。⑦ 子:你。⑧ 长(zhǎng):长官,首领。这里作动词,意为"做……首领",掌管。⑨ 逆:违抗。⑩ 以……为……:认为……是……。⑪ 不信:不真实,不可靠。⑫ 遂:于是,就。⑬ 属:通嘱(zhǔ)。托付。

译文:

楚宣王问群臣道:"我听说北方诸侯都害怕昭奚恤,果真是这样吗?"群臣中没有谁回答。江乙回答说:"老虎寻求各类野兽吃,抓到一只狐狸。狐狸说:'你不敢吃我。上帝让我做百兽的首领,现在你要吃我,这就违逆了上帝的旨意。如果你认为我的话不可信,我在你前面走,你尾随在我后边,看看各类野兽见到我敢不逃跑吗?'老虎觉得对,因此就和它一起走。所有的野兽见到它们都逃跑了,老虎不知野兽是畏惧自己才逃跑的,以为是真怕狐狸。如今大王的土地纵横五千里,披铠带甲的士兵有百万之众,却单独委托给昭奚恤。因此,与其说北方诸侯畏惧昭奚恤,不如说是畏惧大王的军队,这犹如各类野兽害怕老虎一样。"

(译文参考:孟庆祥.战国策译注[M].哈尔滨:黑龙江人民出版社,1986:353-354.)

拓展阅读四

买椟①还珠

楚人有卖其珠于郑者,为②木兰③之柜,薰以桂椒④,缀⑤以珠玉,饰以玫瑰⑥,辑⑦以翡翠。

郑人买其椟而还其珠。此可谓善卖椟矣，未可谓善鬻®珠也。

——选自《韩非子·外储说左上》

注释：

① 椟：木柜、匣子。② 为：制作。③ 木兰：一种高级木料。④ 桂椒：香料。⑤ 缀：点缀。⑥ 玫瑰：这里指一种美丽的玉石。⑦ 辑：同"缉"，装饰边沿。⑧ 鬻（yù）：卖。

译文：

楚国有一个人在郑国卖自己的宝珠，做了一个木兰木的匣子，匣子再用肉桂、花椒等香料熏过，用珍珠宝石加以点缀，用红色的玫瑰玉珠进行装饰，用绿色的翡翠编排在上面。郑国人买了他的匣子而把宝珠还给了他。这可以说是善于卖匣子，但不能说是善于卖宝珠啊。

（译文参考：张觉,等.韩非子译注[M].上海：上海古籍出版社,2007：393.）

九、五年级下册《杨氏之子》游戏教学设计及拓展资源

五年级下册《杨氏之子》游戏教学设计

认知序和教材序的有效融合

执教整理：韩凌琦（杭州市永正实验学校）
指导点评：金晓芳（特级教师）

教学目标

1. 能根据注释理解词句，了解课文内容。
2. 正确、流利地朗读课文，读好句子中的停顿，背诵课文。
3. 通过品读杨氏之子语言应对的灵活和巧妙，体会他的聪慧之处。

教学重难点

重点：读通读懂课文。
难点：寻找杨氏之子甚聪慧的表现，体会语言的风趣和机智。

教学过程

（一）课前谈话，情境导入

1. 师：同学们，上课之前，我们先来聊一聊中国传统文化。中华民族上下五千年，历史悠久，源远流长。我们的传统文化博大精深，有唐诗、宋词、明清小说、京剧、越剧等，人们通过多种方式加以表现，如吹、拉、弹、唱、跳，而说书就是其中的一种。

2. 师：你们知道什么是说书吗？
生：以前，一个人在茶馆里说一些故事。

师：是的，说书是一种只说不唱的传统曲艺。老师给大家带来了一段视频。

3. 播放视频：单田芳评书小段《三英战吕布》。

4. 师：如果今天让你来做一回说书人，你觉得要怎么做才能吸引其他同学和在场的老师们呢？

生1：要声音响亮。

生2：要把故事说清楚，讲话的时候不能有疙瘩。

生3：要像视频里面一样，用一些动作吸引大家。

5. 师：是的，如果你能声音响亮地把故事说出来，你就是一位初露锋芒的说书人；如果你能读懂故事的内在含义，你就能在说书界小有成就啦；如果你能加上适当的动作、表情，你就是一位名震一方的说书大师。有兴趣来挑战一下吗？

出示优秀说书人的星级标准：

★读通——初露锋芒

★★读懂——小有成就

★★★表演——名震一方

> 设计意图：本单元课文围绕"风趣与幽默"这一主题，意在让学生体会课文极具趣味性的语言，激发学生学习语言的热情和兴趣，进一步提升学生的语言品鉴能力。故在课前谈话环节，教师由传统文化入手，引入说书，再通过创设挑战说书人的情境，层层深入，让学生燃起学习小古文的热情。此外，说书人的三个标准也让学生明确了这节课的学习目标。

（二）读通读熟，夯实基础

师：那么这节课，我们就来说一说杨氏之子的故事。

（生齐读课题）

师：谁家的孩子？

师：杨家的孩子叫杨氏之子，那你呢？

生1（男生）：我是吴氏之子。

生2（女生）：朱氏之女。

师：说得真好！那么接下来我们一起来进行争当说书人的岗前培训了，请同学们用自己的节奏和感觉来读一读这则故事。

1. 师：开火车读一读吧，一人读一句。（1组）

2. 师：这组同学特别厉害，课文当中的一个易读错字和两个多音字都读对了。

3. 师：再请一组。

4. 师：你知道家禽是什么意思吗？

生1：就是家里养的小动物。

生2：就是鸡鸭鹅之类的。

师：家禽这个词，在这里是古今异义，家是家里，禽是禽，禽指的是鸟。

5. 师：谁能把这句话读好？（指名读）

6. 师：我们一起来读一读这句话。

7. 师：现在，你能按照这个节奏读一读吗？先自由练一练。

设计意图：本课的朗读目标是能正确、流利地朗读课文，并能适当停顿，故本环节教师安排学生充分地读，从自读到开火车读，再到个别句子强调读，最后齐读，真正做到充分朗读，为后续教学做好铺垫。

（三）读懂吃透，攻克难点

1. 师：祝贺大家顺利通过岗前培训，你们已经是初露锋芒的说书人了。那么你们能读懂整个故事吗？

2. 师：课前，老师请大家找出一句开门见山介绍杨氏之子的话，你们都找到了。我们一起来读一读！（标红）

3. 师：仔细数一数，这句话有几个字？

生齐声回答：十个字。

4. 师：再仔细看看，这十个字中，你获得了关于杨氏之子的哪些信息？

生1：我知道杨氏之子他九岁，很聪明。

师：你怎么知道他很聪明的？

生1：甚聪慧就是说他很聪明的意思。

师：哪里看出来很（强调读）聪明？

生1：注释里写了，甚是很的意思。

师：注释里不仅解释了甚是很的意思,还告诉我们惠——

生2：惠是通假字,通"慧"。

师：你们能和学习古诗一样,借助注释来理解,甚聪慧。

师：九岁是一个人的年龄,很聪明是一个人的特点,还有什么信息?

生3：杨氏之子是梁国人。

师：这是杨氏之子的国籍。

生4：杨氏之子的姓氏,他姓杨。

生5：杨氏之子是男孩子。

师：基于短短十个字,我们得到了五条信息：国籍、年龄、姓氏、性别、特点,把杨氏之子介绍得一清二楚。这便是文言文的一大语言特色——简洁凝练。

师：你能学着作者的样子,跟老师介绍一下你自己吗?

生1：中国夏氏子十一岁,甚聪慧。

生2：中国卓氏女十一岁,甚聪慧。

生3：中国孟氏子十一岁,好运动。

师：在座位上一起大声地向大家做个介绍。

5. 师：你们个个也真的是"甚聪慧"!

6. 师：再来读一读这句话。

> 设计意图：读通课文之后,老师开始引导学生自主读懂课文。一开始,教师出示总起句,让学生感受杨氏之子甚聪慧,并且分析这个句子,感受文言文语言简洁凝练的特点。基于短短十个字,学生在获取信息的同时,也获得了简洁明快介绍自己的方式,获得了作为堂堂中华儿女的自信。

7. 师：故事中除了杨氏之子,还有谁?(孔君平)知道孔君平是谁吗?(是当时的廷尉,相当于现在的法庭庭长)孔君平来干什么呀?

生：孔君平来拜见杨氏之子的父亲。

8. 师：哪个字告诉你是拜见?

生：诣。

师：孔君平来拜见杨氏之子的父亲,父亲不在,于是就把儿子叫出来了。

9. 师：课前，老师请大家把自己觉得难理解的句子摘录下来了，有两句话特别难。

10.（出示：（　　）为（　　）设果，果有杨梅）

师：老师先请同学们来填一填空。

生：杨氏之子为孔君平设果。

师：这下，你们能理解这句话了吗？

生1：杨氏之子为孔君平摆放水果，水果里面有杨梅。

11.（出示：孔指以示儿曰……）

师：这句也有很多同学说不会，老师再给你们一些注释，现在会了吗？

生1：孔君平对杨氏之子说，这是你家的果子。杨氏之子不假思索地回答，从来没有听过孔雀是您家的鸟。

师：后一句解释得特别清楚，前一句少了点信息。看——（出示杨梅图）

生2：孔君平指着杨梅对杨氏之子说，这是你家的果子。杨氏之子不假思索地回答，没有听过孔雀是您家的鸟。

师：现在你们能用自己的话来说说这个故事了吗？同桌之间互相说一说。

设计意图：通过预习单，从真实的问题出发，教学有针对性。教师逐步梳理学生理解上的困难，以生为本，以学定教，远离一字一讲、面面俱到的教学方式，有效避免了文言文教学的枯燥乏味，从而突破了学生理解上的难点。这样的课堂，我们看得见学生思维发生与提升的过程。

12. 师：故事开篇就说到杨氏之子甚聪慧，那么究竟聪慧在哪里呢？请大家分小组讨论，找一找哪些地方可以体现杨氏之子很聪明。（出示合作学习要求）

> 1. 独立思考问题，在文中找出具体表现。
> 2. 组内合作交流：
> ①号同学组织，按①→②→③→④的顺序轮流发言；
> ②号同学做好代表发言准备；
> ③号同学负责记录；
> ④号同学可做补充发言。

学生交流反馈如下。

（1）为设果。

生1：杨氏之子9岁，就主动为客人端水果，懂得待客之道，说明他非常聪明。

（2）应声答曰。

生1：应声是不假思索的意思，他能立刻做出回答，显示他很聪明。

师：老师请你来演一演杨氏子，我是孔君平——"此是君家果"。

生1："未闻孔雀是夫子家禽。"

师生迅捷对答："此是君家果。""未闻孔雀是夫子家禽。"

（3）未闻孔雀是夫子家禽。

生1：孔君平说杨梅是杨家的水果，杨氏之子就说孔雀是孔家的鸟，回答得妙，很聪明。

师：孔君平用杨氏之子的姓开玩笑，杨氏之子就也拿孔君平的姓开玩笑，这样的反驳，叫以其人之道，还治其人之身！今天来的是孔夫子，那如果来了个柳夫子，杨氏之子可能会回答说——

生2：未闻柳树是夫子家树。

生3：未闻柳琴是夫子家琴。

师：来个黄夫子呢？

生4：未闻黄莺是夫子家禽。

生5：未闻黄雀是夫子家禽。

师：再来一个梅夫子呢？

生6：未闻梅花是夫子家花。

生7：未闻梅子是夫子家果。

师：我们找同学来演一演孔君平和杨氏之子。

（生生分角色对话）

（4）未闻。

生1：杨氏之子说的是没有听说过孔雀是夫子家的鸟，他的意思就是说，孔雀不是夫子家的，杨梅也不是我家的。

师：如果你的长辈，如叔叔或伯伯今天来你家做客，他跟你开玩笑说"此是君家果"（出示），你马上回答说"孔雀是夫子家禽"，长辈会觉得你是个怎么样的小朋友？

生2：没礼貌。

生3：不尊敬长辈，没教养。

师：所以杨氏之子在这句话之前加上了两个字——未闻。

师：既然孔雀不是先生家的鸟，杨梅自然也不是我家的果子。这话孔君平一听，无法辩驳，只能觉得这孩子不但聪明，还非常——懂礼貌。

（5）夫子。

生1：夫子是尊称，说明杨氏之子非常有礼貌。

13. 师：被你们这么一解读，杨氏之子小小年纪不仅反应迅速、思维敏捷，回答的语言还如此巧妙，他的聪慧果真是名副其实！我们再来读一读课文。

> 设计意图：学生通过小组合作学习，合理进行分工，并且共享学习成果，让课堂真正回归学生。学生在小组中充分讨论，挖掘体会杨氏之子甚聪慧的具体表现，并且感受其回答语言的精妙之处，有效完成了品读古文的重点部分。

（四）尝试表演，熟读成诵

1. 师：看来小有成就的说书人已是非你们莫属了，谁能来挑战下最优秀的说书人？请大家四人小组先试一试，然后推选出一个代表。

（生表演）

2. 师：我们一起尝试着来说这则故事吧。

> 设计意图：从读通课文到读懂课文，再到语言积累运用，整堂课充分利用挑战说书人的游戏大任务来驱动学生。从挑战"初露锋芒"到"小有成就"，再到"名震一方"，游戏层级的设计激励每一个学生或独立或合作去完成目标，不亦乐乎。挑战说书人的游戏大任务基于学生认知心理，形成一条完整的认知序列线，与"读通课文到读懂课文，再到语言积累运用"的教学序列线完美地融合在一起，游戏与教学的融合度高，收到了很好的教学效果。尤其是最后的"挑战最优秀的说书人"环节将每一个学生的思维充分激发，释放学生的手、脚、身体还有大脑，使得教学更科学、更快乐、更有效！这就是游戏教学的魅力！

（五）课外延伸，推荐阅读

师：《杨氏之子》这个故事选自南朝刘义庆的《世说新语》，该书记载了1 000多个发生在汉末至晋代士族阶层的言谈轶事。像杨氏之子这样聪慧的小孩子在《世说新语》中还有很多记载。这些故事很多后来也演变成了我们现在使用的成语，如七步成诗、道边苦李、咏絮之才等，同学们有兴趣可以去读一读《世说新语》。下课！

设计意图：补充《世说新语》中的故事，拓展学生的课外知识，引发学生想要领略中国古文精妙之处的阅读期待。

板 书 设 计

```
                    杨氏之子

        九岁    为设果
         应声                            未闻
                    甚聪惠

           杨  杨梅                      夫子
           孔  孔雀
```

五年级下册《杨氏之子》相关资源链接

课 文

梁国杨氏子九岁，甚聪惠。孔君平诣其父，父不在，乃呼儿出。为设果，果有杨梅。孔指以示儿曰："此是君家果。"儿应声答曰："未闻孔雀是夫子家禽。"

——《世说新语·言语》

其 人 其 事

《世说新语》作者刘义庆(403—444年),彭城(今江苏省徐州市)人,字季伯,南朝文学家。他出身王室,是南朝宋武帝刘裕的侄子,长沙景王刘道怜的次子。刘义庆自幼才华出众,聪明过人,爱好文学,在诸王中很出色,被十分看重。13岁时,被封为南郡公,后来又袭封临川王,深得宋武帝、宋文帝的信任。可以这么说,刘义庆15岁后平步青云,其中最重要的就是担任了秘书监一职,也就是掌管国家的图书著作,这让他有机会接触和博览皇家典籍,为他后来编撰《世说新语》奠定了良好的基础。整理一下,他的一生轨迹大致如下图所示:

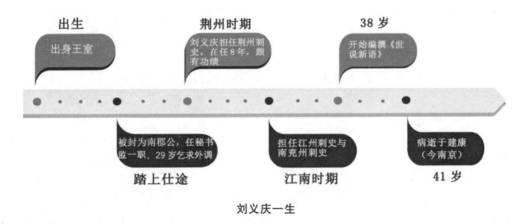

刘义庆一生

说起笔记小说的先驱,那就是《世说新语》。书中主要记载东汉后期到晋宋间一些名士的言行与轶事,涉及各类人物共1 500多个,魏晋两朝主要的人物,无论帝王、将相,或者隐士、僧侣,都包括在内。这些人物很多是历史上实际存在的,但他们的言论或故事很大一部分是传闻,和史实不相符合。这本书共有一千二百多则故事,每则文字长短不一,有的数行,有的三言两语;对人物的描写有的重在形貌,有的重在才学,有的重在心理。在写法上都重在表现人物的特点,通过独特的言谈举止写出了人物的独特性格,塑造的人物形象活灵活现,跃然纸上。

文 章 出 处

《杨氏之子》选自南朝刘义庆的《世说新语·言语》。该书主要记述了东汉末年至南朝宋时二百多年间士族阶层的言谈风尚和琐闻轶事。[①] 言语,指人的口才辞令。言语篇共有一百

---

① 刘义庆.世说新语[M].朱碧莲,沈海波,译注.北京:中华书局,2011.5:1.

零八则,连珠妙语,生动地展现了魏晋士人敏捷的才思和机智的风度。① 本文讲述了南北朝时期,梁国一户姓杨的人家中一个聪明的九岁男孩的故事。

相关文化知识介绍

孔君平:孔坦(285—335年),字君平,是孔子第26代后人,晋朝人,官当得挺大,曾经当过尚书郎(部长)、吴郡太守(相当于现在的市长)、廷尉(相当于司法部部长)等。

对后世的影响:唐王方庆的《续世说新语》、宋王谠的《唐语林》、明冯梦龙的《古今谭概》等,都深受《世说新语》的影响。

五年级下册《杨氏之子》拓展阅读及译注

拓展阅读一

晏子使楚

晏子使①楚。以②晏子短③,楚人为小门于大门之侧而延④晏子。晏子不入,曰:"使狗国者,从狗门入。今臣使楚,不当从此门入。"傧者更道,从大门入。

见楚王,王曰:"齐无人耶?"

晏子对曰:"临淄三百闾⑤,张袂⑥成阴,挥汗成雨,比肩继踵⑦而在,何为无人?"

王曰:"然则子何为使乎?"

晏子对曰:"齐命使,各有所主。其贤者使使贤王,不肖者使使不肖王。婴最不肖⑧,故直使楚矣。"

——选自刘向《晏子春秋·内篇杂下》

注释:

① 使:出使。② 以:因为,由于。③ 短:指身材矮小。④ 延:引进,迎候,引申为邀请。⑤ 闾:古代居民组织单位,二十五家为一闾。⑥ 袂:袖子。⑦ 踵:脚后跟。⑧ 不肖:不贤,

---

① 刘义庆.世说新语[M].朱碧莲,沈海波,译注.北京:中华书局,2011.5:53.

这里指没有德才的人。

译文：

晏子出使楚国。因为晏子身材矮小，楚国人就在大门的旁边开了一个小门请晏子进去。晏子拒绝从小门进去，说："出使狗国的人，从狗门进去。现在我出使楚国，不应该从这个门进去。"迎接宾客的人改道引晏子从大门进入。

晏子见到楚王，楚王问："齐国没有人才了吗？"

晏子回答说："齐国都城临淄有三百间人家，展开衣袖可以遮住太阳，挥洒汗珠就会成为大雨，人多得肩并肩、脚尖接脚跟，怎么能说没有人才呢？"

楚王说："既然这样，为什么要你做使臣呢？"

晏子回答说："齐国派遣使臣，各有各的出使对象，那些贤德的人，就派遣他们访问贤德的国君，不贤德的人，就派遣他们访问不贤德的国君；我是最不贤德的人，所以只好出使楚国了。"

（译文参考：卢守助.晏子春秋注译[M].上海：上海古籍出版社，2006：205-206.）

拓 展 阅 读 二

庄子与惠子游于濠梁之上

庄子与惠子游于濠梁①之上。庄子曰："鲦鱼出游从容②，是③鱼之乐也。"惠子曰："子非鱼，安④知鱼之乐？"庄子曰："子非我，安知我不知鱼之乐？"惠子曰："我非子，固⑤不知子矣；子固⑥非鱼也，子之不知鱼之乐，全⑦矣。"庄子曰："请循⑧其本⑨。子曰'汝安知鱼乐'云者，既已知吾知之而问我。我知之濠上也。"

——选自《庄子·秋水》

注释：

① 濠梁：濠，濠水，在安徽省凤阳县境内，北流汇入淮河；梁，桥。② 从容：悠闲自得。③ 是：此，这。④ 安：哪里，怎么。⑤ 固：固然。⑥ 固：本来，原来。⑦ 全：完全，完备。⑧ 循：依照，遵循。⑨ 本：本源。

译文：

庄子和惠子在濠水的桥上游览。庄子说："鲦鱼游来游去，悠闲自在，这是鱼的快乐。"惠子说："你不是鱼，怎么知道鱼的快乐？"庄子说："你不是我，怎么知道我不知道鱼的快乐？"惠子说："我不是你，固然不知道你；你本来就不是鱼，你也不知道鱼的快乐，这是必然的。"庄子说:"让我们追溯到最初的话头。你刚才说'你怎么知道鱼的快乐'时,就已经知道我知道鱼的快乐而问我,我是在濠水上的桥上知道的。"

(译文参考:萧无陂,导读,注译.庄子[M].长沙:岳麓书社,2018:218-219.)

拓展阅读三

小时了了

孔文举①年十岁,随父到洛。时李元礼有盛名,为司隶校尉,诣门者,皆俊才清称②及中表亲戚③乃通④。文举至门,谓吏曰:"我是李府君亲。"既通,前坐。元礼问曰:"君与仆⑤有何亲?"对曰:"昔先君仲尼与君先人伯阳有师资之尊⑥,是仆与君奕世⑦为通好也。"元礼及宾客莫不奇之。太中大夫陈韪(wěi)后至,人以其语语之,韪曰:"小时了了⑧,大未必佳。"文举曰:"想君小时,必当了了。"韪大踧踖⑨。

——选自《世说新语·言语》

注释:

① 孔文举:孔融,字文举,鲁国(今山东曲阜)人。东汉文学家、官员,孔子第二十世孙,"建安七子"之一,曾任北海相、将作大匠、太中大夫。② 清称:有美好名声的人,亦指社会名流。③ 中表亲戚:与自己不同宗族的亲戚。父亲的姊妹的儿女称外表亲,母亲的兄弟姊妹的儿女称内表亲,外为表,内为中,统称中表。④ 通:通报,传达。⑤ 仆:谦称自己。⑥ 昔先君仲尼与君先人伯阳有师资之尊:从前我的祖先孔子拜您的祖先老子为师。先君:子孙称自己的祖先。仲尼:孔子,名丘,字仲尼。伯阳:老子,姓李,名耳,字伯阳。⑦ 奕(yì)世:累世,世世代代。⑧ 了了:聪明,有智慧。⑨ 踧(cù)踖(jí):局促不安。

译文:

孔融十岁时,跟随父亲到洛阳。当时李膺享有很高的名望,任司隶校尉,凡是登门拜访的,只有杰出有高雅名声之士以及亲戚才能通报进门。孔融到了李府门前,对守门吏说:"我是李府君的亲戚。"通报进门后,孔融坐到了前面。李膺问孔融:"您和我是什么亲戚?"孔融答道:"过去我的祖先仲尼与您的先人伯阳有师生之谊,所以我与您世代为通家之好。"李膺及宾客听了孔融的话无不感到惊奇。太中大夫陈韪晚到,有人把孔融的话告诉他,陈韪说:"小的时候聪明伶俐,长大后不见得就很好。"孔融说:"想来您小的时候,必定是聪明伶俐的了!"陈韪听了十分尴尬。

(刘义庆.世说新语[M].朱碧莲,沈海波,译注.北京:中华书局,2011:55-57.)

拓展阅读四

诸葛恪得驴

诸葛恪(kè)字元逊,瑾①之长子。

恪父瑾面长似驴②。一日,孙权大会③群臣,使人牵一驴入,长检其面,题④曰诸葛子瑜。恪跪曰:"乞请笔益⑤两字。"因⑥听⑦与笔。恪续其下曰:"之驴。"举⑧坐⑨欢笑。乃以驴赐恪。

——选自《三国志·吴志十九》

注释:

① 瑾:指诸葛瑾,字子瑜,诸葛亮之兄,诸葛恪之父。② 面长似驴:意为面孔狭长像驴。③ 会:聚集,会合。④ 题:书写,题写。⑤ 益:增加。⑥ 因:于是。⑦ 听:听从。⑧ 举:全。⑨ 坐:同"座",座位。

译文:

诸葛恪字元逊,是诸葛瑾的长子。

诸葛恪的父亲诸葛瑾脸长像驴。一日,孙权大规模聚会众臣,让人牵了一头驴进来,在驴脸上贴了张很长的标签,上面写着"诸葛子瑜"。诸葛恪跪下说:"恳请给一支笔加两个字。"孙权答应给他笔。诸葛恪接着在题字下写上"之驴"两字。满座的人欢笑起来,孙权就把驴赐给了诸葛恪。

(译文参考:许嘉璐,主编.二十四史全译·三国志[M].上海:汉语大词典出版社,2004:957.)

拓展阅读五

王蓝田性急

王蓝田①性急。尝食鸡子②,以箸③刺之,不得,便大怒,举以掷地。鸡子于地圆转④未止,仍下地以屐齿蹍⑤之,又不得。瞋⑥甚,复于地取内⑦口中,啮⑧破,即吐之。王右军闻而大笑,曰:"使安期⑨有此性,犹当无一豪⑩可论,况蓝田邪!"

——选自《世说新语·忿狷》

注释:

① 王蓝田:王述,袭封为蓝田侯,故称。② 鸡子:鸡蛋。③ 箸(zhù):筷子。④ 圆转:旋转。⑤ 蹍(niǎn):踩,踏。⑥ 瞋:发怒,生气。⑦ 内:通"纳",放入,接纳。⑧ 啮(niè):咬。⑨ 安期:王承,字安期,生活于两晋时期,东晋官员,东晋初年第一名士。东晋尚书令王

述之父。⑩ 豪：通"毫"。

译文：

王述性子急躁。有一次吃鸡蛋，他用筷子去戳鸡蛋，没有戳到，就发火了，把鸡蛋拿起来扔在地上。鸡蛋在地上转个不停，他就跳下地用木屐的齿来踩踏鸡蛋，但没有踩踏到，他愤怒之极，又把蛋从地上捡起来放到口中，把鸡蛋咬破后立刻吐了出来。王羲之听说此事后大笑道："假使王承有这种脾气，尚且丝毫不值得一提，何况是其子王述呢！"

（刘义庆.世说新语[M].朱碧莲,沈海波,译注.北京：中华书局,2011：896.）

十、六年级上册《伯牙鼓琴》游戏教学设计及拓展资源

六年级上册《伯牙鼓琴》游戏教学设计

云烟飘万里,佳话传千载

执教兼点评:金晓芳(浙江省特级教师)

教学目标

1. 通过经历"朗读挑战关",能正确、流利地朗读课文,会写"哉""巍""弦"3个字,背诵课文。
2. 通过经历"词句理解关",理解课文大意。
3. 通过经历"语言运用关",能用自己的话说说对"伯牙破琴绝弦……"这句话的理解,并结合"资料袋"交流自己的感受,初步理解何谓知音。

教学重点

能用自己的话说说对"伯牙破琴绝弦……"这句话的理解,并结合"资料袋"交流自己的感受,初步理解何谓知音。

教学准备

音乐《高山流水》,歌曲《知音》。

教学过程

[课前播放当代歌曲《知音》(演唱者:李谷一)]

(一)引名句揭题,感受知音

师:著名作家鲁迅先生有言:人生得一知己足矣。这句话,从小到大给老师留下了很深

的印象。知己即知音,那么何谓知音?知音一词源自哪里?这节课,让我们一起在课堂上觅知音,学习千古绝唱——伯牙鼓琴。(板书课题)

1. 初步了解两个主要人物。

(出示"伯牙鼓琴图")

师:谁能根据预学情况介绍一下这幅图?

伯牙:著名的琴师,善弹七弦琴,春秋战国时期晋国的上大夫,今湖北荆州人。伯牙既是弹琴能手,又是作曲家,被人尊为"琴仙"。《荀子·劝学》中曾讲"伯牙鼓琴而六马仰秣",说的就是伯牙!足见他弹琴技术之高超。

钟子期:一介樵夫。

人　物	俞伯牙	钟子期
身　份	上大夫	樵夫
穿　着	绸缎	布衣
事　件	弹琴	听琴

师:知音一词,即源于此。

2. 对图质疑。

师:学到这里,你们有什么问题吗?

生:伯牙怎么会为一介樵夫鼓琴?知音的友谊从何谈起?

3. 板书课题。

师:伯牙和钟子期的友谊故事广为传播,成为中华民族的友谊典范。今天,让我们一起走进这个故事。(生齐读课题)这是一篇文言文。

> 设计意图：教师通过自唱经典歌曲《知音》，并结合鲁迅话语"人生得一知己足矣"，告知学生"知音"的文化渊源。接着对照课文插图质疑，瞬间激起了学生的阅读期待，成功创设了教学情境。

(二) 经历"朗读挑战关"，读通读顺

1. 朗读挑战。

师：大家都已经预习了课文，能接受朗读挑战吗？大家先练习3分钟，要求读准字音，读通句子，遇到难读的地方多读几遍。

2. 初读检测，疏通朗读障碍。

师：你在读的过程中觉得哪些地方难读或需要提醒同学们注意的？〔重点点拨以下字音：少(shǎo)选、汤(shāng)汤乎、以为(wéi)、复为(wèi)鼓琴者〕

3. 挑战读课文，读出节奏和韵调。

> 伯牙鼓琴，钟子期听之。方鼓琴/而志在太山，钟子期曰："善哉乎/鼓琴，巍巍乎/若太山。"少选之间/而志在流水，钟子期又曰："善哉乎/鼓琴，汤汤乎/若流水。"钟子期死，伯牙破琴绝弦，终身/不复鼓琴，以为/世无足复为鼓琴者。

(1) 预设：善哉乎鼓琴，汤汤乎若流水。教师点拨：遇到语气"乎"，根据情感用重音或慢读等方法读出重音和韵味。善哉乎/鼓琴，汤汤乎/若流水。

(2) 预设：顺着朗读教学写字"哉""巍"。

(3) 预设：男女分读，师生合作对读。

> 设计意图：教师运用竞争挑战元素，契合学生好胜的心理，有效引导学生正确、流利地朗读课文。将游戏化元素融入文言文教学时，教师要记住挑战读、闯关读是常用方法。

(三) 经历"语言运用关",细读文本

1. "词语理解关"考考你。

合作解读文本。全文83个字,四人小组合作,一人一句,最后合起来说一说。

2. "语言运用关"觅知音。

(1) 高山流水觅知音。

师:知音体现在何处?

故事一:教师讲述伯牙学艺的故事,他的琴艺达到了炉火纯青的境界,但却始终没能找到一个知音。伯牙叹曰:"相识满天下,知心能几人。"

故事二(视频播放):后来,伯牙到晋国做了大夫。一日,他奉命出使楚国。因遇大风,只好在汉阳江口停留。待风平之后,一轮仲秋之月便从浮云中漫步而出。伯牙站立船头,仰视明月,俯视江面水波,心性由此而生,便抚琴而弹。一曲即终,忽从草丛中跳出一个樵夫来,对伯牙的琴艺赞叹不已。

伯牙大惊,便问道:"你会听琴,你能识琴之优劣吗?"

樵夫接琴观之,答道(可配音频):"此琴叫瑶琴,是伏羲氏所造,取树中良材梧桐的中段做成。其树必高三丈三尺,截为三段,上段声音太清,下段声音太浊,只有中段,清浊相济,轻重相兼。后再把此木漫在水中七十二天,择吉日良时,凿成乐器。最初,此琴有五条弦,外按金、木、水、火、土,内按宫、商、角、徵、羽。后来,周文王添弦一根,称为文弦,周武王又添弦一根,称为武弦。因此,这琴又称文武七弦琴。"伯牙听罢,心悦诚服,便又调弦抚琴,时而雄壮、高亢,时而舒畅、流利。

教师引导大家随樵夫应和,时而曰:"善哉,巍巍乎若太山。"时而曰:"善哉,汤汤乎若流水。"

师:重点理解成为知音的两句话。

句1:方鼓琴而志在太山,钟子期曰:"善哉乎鼓琴,巍巍乎若太山。"

[音乐跟进(《高山流水》节选)。指导想象画面,读出意境]

师:后人也称之"巍巍泰山"。

句2:少选之间而志在流水,钟子期又曰:"善哉乎鼓琴,汤汤乎若流水。"

[音乐跟进(《高山流水》节选)。指导想象画面,读出意境]

师:后人也称之"汤汤流水"。

师:从此,他们成了好朋友。

(2) 适度拓展巧语用。

① 想象拓展:皎皎明月,依依杨柳,萋萋芳草,袅袅炊烟,潺潺流水,潇潇春雨,皑皑白

雪,蒙蒙云雾,灼灼霞光……(播放PPT图片)

② 句式迁移表达。方鼓琴而志在(　　　),钟子期曰:"善哉乎鼓琴!(　　　)乎若(　　　)。"

(3) 回读二三句,理解何谓知音。

师:老师有一个问题,这么多花鱼鸟虫,为何偏偏写高山流水呢?(引导学生各抒己见)

师:此乃知音言志也。

(板书:伯牙鼓琴子期应,高山流水遇知音)

3. 破琴绝弦谢知音。

师:理解最后一句话,说说这句话的意思。

(1) 故事推进。

故事三:第二年中秋,伯牙来到当初与钟子期相识相知的地方,鼓琴觅知音。可是,过了许久也没有人跳出来应答。伯牙一夜未眠。第二天,他来到村中,问到子期的父亲,这才得知,朋友已因病去世很久了。伯牙悲痛欲绝,来到钟子期坟前,再次演奏千古绝唱——《高山流水》。(播放音乐)

(出示句3:"钟子期死,伯牙破琴绝弦,终身不复鼓琴,以为世无足复为鼓琴者。")

师:用自己的话说说对这句话的理解。

(补充说明伯牙所弹奏的瑶琴,无比珍贵)

"伏羲氏见凤集于桐",削桐"制以为琴"。(《太古遗音》)从此,中华民族拥有了标志性乐器——琴。据说瑶琴的琴音拥有支配万物心灵的神秘力量。

(2) 适度补白。

预设:子期病重时,清风明月,相隔万里,如他们有微信,会在朋友圈发哪些内容呢? 请根据这张图抒写一段内容,并陈述你这样写的理由。

(板书：次年赴约故人去，破琴绝弦谁人听。生齐读板书诗句)

（3）适度拓展。

关于伯牙、钟子期两人成为知音的故事，《吕氏春秋》《列子》等古书均有记载，也流传于民间。同样，很多传诵至今的古诗词也常常提及他们，诗人们无不被他们的友情所打动。（出示名句）

> 钟期一见知，山水千秋闻。——孟浩然《示孟郊》
> 钟期久已没，世上无知音。——李白《月夜听卢子顺弹琴》
> 故人舍我归黄壤，流水高山心自知。——王安石《伯牙》

设计意图：教师紧扣"知音"，引导学生重点理解成为知音的两句话——"善哉乎鼓琴，巍巍乎若太山""善哉乎鼓琴，汤汤乎若流水"，反复穿插历史故事以增进体验，帮助学生了解伯牙苦觅知音——喜遇知音——痛失知音的心路历程，感叹人生苦短，知音难求。教学中巧妙结合"皎皎明月""依依杨柳""萋萋芳草""袅袅炊烟"等景物，引导学生经历文言文的"语言运用关"，并以之衬托高山流水遇知音，曲高和寡实难求。教师还结合微信、音乐、视频等元素，配合诗歌等多种文体交叉运用，充分展现了中华文化的独特魅力。

（四）补充材料，回味知音

1. 补充阅读，探本溯源。

本文选自《吕氏春秋·本味》：

凡贤人之德，有以知之也。伯牙鼓琴，钟子期听之。方鼓琴而志在太山，钟子期曰："善哉乎鼓琴，巍巍乎若太山。"少选之间而志在流水，钟子期又曰："善哉乎鼓琴，汤汤乎若流水。"钟子期死，伯牙破琴绝弦，终身不复鼓琴，以为世无足复为鼓琴者。非独琴若此也，贤者亦然。虽有贤者，而无礼以接之，贤奚由尽忠？犹御之不善，骥不自千里也。

"高山流水"典故最早见于《列子·汤问》：

伯牙善鼓琴，钟子期善听。伯牙鼓琴，志在登高山。钟子期曰："善哉！峨峨兮若泰山！"志在流水，钟子期曰："善哉！洋洋兮若江河！"伯牙所念，钟子期必得之。

伯牙游于泰山之阴，卒逢暴雨，止于岩下；心悲，用援琴而鼓之。初为霖雨之操，更造崩山之音。曲每奏，钟子期辄穷其趣。伯牙乃舍琴而叹曰："善哉，善哉！子之听夫志想象犹吾心也。吾于何逃声哉？"

2. 衔接情境，余音绕梁。

播放歌曲《知音》，下课！

> **设计意图**：这两处补充阅读在设计上略显坡度，教师可视学生学情机动选择。最后，教师可以再次吟唱歌曲《知音》，鼓励学生努力学习，不断追求，期冀得遇知音。云烟飘万里，佳话传千载。"伯牙鼓琴"是中国人交结朋友的千古楷模，历久弥新，缔造了中华民族高尚的人际关系与友情的标准。心向往之！

六年级上册《伯牙鼓琴》相关资源链接

课 文

伯 牙 鼓 琴

伯牙鼓琴，钟子期听之。方鼓琴而志在太山，钟子期曰："善哉乎鼓琴，巍巍乎若太山。"少选之间而志在流水，钟子期又曰："善哉乎鼓琴，汤汤乎若流水。"钟子期死，伯牙破琴绝弦，终身不复鼓琴,以为世无足复为鼓琴者。

——选自《吕氏春秋·本味》

其人其事

琴仙伯牙：俞伯牙,中国历史上最早的古琴弹奏家、音乐家,被人尊称为"琴仙",春秋战国时期楚国郢都(今湖北荆州)人,时任晋国上大夫。他善弹七弦琴,既是弹琴能手,又是作曲家。荀子曾这样评价过伯牙的琴艺——"伯牙鼓琴而六马仰秣",意思是说当伯牙鼓琴时,马都仰头聆听而忘记了吃草。

樵夫钟子期：钟氏,名徽,字子期,春秋战国时代楚国汉阳(今湖北省武汉市蔡甸区集贤村)人。相传钟子期乃一介樵夫,戴斗笠、披蓑衣、背扁担、拿板斧,出身卑微,但他对音律极为精通,能听懂伯牙之乐,成就了"高山流水遇知音"的千古佳话。

文章出处

本文选自《吕氏春秋·本味》。《本味》为《吕氏春秋》第14卷,记载了伊尹"至味"说汤的故事。它的本义是说任用贤才,推行仁义之道可得天下成天子,享用人间所有美味佳肴,但其中却保存了我国也是世界上最古老的烹饪理论,是研究我国古代烹饪史的重要资料之一。

《吕氏春秋》,又称《吕览》,是由秦国丞相吕不韦主持,并集合门客编撰的一部杂家名著。《吕氏春秋》集先秦诸子百家之大成,全书共分二十六卷,二十余万字,分为十二纪、八览、六论。此书以"道家学说"为主干,以名家、法家、儒家、墨家、农家、兵家、阴阳家思想学说为素材,熔诸子百家学说于一炉。书成之日,悬于国门,声称如能改动一字者赏千金。这就是"一字千金"的由来。

相关文化知识介绍

伯牙学琴的故事：

《乐府古题要解》记载了伯牙学琴的故事：伯牙学鼓琴于成连先生,三年而成,至于精神寂寞,情志专一,尚未能也。成连云："吾师子春在海中,能移人情。"乃与伯牙至蓬莱山,留伯牙曰："吾将迎吾师。"刺船而去,旬时不返,但闻海上水汩没漰澌之声,山林窅冥,群鸟悲号,怆然叹曰："先生将移我情！"乃援琴而歌之。曲终,成连刺船而还。伯牙遂为天下妙手。①

知音相遇的故事：

传说有一年，伯牙奉晋王之命出使楚国。八月中秋之日，他来到了汉阳江口。夜色十分迷人，伯牙琴兴大发，专心致志地弹了起来。弹了一曲又一曲，正当他完全沉醉在优美的琴声中时，猛然看到一个人在岸边一动不动地站着。伯牙吃了一惊，手下用力，"啪"的一声，琴弦拨断了一根。伯牙正在猜测岸边的人为何而来，就听到那个人大声地对他说："先生，您不要疑心，我是个打柴的，回家晚了，琴声绝妙，故在此停留。"

伯牙借着月光一看，是个打柴的人，心想：一介樵夫，怎会听懂我的琴呢？于是他就问："你既然懂得琴声，那就请你说说看，我弹的是什么曲子？"那打柴人笑着回答："先生，您刚才弹的是孔子赞叹弟子颜回的曲谱，只可惜，您弹到第四句的时候，琴弦断了。"伯牙不禁大喜，邀他上船来坐。那打柴人看到伯牙的琴，便说："这是瑶琴！相传是伏羲氏造的。"接着他又把这瑶琴的来历说了出来。听了这番讲述，伯牙心中不由得暗暗佩服。伯牙又为打柴人弹了几曲，请他辨识其中之意。当琴声雄壮高亢的时候，打柴人说："这琴声，表达了高山的雄伟气势。"当琴声变得清新流畅时，打柴人说："这后弹的琴声，表达的是无尽的流水。"伯牙惊喜万分，自己的心意，过去没人能听得懂，而眼前的这个樵夫，竟然听得如此入心。伯牙大笑道："你真乃我知音啊！"两人便喝起酒，结为兄弟，并约定来年的中秋再到这里相会。

到了第二年八月十五，伯牙如约来到了汉阳江口，可是他等啊等，不见钟子期来赴约，于是他弹琴召唤，还是不见人来。伯牙一夜未眠，第二天，向一位老人打听钟子期的下落。此人正是子期父亲。他告诉伯牙，钟子期已不幸染病去世。临终前，他留下遗言，要把坟墓修在江边，好到来年八月十五相会时，能听到伯牙的琴声。伯牙万分悲痛，他来到钟子期的坟前弹起了《高山流水》。曲罢，他挑断了琴弦，把心爱的瑶琴摔了个粉碎。知音已不在，琴声复何存？

"知音"的故事感动了后人。人们在他们相遇的地方，筑起了一座古琴台。直至今天，人们还常用"知音"来形容朋友之间忠诚不渝的情谊。这就是知音典故的由来，它确立了中华民族高尚人际关系和友谊的标准，是中华民族的优良传统和崇高美德。

---

① 李毓英，等.成语典故文选（下）[M].济南：山东人民出版社，1980：309.

选文相关材料

《吕氏春秋·本味》原文记载：

凡贤人之德，有以知之也。伯牙鼓琴，钟子期听之。方鼓琴而志在太山，钟子期曰："善哉乎鼓琴，巍巍乎若太山。"少选之间而志在流水，钟子期又曰："善哉乎鼓琴，汤汤乎若流水。"钟子期死，伯牙破琴绝弦，终身不复鼓琴，以为世无足复为鼓琴者。非独琴若此也，贤者亦然。虽有贤者，而无礼以接之，贤奚由尽忠？犹御之不善，骥不自千里也。[①]

《列子·汤问》原文记载：

伯牙善鼓琴，钟子期善听。伯牙鼓琴，志在登高山。钟子期曰："善哉！峨峨兮若泰山！"志在流水，钟子期曰："善哉！洋洋兮若江河！"伯牙所念，钟子期必得之。

伯牙游于泰山之阴，卒逢暴雨，止于岩下；心悲，用援琴而鼓之。初为霖雨之操，更造崩山之音。曲每奏，钟子期辄穷其趣。伯牙乃舍琴而叹曰："善哉，善哉！子之听夫志想象犹吾心也。吾于何逃声哉？"[②]

明代小说家冯梦龙在《警世通言》中原文记载：

伯牙诵云："忆昔去年春，江边曾会君。今日重来访，不见知音人。但见一抔土，惨然伤我心！伤心伤心复伤心，不忍泪珠纷。来欢去何苦，江畔起愁云。子期子期兮，你我千金义，历尽天涯无足语，此曲终兮不复弹，三尺瑶琴为君死！"

伯牙于衣夹间取出解手刀，割断琴弦，双手举琴，向祭石台上，用力一摔，摔得玉轸抛残，金徽零乱。钟公大惊，问道："先生为何摔碎此琴？"伯牙道："摔碎瑶琴凤尾寒，子期不在对谁弹！春风满面皆朋友，欲觅知音难上难。"钟公道："原来如此，可怜！可怜！"

这回书，题作《俞伯牙摔琴谢知音》。后人有诗赞云：势力交怀势力心，斯文谁复念知音？伯牙不作钟期逝，千古令人说破琴。[③]

[①] 吕不韦.百子全书·吕氏春秋·本味[M].杭州：浙江古籍出版社，1998：803.
[②] 列御寇.百子全书·列子·汤问[M].杭州：浙江古籍出版社，1998：1416.
[③] 冯梦龙.警世通言[M].海口：海南出版社，1993：9-10.

六年级上册《伯牙鼓琴》拓展阅读及译注

拓展阅读一

管宁割席

管宁、华歆①共②园中锄菜,见地有片金,管挥锄与瓦石不异,华捉③而掷去之。又尝同席读书,有乘轩冕④过门者,宁读如故⑤,歆废书⑥出看。宁割席⑦分坐,曰:"子非吾友也!"⑧

——选自《世说新语·德行》

注释:

① 管宁:字幼安,汉末魏人,不仕而终。华歆:字子鱼,东帝时任尚书令,入魏后官至司徒,封博平侯,依附曹操父子。② 共:一起。③ 捉:拿起来,举起,握。④ 轩冕(miǎn):复词偏义,指古代士大夫所乘的华贵车辆。轩:古代的一种有围棚的车。冕:古代地位在大夫以上的官戴的帽,这里指贵官。⑤ 如故:像原来一样。如:如同,好像。⑥ 废书:放下书。废:停止。⑦ 席:坐具,坐垫。古代人常铺席于地,坐在席子上面。现在摆酒称筵席,就是沿用了这个意思。⑧ 子非吾友也:你不是我的朋友。

译文:

管宁与华歆两人一起在园中锄地种菜,看到地上有一片金子,管宁照样挥锄,把金子看得同瓦片、石头没有什么两样,华歆却把金子捡起来看了看才扔掉。管宁和华歆二人曾经同坐在一张席上读书,有官员乘坐华丽的马车从门外经过时,管宁照样读书,华歆却扔下书本跑出去看。于是管宁割断席子与华歆分开来坐,说:"你不是我的朋友!"

(译文参考:刘义庆.世说新语[M].朱碧莲,沈海波,译注.北京:中华书局,2011:12.)

拓展阅读二

荀巨伯远看友人疾

荀巨伯①远看友人疾,值②胡③贼攻郡,友人语④巨伯曰:"吾今死矣,子可去。"巨伯曰:"远来相视⑤,子令吾去,败义⑥以求生,岂荀巨伯所行邪⑦?"贼既至,谓巨伯曰:"大军至,一⑧郡尽空,汝何男子,而敢独止?"巨伯曰:"友人有疾,不忍委⑨之,宁以我身代友人命。"贼相谓曰:"我辈无义之人,而入有义之国。"遂班军而还,一郡并获全。

——选自《世说新语·德行》

注释:

① 荀(xún)巨伯:东汉时人,生平不详,东汉桓帝的义士。② 值:恰逢,赶上。③ 胡:中国古代泛指居住在北部和西北部的少数民族。④ 语:对……说,告诉。⑤ 相视:看望你;相,具有指代性的副词。⑥ 败义:毁坏道义。⑦ 邪:疑问语气词,相当于吗、呢;句末语气词,表疑问。⑧ 一:全,整个。⑨ 委:舍弃,抛弃。

译文:

荀巨伯去很远的地方探望生病的朋友,正遇到胡人军队来攻打郡城,朋友对荀巨伯说:"我今天死定了,您快离开吧。"荀巨伯说:"我从远方来探望您,您却让我离开,败坏道义而苟且偷生,难道是我荀巨伯所能做的吗?"胡人到后,对荀巨伯说:"我们大军一到,满城人都逃空了,你是何等样的汉子,竟然敢独自留下?"荀巨伯说:"朋友有病,不忍心抛下他,宁愿用我自己来代朋友去死。"胡人互相议论说:"我们这些不懂道义的人,却进入了讲道义的地方。"于是撤军,全城人因此都得以保全。

(译文参考:刘义庆.世说新语[M].朱碧莲,沈海波,译注.北京:中华书局,2011:10.)

十一、六年级上册《书戴嵩画牛》游戏教学设计及拓展资源

六年级上册《书戴嵩画牛》游戏教学设计

耕当问奴，织当问婢?!

执教整理：方丽（杭州市外语实验小学）
指导点评：金晓芳（特级教师）

教材分析

《书戴嵩画牛》是统编小学语文教材六年级上册《文言文二则》中的第二则文言文，为北宋文学家苏轼写的一篇题跋。文章用简洁的语言，围绕着《斗牛图》，描写了杜处士和小牧童的动作、语言和神态，刻画了两个特点鲜明的人物形象，揭示了"耕当问奴，织当问婢"的道理。本单元的人文主题为"艺术之美"，语文要素是"借助语言文字展开想象，体会艺术之美"。课后练习要求"用自己的话讲讲《书戴嵩画牛》的故事"。六年级学生对文言文已有多次接触，知道借助注释、插图等理解方法，也有能力讲述故事大致情节，简单描述自己印象深刻的场景。

基于此，本课的教学重点设定为通过多种方式诵读，理解故事大意，在人物的语言、动作、神态、内心活动等方面进行挖掘，通过展开合理想象补充场景来讲述故事；变换叙述人称，把自己当成小牧童、杜处士或旁观者，深入人物内心进行再创造，把故事讲得更完整，更具体，更有创意。整个教学活动，以游戏教学理论指导实践，以学生为学习主体，教学评融为一体，采用生生互评、师生共学的方式，激励学生自愿、自主完成相应学习活动，达成语文学习目标，提高语文学习成效。

教学目标

1. 读准"处""好""曝"等多音字,通过自读、划节奏读、挑战读等形式,把握文言文朗读节奏,正确、流利地朗读课文。

2. 结合注释和插图理解重点词句,读懂文章大意,获得学文方法,渗透语言之美和艺术之美。

3. 通过抓住关键语言,展开想象,进一步感受人物形象;创设故事舞台的情境,用自己的话讲故事,从而明白做事既要向行家请教,又要大胆质疑的道理。

教学过程

课始情境创设:

各位同学,欢迎来到鉴赏大会,今天藏宝人带来了动物书画系列的藏品,请各位鉴赏!第一幅是张大千的《虎啸图》,画中的老虎威风凛凛,神态各异,可与第二幅齐白石的《虾》齐名;第三幅是黄胄的《群驴图》,驴这么不显眼的动物,在黄胄老先生笔下竟如此惟妙惟肖;第四幅则是徐悲鸿的《骏马图》,此画曾在拍卖会上拍出 4 000 多万的天价。今天还有一幅藏品,画的也是动物,那就是唐代画家戴嵩所作的《斗牛图》,此图绘两牛相斗场景,风趣形象,现藏于中国台北故宫博物院,实乃无价之宝。当年,此画曾被四川的一个杜处士收藏,还发生了一个有趣的故事。今天,我们不仅要学这个故事,还要当当鉴宝人,把这个故事讲给别人听呢!

张大千《虎啸图》　齐白石《虾》　黄胄《群驴图》　徐悲鸿《骏马图》　戴嵩《斗牛图》

(一)解题导入,介绍题跋

1. 揭示课题,理解题意。

(1) 指名读课题,强调在"书"后面停顿。交流题目意思。

(2) 理解课题,学生交流题目意思。

师:书是"书写、记录"的意思,我们学过的古诗《书湖阴先生壁》的"书"也是这个意思。戴嵩是唐朝有名的画家,"画牛"是指戴嵩的代表作——《斗牛图》。

(3) 齐读课题。

2. 介绍题跋,直观了解。

(1) 师:这则文言文是北宋文学家苏轼写的一篇题跋。(出示苏轼简介)

(2) 介绍题跋。

师:题跋是指欣赏碑帖、字画后,写在上面的文字。一般来说,写在书籍、碑帖、字画等前面的文字叫作题,写在后面的叫作跋,总称题跋。

(3) 借助图片,直观感受题跋。

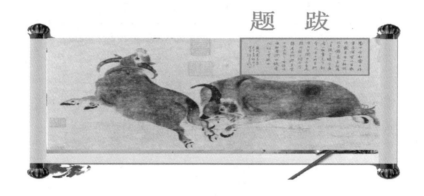

设计理念:本环节先从课题入手,读好课题并理解题意,接着介绍作者苏轼,引出题跋,引导学生了解题跋,这样的设计勾连了我国著名的书画艺术,带学生走进艺术的殿堂,有效激发了学生的学习兴趣。

(二) 读出节奏,了解大意

1. 自读古文,游戏扫除主要理解障碍。

师:要想读通读懂文言文,借助字音和注释,是一个小妙招。打开书本,要求——自由读,读通顺,读正确!

师:接下来,我们进行字词游戏比拼赛,你们愿意挑战吗?

判断对错

题目 6/8		选择答案
"蜀"是四川。		✓ ✗
好书画的"好"读hào, 喜欢的意思。		✓ ✗
"以百数"是数以百计的意思,"以百数"的"数"读shù。		✓ ✗
曝读bào, 晾晒的意思。		✓ ✗
杜处士的"处"读chǔ。		✓ ✗
"谬"念miù, 是错误的意思。		✓ ✗

2. 聚焦难点,读准字音。

(1) 指名读第一句,读准多音字。

> 蜀中有杜(处)士,(好)书画,所宝以百(数)。

学生思考:

处士就是指——　　　好书画就是——

师:"数"这个字有些争议,我们来看看字典当中的解释,你觉得应该怎么读? 其实,"数"该怎么读,关键要理解"以"的意思,"所宝以百数"的意思就是"以百计数"。

(2) 指名读、齐读。

> 一日(曝)书画。

师:古人为什么要把书画拿出来晾晒呢?

师:古人怕书画因为受潮而损坏,所以时不时拿出来晒一下,这是古人珍藏和保护书画的一种方式。

> 设计理念:通过预习,大部分同学能读通读顺课文,但是"处、好、数、曝"这几个多音字容易混淆。通过设计希沃白板课堂小游戏,让全员参与其中,既激发了学习兴趣,又攻克了字音难点。而后,抓住这两个重点句,指导学生领会据义定音的方法,在巩固字音的同时也理解了句意。

3. 挑战朗读,读出节奏。

师:重点抓住牧童的话语,读好停顿,引导学生根据句子意思来确定停顿的方法。

(1) 挑战朗读,读出节奏。

(2) 师生合作,读出韵味。

> 蜀中/有杜处士,好书画,所宝/以百数。有戴嵩《牛》/一轴,尤所爱,锦囊玉轴,常以自随。
> 一日/曝书画,有一牧童见之,拊掌大笑,曰:"此画斗牛也。牛斗,力在角,尾/搐入两股之间,今/乃掉尾而斗,谬矣。"处士/笑而然之。古语有云:"耕/当问奴,织/当问婢。"不可改也。

(三) 搭建支架,走进人物

1. 聚焦人物,感受形象。

(1) 师:这个故事围绕《斗牛图》展开,不管是戴嵩画的牛还是苏轼的题跋,都流传至今。这个故事还应从杜处士和牧童两个人物说起。

(2) 引发思考。

师:两个人对这幅画有什么不同的态度?

2. 聚焦语言,感受"尤所爱"。

> 蜀中有杜处士,好书画,所宝以百数。有戴嵩《牛》一轴,尤所爱,锦囊玉轴,常以自随。

(1) 聚焦"锦囊玉轴"。

师:这段话中的两个"轴"是同一个意思吗?

预设:"一轴"是一幅的意思。"玉轴"是贵重的书画,用玉石装裱。

师:"锦囊玉轴"足见"尤所爱"。

(2) 想象"常以自随"。

师:"常以自随",他可能会怎么做呢?用现代文或文言文说一说。

想象说话:有戴嵩《牛》一轴,尤所爱,＿＿＿＿＿＿

预设:吃饭时,(　　);睡觉时,(　　);游山玩水时,(　　);朋友相聚时,(　　)。这就叫"常以自随"。

(3) 微课简介,感受艺术的魅力。

情境:文人墨客相聚在山水间,杜处士拿出《斗牛图》,众人赏之,赞道:

一牛前逃,似力怯,另一牛穷追不舍,低头用牛角猛抵前牛的后腿。双牛用水墨绘出,以浓墨绘蹄、角、眼睛、鬃毛,以及斗牛的肌肉张力,仰息逃窜的憨态,势不可挡的气势,牛之野性,尽显笔端。

师:难怪如此喜爱,齐读——

3. 聚焦两处笑,感受不同人物特征。

> 一日曝书画,有一牧童见之,拊掌大笑,曰:"此画斗牛也。牛斗,力在角,尾搐入两股之间,今乃掉尾而斗,谬矣。"处士笑而然之。古语有云:"耕当问奴,织当问婢。"不可改也。

(1) 聚焦两处笑,初步感受牧童的天真。

师:谁想来当这一位小牧童?(引导学生边做"拊掌大笑"的动作,边读牧童的话)

学生评价:好一个天真率性的牧童啊!

好一个敢说敢言的牧童啊!

师:杜处士也笑了,有何不同?杜处士可能会说什么?

生:处士笑而然之。

学生评价:可见杜处士是一个乐于接受别人意见的人。

可见杜处士是一个谦逊有礼、心胸宽阔的人。

(2) 揭示道理。

师:难怪古人这样说道:"耕当——

预设:打鱼当问——渔夫;

生病当问——医生;

学习当问——老师。

总而言之,术业有专攻,要想做好事情,要向有经验的人请教。

设计理念:"借助语言文字展开想象,体会艺术之美"是本单元的语文要素。本环节通过聚焦牧童和杜处士不同的态度和表现,聚焦语言,聚焦人物,聚焦两处"笑",抓住关键词语,合理补充想象,彰显了不同的人物性格,感受鲜明的人物形象。引导学生欣赏《斗牛图》，进行适当拓展，通过表演读、男女分角色读等形式让学生具身感受人物的形象特点，同时对牧童和杜处士进行评价。从文本走向生活，从生活回到文本，感受语言之美与艺术之美，感悟其中的道理。

（四）角色置换，趣讲故事

1. 创设鉴宝大会的情境，学生选择喜欢的人物，用自己的话趣讲故事。

师：每一幅藏品都有一个历史故事，《斗牛图》也不例外，如果能讲好这个故事，无疑让这件藏品更有收藏价值。各位鉴宝人，你们准备好了吗？

2. 故事大讲堂开始。

旁观者视角：相传四川中部，有一个处士，姓杜，人称杜处士。此人……

杜处士视角：鄙人姓杜，人称杜处士，乃是蜀中人也。鄙人读了不少书，但就是不愿做官。平生最大的爱好就是收藏书画……

牧童视角：相传四川中部，有一个处士，姓杜，人称杜处士。杜处士读了不少书，可就是不愿做官。他最大的爱好就是收藏书画……

苏轼视角：古语有云："耕当问奴，织当问婢。"不可改也。这个故事要从戴嵩的《斗牛图》说起。相传四川中部，有一个处士，姓杜，人称杜处士。杜处士读了不少书，可就是不愿做官。他最大的爱好就是收藏书画……

3. 互相评价。

> 评价标准：
> 抓住人物特点，讲清楚；5 秒掌声
> 加入动作表情，有表演；10 秒掌声
> 自己补充想象，有场景；15 秒掌声

设计理念：六年级学生已经有能力讲述故事大致情节，描述自己印象深刻的场景了。鉴宝大会的游戏设计，激起了学生语言表达的欲望。而要想把故事说好，说有趣，除了理解文本，还需要创造性地运用语言，融入自己的体验和感受。另外，评价标准明确了学生语言表达的要求，努力追求教学评一体，提高学习成效，促进学生更好地发展。

(五)回归文本,延伸思考

1. 师:巧了,今天也有藏宝人带来了斗牛图,请看现代李可染的《斗牛图》;还有人带来了一段斗牛录像,我们去看一看。你们有什么疑惑?

2. 师:听完这个故事,此刻,你们又明白了什么道理呢?请写一写:(　　　)有云:_____。

预设:×××有云:做事既要问行家,也要大胆质疑。

×××有云:细心观察,实践出真知。

×××有云:要大胆质疑,敢于挑战权威。

总结:艺术来源于生活。今天的鉴宝大会到此结束,谢谢各位鉴宝人给我们带来的精彩表演!

> 设计理念:学生通过观看李可染的《斗牛图》以及斗牛录像一幕,再次引导学生思考其中深意,明白生活经验会随着不同时空的经历积累而有所不同,要敢于挑战世俗、挑战权威。课堂上丰富的游戏体验和真实的语言实践,让儿童的语言和思维得到真实的发生与生长,最终实现语言、思维与精神的同频共振。

板书设计

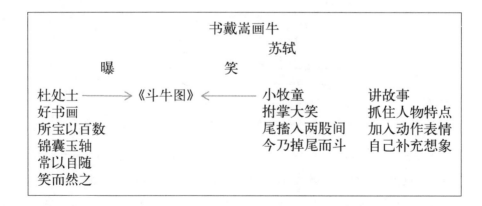

同课异构：鉴赏·演绎·思辨之

执教整理：李雅雯（深圳市宝安区天骄小学）
指导点评：卢茜（深圳市宝安区凤岗小学）

教材分析

《书戴嵩画牛》是统编小学语文教材六年级上册第七单元的一篇文言短文，本单元的语文要素是"借助语言文字展开想象，体会艺术之美"。本单元所选的课文，都与艺术有关，教学本单元课文要以读为主，在读中感悟文本内容，学习表达的条理性，借助文字展开想象，体会艺术之美。这篇小古文是苏轼为唐代画家戴嵩的《斗牛图》写的一篇题跋，讲述了一个牧童指出著名画家戴嵩画中错误的故事，赞扬了牧童率直不盲从、实事求是、敢于挑战权威的品质，以及杜处士敢于面对错误、虚心谨慎、勇于接受批评的优秀品质。

教学目标

1. 读准"轴""曝""矣"等易混难读的字，把握朗读的停顿，读通课文。

2. 借助注释、资料及已有文言基础，读懂句子意思；能抓住描写人物的词句，体会人物形象，想象故事细节，能用自己的话讲讲这个故事。

3. 了解"题跋"这一文学体裁及其特点，并尝试创作题跋。

4. 从这篇文章中明白创作要认真，要仔细观察事物，不能凭空想象，同时也不能迷信权威，要从客观事实出发的道理。

教学重难点

重点：借助注释，理解词句的意思，能用自己的话讲讲这个故事。

难点：体会人物形象，想象故事细节，领悟从客观事实出发的道理，尝试写题跋。

教学过程

（一）"鉴宝"情境，增进体验

1. 情境导入。

师：（播放《国家宝藏》背景音乐）让国宝活起来，各位品鉴专家，大家下午好！欢迎来到——《艺术宝藏》。

我们今天的主题是评选最佳斗牛图。我为大家带来了两幅斗牛图,现在请同学们来说一说,你会选哪一幅?为什么?或者说说有什么不同?

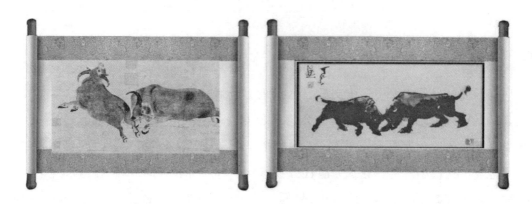

生:我会选择左边的,因为斗牛的话,两头牛应该是很生气的,而右边那幅图的牛尾巴是甩起来的,好像很友好的样子。

师:你一下子就抓住了两幅图最关键的区别——牛的尾巴。所以这位同学选择的原因,是左边这幅图更真实,更接近斗牛时的状态。孰优孰劣,我们先不急着下定论。我们先来听一个苏轼写的关于斗牛图的小故事,那就是——

《书戴嵩画牛》。(生齐答,师贴板书)

设计意图:小古文《书戴嵩画牛》内容简短,对于六年级的学生来说理解起来不难,教学上不必花太多时间逐句解释。创设一个鉴宝的情境引入课文学习,让学生在预习自读的基础上说说选哪幅为宝藏图,学生一致选择牛尾朝下的,说明对小古文的意思已经理解。

2. 解析题目。

(1)了解作者。

师:大家对苏轼一定不陌生,都读过苏轼老先生的诗词或文章。你们对苏轼有什么了解?

生:苏轼是一位画家。

师:我们最常见的苏轼的身份是什么?

生：文学家。

（2）了解"题跋"。

师：课前，老师让大家去了解了一下，这篇文章是一篇题跋。各位之前有没有了解过关于题跋的知识呢？什么是题跋？我们一起来看看，根据这个字源，题有一个页，猜测一下："题"应该是题写在书画的哪里？

生1：题一般都题写在书画的右下角。

师：右下角？想一想额头的"额"、项链的"项"都代表在哪里呀？

生1：都代表在上面。

师：所以题应该是指在上面。那"跋"呢？

生2：跋是足字旁，所以它应该在下面。

师：真聪明，会举一反三。所以题应该是在书画作品的前面，而跋是在后面。题跋是书写在书籍、碑帖、书画作品上的关于品评、追述故事、考证版本及渊源等方面的文字。尤其是表达作者对这个作品的感受。题跋的形式非常多样，（出示不同题跋的图片）可以是诗，也可以是散文。

（3）解题。

师：文章的题目就是文章的眼睛，读了这个题目你有什么发现？

生1：它是在讲述戴嵩所画《斗牛图》的故事。

师：你能给我们介绍一下戴嵩吗？

生1：戴嵩是唐朝时期一个很有名的画家。

师：还有没有其他发现？

生2：题目里面有个"书"字，它可能就是在议论某件事情。

师："书"在这里面是什么意思？我们之前学过一首古诗——苏轼的《书湖阴先生壁》。

生2：写、题写。

师：通过这个题目，我们知道这篇文章是指苏轼对于戴嵩所画《斗牛图》评价的小故事。

（4）熟悉故事主人翁——戴嵩。

师：每一个画家都有自己专注、热爱的东西，比如说特别擅长画马的——

生：徐悲鸿。

师：特别擅长画虾的——

生：齐白石。

师：特别擅长画驴的是现代画家黄胄。我们今天所学习的戴嵩，这位唐代画家特别擅长画牛，尤其擅长画斗牛。

设计意图：题目是文章的眼睛。教师有层次地引导学生读题解题，为后文的深入学习打下了基础。这篇古文作者苏轼与故事主人翁并不是一个朝代的人，而对于"题跋"这样的文体，学生也是第一次接触。老师没有直接讲授,而是借助已有知识引导学生猜测,鼓励学生通过自己的思考得到答案;同时结合学过的古诗《书湖阴先生壁》猜测本文的大致意思,充分尊重学生在课堂的主体地位。

(二) 鉴赏辨析,发展思维

1. 初读文本,整体感知。

师:老师想先为大家读这篇小古文。在老师读的过程中,希望大家可以边听边看,然后去思考故事中出现了哪几个人物。

(师范读)

师:聪明的各位品鉴官们,故事中出现了哪几个人物?

生1:杜处士、牧童。

师:还有没有同学有新的发现? 最后一句中出现了——

生2:还有苏轼。

师:为什么你觉得还有苏轼? 说说理由。

生2:因为苏轼说了他的态度——"织当问婢,耕当问奴"。

师:所以我们的故事中一共出现了三个人物。他们都有自己心仪的《斗牛图》。

2. 转换角色,鉴别画作。

师:接下来就请你们自由地读一读、品一品,还可以跟你的同桌讨论一下:在我们今天的节目中,这三个人分别会选择收藏哪一幅图,有什么原因? 开始吧!(生讨论)

(1) 如果你是杜处士,你会选择收藏哪一幅图?

生1:我会选择收藏右边的那一幅图。

师:请你先用文中的话来介绍一下你自己。

生1：蜀中有杜处士，好书画，所宝以百数。

师："数"应该读 shu 三声，表示计算的意思。你选择右边这一幅，你认为他的态度怎样？

生1：我是"尤所爱"。

师：很棒，抓住了这个词。所以你吃饭的时候会——

生2：锦囊玉轴，常以自随。

师：你出去玩的时候，会——

生3：锦囊玉轴，常以自随。

师：你去逛公园的时候，会——

生4：锦囊玉轴，常以自随。

师：杜处士会选择右边这幅图，他的态度是"尤所爱"。

（师板书）

（2）如果你是小牧童，你会怎么选？

生1：我会收藏左边那一幅，因为在斗牛的时候，由于他们的力气一般都在脚上，尾巴一般都是在下腿之间夹住的，可是戴嵩画的牛是高扬在空中摆尾的，这是不符合现实的。所以我会更喜欢左边那一幅。

师：真棒，可以用自己的话来跟我们说。那你能不能用文中的句子再来跟我们说一说？

生2：此画斗牛也。牛斗，力在角，尾搐入两股间。今乃掉尾而斗，谬矣。

师：我还有个问题，好像有点太为难这个小牧童了。你是用什么表情、什么动作来说这句话的呢？

生2：我是抚掌大笑。

师：能为我们做一下这个动作吗？

（生表演）

师：请你用这个状态，对着杜处士选择的那幅画，来表达一下你的态度。

（生表演）

师：我们把掌声送给他，太活灵活现了！有没有其他小牧童想为我们表演一下？用你的态度说服大家来收藏你喜欢的这幅画。可以想象一下，能不能再加点别的动作？

（生纷纷表演）

师：这个动作让我感受到了小牧童的气势。想象一下，小牧童抚掌大笑的时候，还有可能会笑得前仰后合。现在，我们所有同学都是小牧童，让我们一起来表达一下对杜处士收藏的这幅画的态度,并为你喜欢的那一幅拉拉票。

(全班表演)

师:这个动作太潇洒了,谬矣,谬矣啊!看完了小牧童对杜处士收藏的这幅画的态度,那此时此刻杜处士是什么反应?

生3:处士笑而然之。他感到特别尴尬。

师:那他觉得小牧童说得怎么样?

生4:觉得他说得对。我觉得杜处士现在应该不会选择右边那幅图了,而会选择左边那幅图。

师:杜处士现在做出了和小牧童一样的选择,(挪动板书)那苏轼呢?

(3)苏轼会选择收藏哪一幅?

生1:苏轼应该也会选择左边那一幅图。

师:为什么?

生1:因为他在后面说了一句"耕当问奴,织当问婢",就说明他认同小牧童的说法。

师:"耕当问奴,织当问婢",在苏轼的眼中,画牛当问——

生2:小牧童。

师:放牛也是当问——

生3:小牧童。

师:这里的"问"是什么意思?

生4:请教。

师:你们能不能举一反三,来说一说,还有什么可以当问什么?

生5:学习当问教师。

师:写诗当问李白、苏轼等诗人。这里其实是告诉我们一个什么道理?

生6:你去做任何一件事情,当你不懂的时候,要去请教这方面比较在行的人。

师:是的,在行的人、有经验的人。苏轼就是这样想的。其实这就是"术业有专攻,实践出真知"的道理。

设计意图:游戏教学注重学语文,玩语文,悟语文,用语文。教师引导学生转换角色鉴别画作,在"选择收藏哪幅《斗牛图》"的过程中增进体验,发展思维,进而理解人物形象,体会深层次的情感。这个部分的教学设计实在妙不可言,既是对开课鉴宝情境的延续,又是深入文本理解角色观点的支点。教学过程中,教师适时地指导"拊掌大笑""笑而然之"几处笑的不同,观照人物不同的内心,那么文章中心"耕当问奴,织当问婢"这个道理也就呼之欲出了。

3. 添油加醋,创编文本。

师:同学们能不能用自己的话把这个故事讲一讲呢?大家在讲的时候可以"添油加醋",添加一些想象、语言、动作、心理神态等细节的描述,同时注意一下自己的语速语调,也可以加些动作。有谁愿意来挑战一下?

生1:蜀中有一位杜处士,他特别喜欢书画,所收藏的宝物有百数。其中有戴嵩画的《斗牛图》一轴,他特别喜欢,放在锦囊里随身带着。一日晒书画,有一位牧童看见了拊掌大笑:哈哈哈,此画斗牛也?牛斗,力在角,尾搐入两股间。今乃掉尾而斗,谬矣。处士笑而然之。

师:前面用自己的话说,后面忍不住代入了角色,用角色的话来说了。谁能用自己的话再来给我们讲讲这个故事?

生2:蜀国有一个叫杜处士的人,他特别喜欢收藏一些书画,他收藏的书画已经有上百种了。其中有戴嵩画的《斗牛图》一轴,他特别喜欢,放在锦囊里随身带着。一日他晒书画,一位牧童看到了,拍掌笑道:哈哈哈哈,这画的是斗牛图吗?牛斗的时候,力在角,尾摆动在两条大腿之间,现在它们的尾巴是摇着的,真是特别荒谬,特别错误!杜处士笑笑,认为这个牧童说得对。古话说得好:"耕当问奴,织当问婢。"就是说耕种的时候应当问奴仆,织布的时候应当问婢女。这是不能改变的。

……

师:我们的同学很有表演天赋。小牧童对于这幅斗牛图的态度应该是——谬矣!(生答,师板书)刚刚有一个错误,不知道同学们有没有人听出来,"蜀中有杜处士"的"蜀"是指蜀国吗?

生3:不对,是指中原地区。

师:蜀是指现在的——

生4:四川。

师:真棒,但"蜀"在古文中,有时候指的就是蜀国,有时候指的是蜀地,也就是现在的四川地区。

生5:老师,我认为这个一日曝书画的意思,不是说把书画拿出来展示,应该是指把书画拿出来晒晒太阳。然后被一个牧童给看见了。

师：是的，是指把书画拿出来晾晒。他晒他的画，其实也就是想让别人来看一看，可能也有这个心理。我们可大胆地去揣摩一下。

> **设计意图**：课标指出，应指导学生正确理解和运用语言文字。课堂中老师在学生学习的基础上让学生"添油加醋"地创编，创设了自由自如地运用文字进行创编的语言实践时空。学生创编时加上想象、语言、动作、心理等，既丰富了对文本的理解，又进行了语言表达的训练，热爱祖国语言文字的情感油然而生。

4. 学习文体，再读题跋。

师：同学们，借助你们刚刚讲的这个故事，对比一下我们这个题跋，能不能总结出题跋有什么样的特点？和你们刚刚讲的故事相比，语言上有什么特点？

生1：题跋是题在别人的书画上面的，不会直接用第二人称——你怎么怎么样……而是一个故事。

师：你说的这是从内容上，那从语言上，它与你讲的故事相比有什么区别呢？

生2：语言上会比讲故事更加简洁明了。

师：总结得真到位，这就是题跋的特点。它的语言是简洁明了的。其实我们小古文都有这样的特点。除了这个，你还发现了哪些特点呢？它虽然简洁，但它——

生3：既点明画中意，又要有画外音。

师：讲得太好了，题跋不仅讲了一个故事，还会告诉我们一个道理。其实题跋的特点就是言简意赅，蕴含道理。

师：小故事大道理。刚刚我们把这个故事理清楚了，现在给你们一个小挑战——古时候的文言文，大家都知道是没有标点的，所以老师给你们找了一个没有标点的版本。大家能不能看着屏幕读一读？

蜀中有杜处士好书画所宝以百数有戴嵩牛一轴尤所爱锦囊玉轴常以自随一日曝书画有一牧童见之拊掌大笑曰此画斗牛也牛斗力在角尾搐入两股间今乃掉尾而斗谬矣处士笑而然之古语云耕当问奴织当问婢不可改也

（生齐读）

师：读得真好，字正腔圆，断句也非常有节奏。

（三）拓展延伸，挑战思辨

1. 出示乾隆题跋，深化主题。

师：我们发现三个人都选择了收藏同一幅图。我们来看看第四个人，他会怎么选？那就是我们的乾隆皇帝。乾隆皇帝对于《斗牛图》也非常地热爱。看看他的这个题跋。猜猜他会选择收藏哪一幅图？

生1：我觉得应该是左边那幅。因为它的尾巴微微地向上。

师：他也觉得戴嵩改进后的这个《斗牛图》会好一些。为什么呢？因为他得到了谁的指点？

生2：小牧童。

师：其实就是什么原因？

生3：耕当问奴，织当问婢。

2. 出示不同时期的斗牛图，思辨明理。

师：可是这四个人都选择收藏同一幅图，那这幅图就一定是对的吗？非也，我们来看看东汉石像上的斗牛图，其中牛是掉尾而行的。

师：当代画家张录成画的斗牛图中，牛也是掉尾而行。

师：就连我们现在红牛广告上的斗牛图，牛也是掉尾而行。

师：奇怪了，那出现什么问题了？是他们都画错了吗？

生1：我觉得应该是两种风格都行。

师：你是从哪里发现的？

生2：是从课本的注释中知道的。

师：细心的你真会发现。其实牛尾巴之问延绵了几千年，都没找到答案。两种情况都是存在的。从这延绵了几千年的牛尾巴之问中，你得到了什么道理？

生3：虽然在这方面比较在行的人，他是比较熟悉的，但是他也可能会出错，不要盲目相信，要自己去验证一下。

师：把掌声送给他，这其实就是我们刚刚说的，实践出真知，要大胆地去质疑别人。

生4：因为任何事情都不是绝对的，不能盲目地去相信。

师：那小牧童错了吗？

生5：没错。

师：小牧童是怎么得出结论的？

生6：他放牛的时候看出来的。

师：小牧童也是有错的，但是他的这个错误是如何导致的呢？你从中得到了什么启发？

生7：他实践得还不够。

师：其实我们每个人看问题要更加地全面。

生8：我觉得了解一件事情，不能够只从一个方面去了解，要更全面一些，不能只了解一半。

师：我们每个同学都能够从这个故事当中获得自己的启发。其实乾隆皇帝在他70岁的时候，有幸真正去观看了一场斗牛比赛，他才发现——（读）

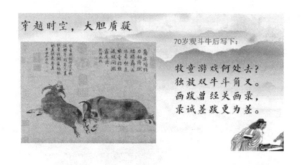

师：他觉得苏轼的题跋是错的，因为他看到的斗牛正是掉尾而行的状态，所以你们觉得此时乾隆会选择哪一幅呢？

生9：右边那幅。

3. 主题升华，练写题跋。

师：他们选择哪一幅对于你们来说可能没有太大的参考价值了，现在你们的手中都有两幅图，选择你想收藏的那一幅，并在上面写下你的题跋。题跋可以写你推荐它的理由，以及你通过这牛尾巴之争得出的感悟。要注意题跋的特点是言简义丰，动笔吧！

师：谁来分享一下？

生1：眼见为实，耳听为虚。不要盲目相信别人的意见，即使在行的人也有可能会出错。

生2：我喜欢右边的那幅斗牛图，因为这幅图看起来比较激烈一点。要自己去体会，不能盲目地去听从别人的。

生3：我更喜欢右边那幅图，因为这幅图很激烈，尾巴也飞起来了。我的结论是做一件事，要想得全面，不要轻信他人，要自己去实践。

生4：做事要全面，不可偏信他人，需得自我观察。

师：把掌声送给他，他跟前面几个同学相比，语言更加简洁，更有题跋味儿。

生5：我选的也是右边这幅图，我写的是：这幅图中牛斗时双脚并拢着，栩栩如生，活灵活现。所以从这两幅图中可以看出——做事情要全面思考。

师总结：大家各抒己见，不仅在艺术上进行了品鉴，还从道理上抒发了自己这节课的收获。此时此刻选择收藏哪一幅图已经不重要了，各位品鉴官碰撞出了思维的火花，才是我们这节课这个节目最大的宝藏。关于斗牛，之所以牛尾巴会有不同，是因为环境，还是因为牛的品种，或是其他的原因呢？期待大家课后去寻找答案。这节课就上到这里，下课！

设计意图：语文学习是一个立体的系统，不仅仅是在课堂中教授学生听、说、读、写，还应该借助我们的教材传承、理解中华优秀传统文化，培养学生审美鉴赏与创造能力，在语言的学习建构、运用之上进行思维的训练，这样教学才最能体现对学生核心素养的培养。本节课中，老师将"鉴宝"这个情境贯穿整个教学过程，引导学生在鉴宝的过程中理解文本，辨析画作的过程中发展思维，演绎、创编的过程中表达自己的独特观点。整节课注重学生感悟的指导，教师的教不着痕迹，教学环节环环相扣，游戏化设计行云流水，学生学得轻松，想得深入，课堂效果显著。

六年级上册《书戴嵩画牛》相关资源链接

课 文

蜀中有杜处士，好书画，所宝以百数。有戴嵩《牛》一轴，尤所爱，锦囊玉轴，常以自随。

一日曝书画，有一牧童见之，拊掌大笑曰："此画斗牛也。牛斗，力在角，尾搐入两股间，今乃掉尾而斗，谬矣。"处士笑而然之。古语云："耕当问奴，织当问婢。"不可改也。

——选自《苏轼文集》卷七十

其 人 其 事

苏轼（1037—1101年），字子瞻，号东坡居士，眉州眉山（今属四川）人。他是北宋文学家，在诗、词、散文、书、画等方面取得了很高的成就，可以说是宋代文学最高成就的代表。其散文著述宏富，豪放自如，与欧阳修并称"欧苏"，为"唐宋八大家"之一。作品有《东坡七集》和《东坡词》等。

戴嵩，唐代画家，也曾当过官职，但在政治上的成就远远不及绘画方面的成就。师承唐中期画家韩滉，擅画田川之景，以画牛而名闻天下，后人谓得"野性筋骨之妙"。传世作品中比较出名的有《斗牛图》《三牛图》《归牧图》等,其中《斗牛图》绘两牛相斗的场面,风趣新颖,形态逼真,现收藏于中国台北故宫博物院。后人常常把他与唐代另一位画马的著名画家韩干相提并论,并称"韩马戴牛"。

文章出处

《书戴嵩画牛》选自《苏轼文集》第七十卷,叙述了牧童指出画家所画斗牛图错误的故事,讽刺了不仔细观察研究、自以为是、凭空想象的外行人,告诉我们不能迷信权威,要从客观实际出发,尊重从实践中得到真知的人。

相关文化知识介绍

观点一:处士笑而然之。

杜处士是一个精明的收藏家,也是一个谦逊有礼的人。所藏戴嵩《斗牛图》一轴,百里挑一,装裱精美。然而,牧童一眼看出了名画的瑕疵,指出它的失真谬误处,名画的价值也就一落千丈,顿失光彩。面对此状,杜处士并未恼羞成怒,而是虚心求教。听闻后,他笑而然之,尊重事实,实事求是。

观点二:拊掌大笑,谬矣!

面对名家画作,率性天真的牧童不假思索,顺口发问:"此画斗牛也?"由于牧童熟悉牛的习性,了解斗牛时牛尾所在的位置,于是接着说:"牛斗,力在角,尾搐之两股间。"而画中的斗牛则不然,与斗牛的常态不合,违背生活现实。牧童因而一语破的,明确指出:"今乃掉尾而斗,谬矣!"这是内行话,是其他行业的人所讲不出来的。在"知牛"这一点上,高于画家的牧童形象就跃然纸上了。初生牛犊不怕虎,表明了善于观察且敢于挑战权威的态度,同时也告诉我们要注意观察生活,做生活的有心人。

观点三:耕当问奴,织当问婢。

此文最后引用了古语"耕当问奴,织当问婢",在文中起到了点题的作用。"耕当问奴,织当问婢"说明了"画牛当问牧童",充分肯定了牧童,他熟悉生活,对名画批评得当。大文豪苏东坡写下此文,就是要告诉大家即便像戴嵩这样的大艺术家,如果脱离了实践,不能深入到生活中去,也会产生这样的常识性错误,甚至要被一个小牧童取笑。苏轼引述古语"耕当问奴,织当问婢",即主张向有实践经验的劳动人民学习,这表现了他进步的艺术观。

观点四：偏于一隅。

《斗牛图》传至宋代，引出一桩"公案"，杜处士和苏学士都信了牧童的话，甚至清代的乾隆皇帝也信了牧童的话，他还臆想戴嵩也采纳了牧童的意见。乾隆在戴嵩另一幅双牛垂尾的《斗牛图》上题诗曰："角尖项强力相持，蹴踏腾轰各出奇。想是牧童指点后，股间微露尾垂垂。"然而，实际情况是：牛在角斗时，尾巴的姿势各式各样，并不统一，可以将尾巴缩入两股间，也可以摇尾，还可以时而缩尾时而摇尾。

牧童说的，至少是他看到的真实现象。但因为没有发达的资讯，即使"深入"生活，看到的也可能是"偏于一隅"的现象。

六年级上册《书戴嵩画牛》拓展阅读及译注

拓展阅读一

斗 牛 图

马正惠公尝珍其所藏戴嵩《斗牛图》。暇①日展曝于厅前。有输租氓②见而窃笑。公疑之，问其故。对曰："农非知画，乃识真牛。方其斗时，夹尾于髀③间，虽壮夫膂力④不能出之。此图皆举其尾，似不类矣。"公为⑤之叹服。

——选自曾敏行《独醒杂志》

注释：

① 暇：闲暇。② 输租氓：缴纳田租的农民。③ 髀（bì）：大腿。④ 膂（lǔ）力：指全身的力气。膂：脊背。⑤ 为：对，介词。

译文：

马正惠曾经非常喜爱自己所收藏的一幅戴嵩的《斗牛图》。有一天闲暇的时候，他把画拿出来，在大厅前展示。有个缴纳田租的农民看见，偷偷地笑了。马正惠对这样的行为表示疑惑，便问他原因。农夫回答说："我不懂得画，却认识真的牛。两牛相斗的时候，会把尾巴紧紧地夹在大腿中间，即使是壮汉使出全身的力气，也不能把它拉出来。这张图上的牛相斗时都翘着尾巴，好像不太对。"马正惠听了，对这农夫感到惊叹佩服。

拓展阅读二

北人不识菱

北人①生而不识菱②者,仕③于南方。席上食菱,并④壳入口。或曰:"食菱须去壳。"其人自护⑤其短,曰:"我非不知,并壳者,欲以去热也。"问者曰:"北土亦有此物否?"答曰:"前山后山,何地不有?"夫菱生于水而⑥曰土产,此坐⑦强⑧不知以为知也。

——选自江盈科《缘萝山人集》

注释:

① 北人:北方人。② 菱:俗称菱角,水生植物,果实可以吃。③ 仕:做官。④ 并:连同。⑤ 护:掩饰。⑥ 而:表转折,此指却。⑦ 坐:因为,由于。⑧ 强(qiǎng):本文中指"勉强"。

译文:

有个出生在北方而不认识菱角的人,在南方做官。一次他在酒席上吃菱角,连同壳一起吃进嘴里。有人对他说:"吃菱角必须去掉壳。"那人为了掩饰自己的无知,说:"我并不是不知道,连同壳一起,是想要用它来清热罢了。"问的人说:"北方也有这种东西吗?"他回答说:"山前山后,哪里没有呢?"菱角生在水里,他却说是在土里生长的,这是因为他为了装作有学问,硬把不知道的说成知道的。

十二、六年级下册《学弈》游戏教学设计及拓展资源

六年级下册《学弈》游戏教学设计

诵之，演之，明理也①

执教整理：徐立琴（杭州市半山实验小学）
指导点评：金晓芳（特级教师）

教材分析

《学弈》是一篇叙事明理的文言文，选自《孟子·告子上》。全文讲述了这样一个故事：弈秋是当时全国最有名的围棋之王，教两个学生学下围棋。一个学生专心致志，一心一意地听从弈秋的教导；另一个学生虽然听着，却一心想着如果有天鹅飞来，要如何用弓箭去射它。虽然两个人在一起学习，但后者却不如前者。并不是他们的能力有别，而是后者不用心学习，自然学不好知识。这个故事告诉我们：学习必须专心致志，决不可三心二意。全文内容浅显易懂，其中蕴含的道理也浅而易见。据上分析，学生感知课文大意、感悟文章内涵并不困难。教学时，教师可以引导学生反复诵读课文，抓住文中的六个"之"字，以及"通国之善弈者也""惟弈秋之为听""为是其智弗若与"这三个句子细细推敲以突破理解的难点，通过拓展想象、小剧本表演等形式深刻明晓故事道理。

学 习 目 标

1. 通过自读、划节奏读、比赛读等形式，读出文言文的节奏和韵味。
2. 小组合作借助注释和插图、联系上下文、对抗赛等方法读懂故事，初步了解文言文中

---

① 本教学设计已发布于"小学游戏教学"公众号，此处有修改。

"之"的用法,获得学文方法。

3. 通过拓展想象、小剧本表演等形式,进一步体会学习必须专心致志、不可三心二意的道理,了解通过一件事说明一个道理的写法。

学 习 过 程

(一) 识人解题,名言铺路

1. 认识孟子。

同学们,我们中国地大物博,人杰地灵,上下五千年涌现出诸多圣贤之辈。他们给我们留下了许许多多的人生启示。孔子云:"三人行,必有我师焉。"荀子曰:"青,取之于蓝,而青于蓝。"韩非子道:"小信成则大信立。"(逐一出示名人名句)今天我们还要认识一位圣人,他在中华文化史上的地位仅次于孔子,人称亚圣,他就是——孟子。

(出示简介)

> 孟子名轲,战国时期的思想家、政治家、教育家。是孔子以后的儒学大师,被尊称为"亚圣",后世将他与孔子合称为"孔孟"。他与弟子们合著《孟子》一书,流传千古,影响深远。《学弈》这篇课文就是出自《孟子》。

2. 了解围棋。

(1)"弈"指什么?"学弈"又是什么意思呢?

(2)师:"弈"专指下围棋,学弈就是学下围棋。古人下棋,有时也称"对弈""手谈"。早在春秋战国时期,围棋已经在社会上广泛流传,距今已有约2 600年的历史。

3. 初识弈秋。

相传,围棋史上有一个著名的人物,单名一个秋,因其棋艺精湛,人称"弈秋"。学弈这个故事就和弈秋有关。

设计理念:孟子是儒学大师,围棋是中国四大传统文化艺术之一,弈秋又是围棋的鼻祖,这篇文言文饱含浓郁的文化气息。通过复习诵读曾经学过的圣贤之士留下的名言警句,了解围棋,认识弈秋,能勾连起学生的记忆,铺设学习文言文的情境,激发学生学习课文的兴趣。

(二) 把握节奏,读好课文

1. 读通读顺。

(1) 师:请打开书本 76 页,让我们走进《学弈》,(板贴:学弈)要求——自由读,读通顺,读正确。

(2) 去拼音指名读,重点随机指导文中的多音字"为""与"的读音。

预设:

① 多音字"为"。

"惟弈秋之为听":宾语前置,要说的是"惟听弈秋之为",指"行为,作为",解释为只听弈秋的教导。

"一心以为有鸿鹄将至"中的"为"指"认为",所以读第二声。

"为是其智弗若与",解释为"因为他的智商不如前一个吗",所以读第四声。

② 多音字"与"。

"与"放在句末,是表示疑问的语气词,读第二声。(指导读出疑问的语气)

(3) 指名读、齐读。

> 设计理念:通过预习,大部分同学能读通读顺课文。但是对于为什么这样读,学生不是很明白。教师重点抓住"为""与"两个多音字,指导学生领会据义定音的方法,通过学习"与"在文言文中作为句末疑问语气词的用法,指导学生读出疑问语气,这样一开始反复读通读顺,为后续读出文言文的韵味奠定基础。

2. 读出节奏。

(1) 重点指导两句话的停顿,引导学生学习根据句子意思来确定停顿的方法。

① 弈秋,通国之善弈者也。

拓展:你也能学着这句话来介绍你的同学吗?

预设:××,通组之善学者也。

××,通班之善舞者也。

××,通校之善跑者也。

××,通国之善弹者也。

② 思援弓缴而射之。

（2）指名读、齐读。

> 设计理念：重点抓住两个句子，指导学生学习根据意思来确定停顿的方法，学会举一反三。另外，通过适度引导学生进行语言的积累和运用，勾连生活，进一步理解"弈秋，通国之善弈者也"的意思。同时，也在体验文言文表达中，获得文化自信。

3. 读出古韵。

师：重点指导学生尝试摇头晃脑地读，音断意连地读，读出文言文的韵味。

（1）自己读；个别读；男女比赛读。

（2）师生合作读。

> 设计理念：朗读是小学生学习文言文的基本功和重要方法，本节课设计了多种形式的读，以读串联，从头读到尾。学生从读通读顺，到读出节奏，再到读出古韵，读得有滋有味，其间反复涵咏，咀嚼思索。很多难以讲清的搭配习惯、语言规律等语感难题在不知不觉中迎刃而解，潜移默化的诵读之功效随之显现，为后续的读中理解，读中悟道理，甚至读中运用奠定基础。

（三）精读品悟，体会寓意

1. 自主学习，理解句意。

读 懂 故 事

（1）自主学习：运用所学的方法，想想每句话的意思，在不理解的地方做上记号。

（2）合作学习：交流难点，合作解决，连起来说说故事的内容，每人说一句。

---

2. 汇报交流，说说故事。

预设：汇报到"一人虽听之，一心以为有鸿鹄将至，思援弓缴而射之"。

师：你怎么知道这里的"之"，就是鸿鹄？（点化"联系上下文"方法）

师：的确，"之"在很多时候，能代表上文出现过的内容。用"之"字可以避免重复，使文章更简洁。通过联系上下文,就能推测出不同语句中"之"的不同意思。

> 设计理念:六年级的学生通过四人小组合作读懂故事不是难点,而"之"是比较特殊的文言文现象,是典型的一字多义。本文共有六个"之",分为助词"的"和代词两大类。当作为代词的时候,可以联系上下文来理解。教学时,设计请教学生环节,让学生来说说学习的方法,既充分发挥学生的主体作用,又能自然而然地让学生了解"之"的用法。

3. 信息游戏,突破难点。

师:这篇课文仅有70个字、5句话,其中有一个字反复出现。它是"之"。"之"很多变,在不同的地方意思可能会不一样。刚才你们联系上下文来理解"之"的意思是个好方法。

(1)游戏:连一连。

我把六个"之"都排在一起,你们还认识它们吗?赶紧连一连。

(2)游戏:赛一赛。

我把"之"藏在双人挑战游戏里,谁敢来赛一赛?

> 设计理念:如何让信息技术服务于学生的学习呢?此环节设计了两个游戏,一个是连一连,一个是双人对抗赛,互动性非常强,既能充分地发挥游戏晋级闯关的功能,又能巩固难点"之"的用法。全班学生眼睛发亮,积极参赛,学得有生趣。

4. 剧本表演,内化理解。

(1)出示任务,明确标准。

师:相信大家都读懂了课文!那你们能把这段故事搬到教室里来吗?老师给你们写了《学弈》小剧本,你们可以根据故事内容自由发挥。

学弈(小剧本)	评价标准
时间:约2600年前的一个上午。 地点:棋馆。 人物:弈秋和两位学生。 旁白:弈秋,通国之善弈者也。 弈秋:(动作)两位徒儿,今吾等欲学新知,请悉听之。 其一人:(动作) 一人:(动作)(内心独白:_____) 弈秋:两位徒儿,始对弈也。 (两人始对弈,输赢很快便知,两人……)	1. 把故事完整地表演出来。★ 2. 动作、表情符合故事情节。★ 3. 可以加上合适的内心独白。★

(2) 小组合作,准备表演。

教师巡回指导,重点指导"一人"的表演。

(3) 小组表演,积极评价。

> 设计理念:剧本表演是否成功,关键在于对文本理解是否充分。大多数学生天生喜欢表演,为了当好演员,学生就会自主地再去理解文本、拓展文本。另外,评价标准明确,使学生有明确的目标导向,汇集体之力进行剧本表演,更能增进对故事内涵的理解。

5. 情境拓展,想象运用。

师:故事讲得很清楚。弈秋教两个学生下棋,一人专心致志(还可以说聚精会神、全神贯注、心无旁骛、心神专注),一人三心二意(也可以说心不在焉、心猿意马、心神不定),最后的结果一好一差,"弗若之矣"。(板书)

(1) 如果"使伯牙诲二人琴",会如何?

其一人专心致志,惟（　　　）,一人虽听之,一心（　　　　　　）。

(2) 如果"使孟子诲二人学",又如何?

其一人（　　　　　）,惟（　　　）,一人虽听之,一心（　　　　　　）。

预设:一人虽听之,一心以为有大虫将至,思援弓缴而射之。

　　　一人虽听之,一心以为有东风将至,思与同伴齐放纸鸢。

　　　一人虽听之,一心想着有猴子将至,思拿香蕉喂之食也。

　　　一人虽听之,一心想着昨天之美餐,思何时能再饱餐一顿也。

> 设计意图:小学学习文言文的最主要任务就是积累。本环节设计具体情境,激发学生大胆想象,勾连起曾经学过的文言文,通过句式的模仿运用,进一步积累并运用语言。

6. 出示原文,明确道理。

(1) 学习《孟子》原文中的前面一句话。

> 今夫弈之为数,小数也,不专心致志,则不得也。

(2) 指名说说这句话的意思。

预设:下棋是一门技艺,一门小技艺,如果不专心致志,就什么也学不会。

(四) 熟读成诵,凸显要素

1. 竖着读;去掉标点读;换字体读。

2. 孟子用两人学下棋的事例来表明做任何事都要专心致志的观点。运用具体事例来说明观点,这样更有理有据,更有说服力。(板贴:具体事例 说明观点)

设计意图:第六单元的语文要素是通过具体的事例来说明观点。《学弈》作为单元开篇之文,突显语文要素,使学生在读熟、读懂、读透的基础上大致了解构篇写法,可谓水到渠成。

板 书 设 计

六年级下册《学弈》相关资源链接

课 文

学 弈

弈秋,通国之善弈者也。使弈秋诲二人弈,其一人专心致志,惟弈秋之为听;一人虽听之,一心以为有鸿鹄将至,思援弓缴而射之。虽与之俱学,弗若之矣。为是其智弗若与？曰：非然也。

——《孟子·告子上》

其人其事

围棋

起源于中国,中国古代称为"弈",最早于春秋时期有记载,至今已有二千六七百年的历史。到了南北朝时期,弈风更盛,下围棋被称为"手谈"。及至唐宋时期,围棋得到长足发展,对弈之风遍及全国。弈棋与弹琴、写诗、绘画等被人们引为风雅之事,成为男女老少皆宜的游艺娱乐项目。

弈秋

是见于史籍记载的第一位棋手,也是史上第一个有记载的从事教育的围棋名人。关于他的记载,最早见于《孟子》。由此推测,弈秋可能是与孟子同时代的人,大约生活在战国初期,后人也将弈秋推为围棋"鼻祖"(明代冯元仲《弈旦评》),是当时诸侯列国都知晓的国手,棋艺高超。

孟子

孟氏,名轲,字子车,一说字子舆,邹国人,战国时期儒家代表人物。其师是孔子之孙子思。孟子精通五经,尤其擅长诗书。孟子曾效仿孔子,带领门徒游说各国,但是不被当时各国所接受,于是退隐与弟子一起著述。其弟子万章与其余弟子著有《孟子》一书。孟子继承并发扬孔子的思想,成为仅次于孔子的一代儒家宗师,被尊称为亚圣,与孔子合称为"孔孟"。

文章出处

本文选自《孟子·告子上》。孟子在本篇中用了大量篇幅讨论"性善"问题,主要是针对告子等人性无善无恶的观点来展开论述的。

孟子认为,人的本性是善良的,"人性之善也,犹水之就下也。人无有不善,水无有不下",人之善性源于人固有的"四端",即恻隐之心、羞恶之心、恭敬(辞让)之心、是非之心,这四种心理分别是仁、义、礼、智四种道德的出发点。孟子的这种先天本善的人性说,给人人可以向善提供了可能性,这种人皆尧、舜的可能性,便为孟子所主张的道德教化和修养的可能性提供了依据。①

相关文化知识介绍

《孟子》成书大约在战国中期，属儒家经典著作。其学说出发点为性善论，主张德治，善于用比喻说理。书中文章气势磅礴，论证严密，富于感染力和说服力，对后世散文发展有很大影响。内容包括孟子的政治活动、政治学说、哲学思想和个性修养等。全书分为《梁惠王》《公孙丑》《滕文公》《离娄》《万章》《告子》《尽心》等七章。南宋时期，朱熹将《孟子》与《论语》《大学》《中庸》合在一起称为"四书"。《孟子》是四书中篇幅最大、部头最重的一本，有三万四千六百八十五字。

原文如下：

孟子曰："无或乎王之不智也。虽有天下易生之物也，一日暴之，十日寒之，未有能生者也。吾见亦罕矣，吾退而寒之者至矣，吾如有萌焉何哉？今夫弈之为数，小数也，不专心致志，则不得也。弈秋，通国之善弈者也。使弈秋诲二人弈，其一人专心致志，惟弈秋之为听；一人虽听之，一心以为有鸿鹄将至，思援弓缴而射之。虽与之俱学，弗若之矣。为是其智弗若与？曰：非然也。"②

和学弈有关的成语：

1. 专心致志：形容一心一意，集中精神。致：尽，极；志：意志。

【出处】《孟子·告子上》："今夫弈之为数，小数也，不专心致志，则不得也。"

2. 博弈犹贤：指不要饱食终日，无所事事。

【出处】《论语·阳货》："子曰：'饱食终日，无所用心，难矣哉！不有博弈者乎？为之，犹贤乎已。'"春秋时期，孔子经常教育他的学生向颜回学习，不要追慕富贵与享受，而要用心读书。孔子说如果一个人一天到晚吃得饱饱的但不做事，不去用心思考问题，那就没有造就了。下棋的人虽然悠闲，但也是要用心的，这比闲着不做事的人真是强多了。

关于弈秋的小故事：

有一日，弈秋正在下棋，一位吹笙的人从旁边路过。悠悠的笙乐，飘飘忽忽的，如从云中撒下。弈秋一时走了神，侧着身子倾心聆听。此时，正是棋下到决定胜负的时候，笙突然不响了。吹笙人探身向弈秋请教围棋之道，弈秋竟不知如何对答。不是弈秋不明白围棋的奥

---

① 方勇,译注.孟子[M].北京：中华书局,2015：212.
② 杨伯峻.孟子译注[M].北京：中华书局,2019：288.

秘,而是他的注意力此刻不在棋上。

这个小故事和《学弈》一样告诫人们,专心致志是下好围棋的先决条件,做事情一定要一心一意。

六年级下册《学弈》拓展阅读及译注

拓展阅读一

师旷论学

晋平公①问于师旷②曰:"吾年七十,欲学,恐已暮矣。"

师旷曰:"何不炳烛③乎?"

平公曰:"安有为人臣而戏其君乎?"

师旷曰:"盲臣④安敢戏其君乎!臣闻之,少而好学,如日出之阳;壮而好学,如日中之光;老而好学,如炳烛之明。炳烛之明,孰与昧行乎⑤?"

平公曰:"善哉!"

——选自《说苑·建本》

注释:

① 晋平公:春秋时晋国的国君。② 师旷:字子野,春秋时期晋国乐师。他双目失明,仍热爱学习,对音乐有极高的造诣。③ 炳烛:点燃蜡烛照明。当时的烛,只是火把,还不是后来的烛。炳:光明,显明。④ 盲臣:瞎眼的臣子。师旷是盲人,故自称是"盲臣"。⑤ 炳烛之明,孰与昧行乎:点上烛火照明,比起在黑暗中走路,究竟哪个好呢?昧行:黑暗中行走。昧:黑暗。

译文:

晋平公对师旷说:"我今年七十岁了,想要学习,恐怕已经晚了。"师旷回答说:"为什么不点蜡烛呢?"平公说:"怎么有为人臣子戏弄自己国君的呢?"师旷说:"我双目失明,怎么敢戏弄君王呢?我听说,年少时好学,如同初升的太阳;到了中年时好学,如同正午的太阳;到了年老而好学,如同点上烛火照明。点上烛火照明,比起在黑暗中走路,究竟哪个好呢?"平公说:"说得对啊!"

拓展阅读二

纪昌学射

甘蝇①,古之善射者,彀弓②而兽伏鸟下。弟子名飞卫③,学射于甘蝇,而巧过其师。纪昌④者,又学射于飞卫。飞卫曰:"尔先学不瞬,而后可言射矣。"

纪昌归,偃卧其妻之机⑤下,以目承牵挺⑥。二年之后,虽锥末倒眦⑦,而不瞬也。以告飞卫。飞卫曰:"未也,必学视而后可。视小如大,视微如著,而后告我。"

昌以牦⑧悬虱于牖,南面而望之。旬日之间,浸大也;三年之后,如车轮焉。以睹余物,皆丘山也。乃以燕角之弧,朔蓬之竿⑨射之,贯虱之心,而悬不绝。以告飞卫。飞卫高蹈拊膺⑩曰:"汝得之矣!"

——选自《列子·汤问》

注释:

① 甘蝇:古代传说中善于射箭的人。② 彀(gòu)弓:张弓,拉开弓。③ 飞卫:古代传说中善于射箭的人。④ 纪昌:古代传说中善于射箭的人。⑤ 偃卧:仰卧。机:这里专指织布机。⑥ 牵挺:织布机上提综的踏脚板。因其上下动作,故可练目不瞬,不眨眼。⑦ 锥末:锥尖。眦(zì):眼角。靠近鼻子的为内眦,两翼的为外眦。⑧ 牦:牦牛尾巴的毛。⑨ 燕角之弧:用燕国出产的牛角做成的弓。朔蓬之竿(gǎn):用楚国蓬梗做成的箭。朔,当为"荆"字之误。荆,楚国,出产良竹。蓬,蓬草,杆可做箭。竿,箭杆。⑩ 膺(yīng):胸膛。

译文:

甘蝇,是古代的神箭手,只要一张弓发射,就能击落飞鸟,射杀走兽。他的学生名叫飞卫,向甘蝇学习射箭,而技巧超过了老师。有个叫纪昌的人,又来向飞卫学习射箭。飞卫对他说:"你先要学会不眨眼睛的本领,然后才谈得上射箭。"

纪昌回到家里,就仰面朝天躺在妻子的织布机下,双眼死死盯住织布机的踏板。两年之后,即使锋利的锥尖刺到眼眶边,他都不眨一下眼。于是就去告诉飞卫。飞卫说:"还不行,你必须练好眼力才可以。当你能把极小的物体看得很大,将模糊的目标看得很显著,那时候,你再来告诉我。"

纪昌用牛尾巴毛拴住一只虱子,吊在窗口上,天天面朝南方目不转睛地瞪着。十多天之后,虱子在眼中渐渐显得大了起来;三年以后,竟显得如车轮一般大。再看看其他东西,都如山丘一样。他便用燕国牛角加固的弓,楚国蓬干制成的箭,朝虱子射去,利箭穿透虱心,而牛尾毛却没断绝。于是,纪昌又跑去告诉飞卫,飞卫高兴得跳起来,拍着胸膛说:"射箭的奥妙你已经得到啦!"

(译文参考:严北溟,严捷.列子译注[M].上海:上海古籍出版社,2016:160-162.)

拓 展 阅 读 三

蜀 鄙 二 僧

蜀之鄙①有二僧,其一贫,其一富。

贫者语于富者曰:"吾欲之南海②,何如?"

富者曰:"子何恃③而往?"

曰:"吾一瓶一钵足矣④。"

富者曰:"吾数年来欲买舟而下,犹未能也。子何恃而往!"

越明年⑤,贫者自南海还,以告富者。富者有惭色。

西蜀之去南海,不知几千里也,僧富者不能至,而贫者至焉。人之立志,顾⑥不如蜀鄙之僧哉!

——选自《白鹤堂诗文集》

注释:

① 鄙:边境。② 南海:指佛教圣地普陀山,在今浙江定海县的海上。③ 恃:凭借,依靠。④ 瓶:水瓶。钵:和尚用来盛饭食的器皿。⑤ 越:到。明年:第二年。⑥ 顾:表示较强的转折副词,可译为难道,反而。

译文:

蜀地边境有两个和尚,一个贫穷,一个富有。

穷和尚对富和尚说:"我想去南海,你觉得怎样?"

富和尚说:"你凭借什么去南海?"

穷和尚说:"我有一只水瓶一个饭钵就够了。"

富和尚说:"我多年来一直想买条船顺流而下去南海,至今都没能如愿,你怎么能凭一瓶一钵就去了?"

到了第二年,穷和尚从南海回来,告诉了富和尚。富和尚露出惭愧的神色。

从蜀地到南海,不知道有几千里路程,富和尚没能去成,而穷和尚去了。一个人立志求学，难道还不如蜀地边境的那个穷和尚吗？

（译文参考：周游，编.线装中华国粹·中国寓言[M].南昌：二十一世纪出版社，2016：337-338.）

拓展阅读四

高凤① 笃学

高凤，字文通，南阳叶人也。少为书生，家以农亩为业，而专精诵读，昼夜不息。妻尝之②田，曝麦于庭③，令凤护鸡④。时天暴⑤雨，而凤持竿诵经⑥，不觉潦⑦水流麦⑧。妻还⑨怪问⑩，凤方悟之。其后遂为名儒，乃教授业于西唐山中。

——选自《后汉书·逸民传》

注释：

① 高凤：东汉人，由于认真专注笃学，终于成为一名闻名天下的学者，在西唐山（现河南平顶山叶县常村乡西唐山）教学生读书。叶县常村乡的漂麦河因此得名。② 尝：曾经。之：动词，到……去。③ 曝（pù）：晒。庭：院子。④ 护鸡：指守住鸡，不让它吃麦子。护：监护。⑤ 暴（bào）：突然。⑥ 经：指古代儒家经典著作。⑦ 潦（lǎo）水：雨后地上积水。⑧ 流麦：把麦子冲走了。⑨ 还：回来。⑩ 怪问：惊奇地询问。

译文：

高凤，字文通，南阳叶县人。从小就是读书人，家里以种田为业，但他专心读书，昼夜不息。妻子曾经有一次去田间，在庭院中晒了麦子，要高凤看着，别让鸡吃了。不久天降大暴雨，而高凤手拿着竹竿诵读经书，水冲走了麦子他都没发觉。妻子回来后感到奇怪，就问他，高凤这才明白过来。后来高凤终于成了有名的学者，并在西唐山中传授学业。

（译文参考：许嘉璐，主编.二十四史全译·后汉书[M].上海：汉语大词典出版社，2004：1673.）

十三、六年级下册《两小儿辩日》游戏教学设计及拓展资源

六年级下册《两小儿辩日》游戏教学设计

思之，辩之，明理也

执教整理：罗思思（杭州市外语实验小学）
指导点评：金晓芳（特级教师）

教学分析

《两小儿辩日》是小学语文六年级下册的一篇文言文。文章讲述的故事是：古时候两个小孩凭自己的直觉判断，一个认为太阳在早晨离人近，一个认为太阳在中午离人近，并各自对观点进行说明。为此，两人各持一端，争执不下，就连孔子这样博学的人也不能做出判断。这个故事既渗透了认识自然、探求客观真理，并敢于挑战权威、大胆质疑的科学态度，也说明了学无止境，再博学的人也会有所不知，应该实事求是的道理。

教学目标

1. 运用借助注释、联系上下文等基本方法学习文言文，能用自己的话说出故事内容。
2. 通过朗读、品味、比较、联想等多种方式学习课文，在学懂的基础上熟读成诵。
3. 通过两个孩子的观点阐述，学习探求真理、实事求是的科学态度，懂得学无止境的道理。

教学重点

1. 通过借助注释、联系上下文等方法理解重点词句的意思。
2. 弄清两个孩子的观点及如何说明自己的观点，在学懂的基础上熟读成诵。

教学难点

领悟文中所揭示的道理。

教学内容

（一）视频导入

出示视频(去掉音频)。视频里的人在干吗？（两个小朋友在讨论太阳）

这就是我们今天要学习的课文。

出示课题，读题。

> 设计意图：以动画的形式快速揭示本篇小古文的内容，使学生理解课题，点燃了学生学习热情，也为下面的四人小组合作表演学习做铺垫。

（二）初读课文

1. 学好文言文你们有什么好方法？（看注释、查资料、联系上下文、问老师等）

2. 朗读课文，要求结合注释，读准字音，不懂的地方多读几次。

3. 老师发现刚才同学们问得最多的是这几个字，如"为"[前两个为（wéi），后一个为（wèi，同谓，说）]"乎""孰""知"等，它们都分布在这几句话里。

> 此不为远者小而近者大乎？
> 此不为近者热而远者凉乎？
> 孰为汝多知乎？

（1）通过借助注释、联系上下文，想一想怎么读准字音？

（2）你发现这三句有什么共同点？（都有"乎"，都是问句）读出问句的语气。

（3）三个"乎"所表达的感情有何不同？（前两句是疑问语气，声量提高；最后一句，略带嘲笑）

指名三位学生读，再齐读。

4. 读小古文。

指名读；生赛读(3名)；师生合作读。

> 设计意图：回顾小古文多种学习方法，勾连学习记忆，快速进入文言文的学习。采用借助注释、联系上下文等学习文言文方法，读准较难理解的字词，抓主丢次，为整体理解小古文的内容打下基础。同时体会"乎"在不同语境中的不同语气，读出反问和疑问语气，为后文读出小古文的韵味奠定基础。

（三）研角度，思远近

1. 出示第一对词语：车盖、盘盂。（读）出示车盖和盘盂图。谁大，谁小？

车盖　　　　　　　　盘盂

出示第二对词语：沧沧凉凉、探汤。（延伸带"汤"的词语：赴汤蹈火、固若金汤）
把这四个词语所在的句子找出来。多读几次。

> 日初出大如车盖，及日中则如盘盂，此不为远者小而近者大乎？
>
> 日初出沧沧凉凉，及其日中如探汤，此不为近者热而远者凉乎？

2. 探究发现：仔细观察两对词语，你有什么发现？

（1）引导学生探索车盖和盘盂之间的关系，以及沧沧凉凉和探汤之间的关系。

第一对：太阳的大小；第二对：太阳的温度。

一小儿从大小的角度发现："日初出大如车盖，及日中则如盘盂"。

另一小儿从温度的角度发现："日初出沧沧凉凉，及其日中如探汤"。

（2）引导探索车盖和沧沧凉凉的关系，以及盘盂和探汤的关系。

再来观察，老师把车盖和沧沧凉凉、盘盂和探汤打上大括号，你又有什么发现？

（一组写：日初出；一组写：日中时）

一儿曰：日初出大如车盖；另一儿曰：日初出沧沧凉凉。

一儿曰：及日中则如盘盂；另一儿曰：及其日中如探汤。

3. 相同的时间、相同的地点、相同的太阳，两小儿的观点一样吗？为什么？

> 我以日始出时去人近，而日中时远也。
> 我以日初出远，而日中时近也。

（两小儿观察的角度不同）

4. 思远近。

老师这有两个字（远近），谁能来贴到这两个位置（车盖、盘盂）上面？为什么？

怪不得一小儿得出：我以日始出时去人近，而日中时远也。

同样两个字（远近），谁能来贴到这两个位置（沧沧凉凉、探汤）下面？为什么？

由此，另一小儿得出：我以日初出远，而日中时近也。

5. 我们班的同学真聪明，那老师再来考考你们。

女生请听：一小儿观察太阳的大小发现——日初出大如车盖，及日中则如盘盂，此不为远者小而近者大乎？

得出结论：我以日始出时去人近，而日中时远也。

男生请听：另一小儿得出结论——我以日初出远，而日中时近也。

因为他通过观察太阳温度发现：日初出沧沧凉凉，及其日中如探汤，此不为近者热而远者凉乎？

> 设计意图：本环节围绕关键词句，理清两小儿的观点、依据和结论，引导学生知晓角度不同，则看法有异。同时教师设计了生生互读、师生合作读、男女赛读等多种朗读的形式，引导学生读出节奏，读出韵味。在研判不同角度的过程中，结合"远""近"的板贴，整个环节的教学既训练思维逻辑能力，又发展口语表达能力，无痕地落实了"本单元用具体事例说明观点"的语文要素。

（四）辩斗

1. 理解"辩斗"：一个说早上近中午远，一个说早上远中午近，两小儿说着说着，就争论起来了。这番争论,用课文中的词叫——辩斗。什么叫辩斗?

2. 那我们也来辩斗辩斗,找出两小儿辩斗的句子,同桌合作,入情入境。

哪对同桌来辩斗下?

(生演,其他同学观察,一会来评价。评价完,生再读)

看着同学们辩斗,老师也跃跃欲试,给老师个机会,谁愿意来跟老师辩斗辩斗?

(师生辩斗。辩斗中间可运用古语过渡:非也,非也,错矣,此言差矣)

3. 喜欢两小儿吗?为什么?(有观点、爱观察、有知识、爱思考)

评价标准:
表达完整。☆
语言流畅,有"辩斗"。☆☆
加上丰富的动作、神态"辩斗"。☆☆☆

4. 既然大家都喜欢两小儿,那我们就来当当他们。出示课前的无声动画片,想请大家给两个辩日的小孩配音。先请大家打开平板,小组分角色合作表演。

设计意图:以"辩斗"为切入点,创设情境生生辩斗,师生辩斗,四人小组辩斗。通过表演联想场景,在语境中感受语言,在语言中体会语境。所谓真理越辩越明,小学生辩着辩着就明白了各自的立场和看法,并去体验、把握、享受。两个可爱的古代"小儿"形象就这样被还原到了课堂中,既激发了学生对小古文的学习兴趣,又提高了语文学习效果。

(五)体会"不能决"

1. 就在两小儿争论不休时,谁来了?(孔子)

教师入情入境,戴上帽子,代入孔子角色:小朋友,你们刚刚在辩论什么?你的观点是什么?还有一小儿是谁?你的观点是什么?哎呀,你们说得都有道理啊!

2. 我刚刚扮演的孔子对不对?依据:孔子不能判断、判决。

你们对孔子这个大学问家失望吗?

怪不得两小儿笑曰:孰为汝多知乎?

他们在笑什么?

3. 是啊,这事不仅难倒了两小儿,也难住了孔子,但这事发生在2 000多年前的古代啊。你们知道是什么原理吗?(播放小视频,促进学生对大自然的了解)

设计意图：以"问题链"的形式不断变换角度追问，将思维活动引向深处，悟出其中的道理。这就是前人不断思考，寻求知识才得出的结论，这就是我们人类的智慧。

（六）尝试背诵

现在让我们也发挥我们的智慧，试试能不能合作讲述这个有意思的故事。

师生合作背诵：

两小儿辩日

孔子东游，见两小儿_____，问其故。

一儿曰："我以_____，而_____。"

一儿曰："我以_____，而_____。"

一儿曰："日初出_____，及日中则如_____，此不为_____？"

一儿曰："日初出_____，及其日中如_____，此不为_____？"

孔子不能决也。

两小儿笑曰：_____

设计意图：读熟、读懂、读透，直到会背，水到渠成。

板书设计

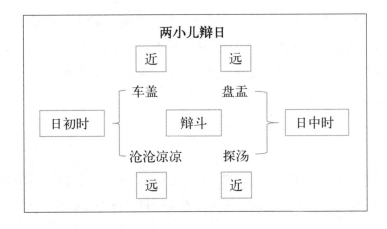

六年级下册《两小儿辩日》相关资源链接

课 文

孔子东游,见两小儿辩斗,问其故。

一儿曰:"我以日始出时去人近,而日中时远。"

一儿曰:"我以日初出远,而日中时近也。"

一儿曰:"日初出大如车盖,及日中则如盘盂,此不为远者小而近者大乎?"

一儿曰:"日初出沧沧凉凉,及其日中如探汤,此不为近者热而远者凉乎?"

孔子不能决也。

两小儿笑曰:"孰为汝多知乎?"

——《列子·汤问》

其 人 其 事

《列子》

又称《冲虚真经》。道家著作,八卷,相传为列子所撰,约成书于晋太康二年后。列子,名御寇,战国时代郑国人,主张空、静、无为,独立处世,善于修身养性。《列子》的内容多为民间传说、寓言故事和神话等,具有很高的文学价值,并包含深刻的哲学思想,以《天瑞》《力命》《杨朱》三者为最。主旨为万物产生于无形,并变化不居,任何事物都不是完美的,包括天地及圣人,人要掌握并利用自然界的规律。唐朝诏告《列子》为《冲虚真经》,北宋加封为"至德",列为道教的重要经典之一。

《汤问》简介

掌握"道"最大的障碍便是囿于一孔之见,固执于名言概念。汤问篇的宗旨,便是打破人们的智力局限,开拓眼界,因此一连讲了十五个恢诡奇谲的海外奇谈。

在"殷汤问于夏革"的故事中,它针对人们只知"今之有物"的局限,提出"物之始终,初无极已";针对"上下八方有极尽"的局限,提出宇宙"无极无尽";针对当时只知"四海之内"的局限,提出万物"大小相含,无穷极也";针对人们强自分辨事物的巨细修短,提出无限丰富的万有,虽然形气各异,但是各自情性相对于生态都是均衡的。庄子"齐物"强调事物的相对性,最终导致抹杀事物之间的差别,但《列子》强调的"均"则是指事物在相互作用中所产生的均衡,这就是"南人祝发裸身",虽风俗迥异,但各有至当,詹何垂钓以轻制重,以及公扈、齐婴各有其均而不得以心相易等故事的主旨。可以说,这里包含着很深刻的朴素辩证法思想。

"大禹迷途""小儿辩日""火浣之布"等故事说明天下之大,虽圣人也有不知之事,断不可固执己见,徒凭经验。"匏巴鼓琴""薛谭学讴""钟期知音""甘蝇善射""偃师造倡""造父学御"等故事则告诉人们,强中自有强中手,不可自以为是。特别是这里将"愚公移山"和"夸父追日"两个故事相并提出,更有深意。"愚公移山"原意在于打破世人急功近利的眼光,应像愚公那样忘怀以造事,无心而为功;而"夸父追日"则是"恃能以求胜",徒有勇力而无理智。褒贬判然,两者差别在于是违道还是顺道。①

相关文化知识介绍

孔子

子姓,孔氏,名丘,字仲尼,祖籍宋国栗邑(今河南夏邑),生于春秋时期鲁国陬邑(今山东曲阜)。中国著名的思想家、教育家、政治家。

孔子与弟子周游列国十四年,晚年修订六经。这六部经典著作的全名依次为《诗经》《尚书》《仪礼》《乐经》《周易》《春秋》(简称《诗》《书》《礼》《乐》《易》《春秋》),但其他五经至今尚存,唯独《乐经》早在汉代之前就见不到了。

关于"小儿辩日"的科学解释

"日初出大如车盖,及日中则如盘盂",当太阳初升、降落时,地平线上只有一角天空,而且附近还有树木、房屋背衬,加上此时四周天空昏暗,太阳就显得特别亮,特别大;中午时,背衬的是辽阔天空,没有物体同它比较,而且四周的天空已很明亮,与太阳亮度相差不太悬殊,因此,看上去太阳便显得小了。

我们知道,地面辐射是大气的直接热源,而地面辐射能的大小又与地面接收太阳辐射能

---

① 严北溟,严捷,译注.列子译注(中国古代名著全本译注丛书)[M].上海:上海古籍出版社,2016:130.

的多少有关。早晨,太阳初升,地平高度小,阳光斜射在地面上,地面单位面积上吸收到的太阳辐射能少,气温较低,故"沧沧凉凉"。中午,太阳直射地面,地面单位面积吸收到的太阳辐射能增大,气温高,故"日中如探汤"。

因此,以"远者小而近者大"或"近者热而远者凉"来推论太阳离地面之远近,是不科学的。

六年级下册《两小儿辩日》拓展阅读及译注

拓展阅读一

五 官 争 功

口与鼻争高下。

口曰:"我谈古今是非,尔何能居上我?"

鼻曰:"饮食①非我不能辨。"

眼谓鼻曰:"我近鉴②毫端③,远观天际,唯我当先。"又谓眉曰:"尔有何功居上我?"

眉曰:"我虽无用,亦如世有宾客,何益④主人？无即不成礼仪。若无眉,成何面目？"

——选自《唐语林》

注释:

① 饮食:吃的和喝的东西。② 鉴:观察,审察。③ 毫:指细毛。毛笔的笔头称为笔毫,根据笔毫的材质不同分为紫毫、狼毫、羊毫、兼毫等类型。还有"明察秋毫"里的"毫",指秋天里最早长出来的最细小的绒毛。而"毫端"就是毫毛的顶端。④ 益:益处,好处。

译文:

嘴巴和鼻子一争高下。嘴巴说:"我能谈论古今是非,你有什么本事,可以在我的上面？"

鼻子说:"饮料和食物没有我不能分辨的。"

眼睛对鼻子说:"我近可以观察毛笔笔头上的细毛,远可以看到天边,只有我应当排名最先。"又对眉毛说:"你有什么本事超过我,竟在我上面？"

眉毛说:"我虽然没有什么用,如同这世上有些宾客,对主人有什么用呢？但是没有就不成礼仪了。如果没有眉毛,成何面目呢？"

拓展阅读二

塞翁失马

近塞①上之人,有善术②者,马无故亡③而入胡。人皆吊④之,其父曰:"此何遽⑤不为福乎?"居⑥数月,其马将胡骏马而归。人皆贺之。其父曰:"此何遽不能为祸乎?"家富良马,其子好骑,堕而折其髀⑦。人皆吊之,其父曰:"此何遽不为福乎?"居一年,胡人大入塞,丁壮者引弦⑧而战。近塞之人,死者十九⑨。此独以跛之故,父子相保。故福之为祸,祸之为福,化不可极,深不可测也。

——选自《淮南子·人间训》

注释:

① 塞:边塞,边界险要之处。② 术:术数,推测人事吉凶祸福的法术,如看相、占卜、算命等。③ 亡:逃跑。④ 吊:对其不幸表示安慰。⑤ 何遽(jù):怎么就,表示反问。⑥ 居:这里指经过的意思。⑦ 髀(bì):大腿骨。⑧ 引弦:拿起武器。⑨ 十九:十分之九,意思是绝大部分。

译文:

靠近边塞的人家中,有一个擅长术数的人,他家的马无缘无故跑到了胡地。人们都来安慰他。那位老人却说:"这怎么见得就不是福呢?"过了几个月,那匹马带着胡人的骏马跑回来。人们都去祝贺他。那位老人说:"这怎么见得就不是祸呢?"家里多了良马,老人的儿子好骑马,有一次从马上摔下来摔折了大腿。人们都去安慰他。那位老人说:"这怎么见得就不是福呢?"过了一年,胡人大举进犯边塞,年轻人都拿起弓箭与敌人交战。靠近边塞的人大多数都战死了,唯独这家的儿子因为腿瘸的缘故,父子的性命都保住了。所以说福变为祸,祸变为福,其中的变化没有穷尽,其中的奥妙深不可测。

(译文参考:赵宗乙.淮南子译注[M].哈尔滨:黑龙江人民出版社,2002:945.)

拓展阅读三

惊弓之鸟

天下合从。赵使魏加①见楚春申君曰:"君有将乎?"曰:"有矣,仆欲将临武君②。"魏加曰:"臣少之时好射,臣愿以射譬之,可乎?"春申君曰:"可。"

加曰:"异日③者,更羸④与魏王处京台⑤之下,仰见飞鸟,更羸谓魏王曰:'臣为王引弓虚发⑥而下鸟⑦。'魏王曰：'然则⑧射可至此乎？'更羸曰：'可。'有间⑨，雁从东方来，更羸以虚发而下之。魏王曰：'然则射可至此乎？'更羸曰：'此孽⑩也。'王曰：'先生何以知之？'对曰：'其飞徐而鸣悲。飞徐者，故疮痛也；鸣悲者，久失群也。故疮未息⑪而惊心未去也，闻弦音，引⑫而高飞，故疮裂而陨⑬也。'今临武君尝为秦孽，不可为拒秦之将也。"

——选自《战国策·楚策四》

注释：

① 魏加：赵臣。② 临武君：赵将庞煖。③ 异日：往时，从前。④ 更羸：魏臣，战国时著名射手。⑤ 京台：台名，一说高台。⑥ 虚发：只拉弓不放箭。⑦ 下鸟：使鸟落下。⑧ 然则：既然如此。⑨ 有间：过了一会儿。⑩ 孽：未愈的隐藏伤。⑪ 息：痊愈。⑫ 引：伸展（翅膀），这里指奋力向上飞。⑬ 陨：从高处坠落。

译文：

天下诸侯合纵抗秦，春申君为联军主帅。赵国派魏加去见楚国春申君，问道："您已经安排好领军的大将了吗？"春申君说："是的，我打算用临武君为大将。"魏加说："我年幼时喜欢射箭，我就用射箭做个比喻，可以吗？"春申君说："可以。"

魏加说："有一天，更羸和魏王处在京台之下，抬头看见飞鸟。更羸对魏王说：'我为大王拉满空弓，虚拨一下弓弦，就能把鸟射下来。'魏王说：'射箭的技巧竟可达到如此神妙的地步吗？'更羸说：'可以的。'不久，有一只大雁从东方飞来，更羸拉满空弓虚射一箭就把大雁射落了下来。魏王说："射箭的技巧竟能达到如此神妙的地步吗？"更羸说：'这是一只有伤在身的病雁。'魏王说：'先生怎么知道的？'更羸说：'这只雁飞得慢且叫声悲切。飞得慢，是因为它旧伤疼痛；叫声悲切，是因为它离开雁群已久。它旧伤未愈且心存惊惧，一听见弓弦的声音就吓得拼命高飞，以致伤口迸裂，就掉了下来。'现在的临武君也曾被秦君打败，犹如惊弓之鸟，所以他可不能担任抗秦的将领啊。"

（译文参考：刘向.战国策[M].颜兴林，译注.南昌：二十一世纪出版社集团，2015：184－185.）

附录　小古文拓展阅读篇目

年　　级	课　文	出　处	拓展阅读篇目(52)
三年级上册	《司马光》	《宋史·司马光传》	1.《曹冲称象》 2.《孔融让梨》 3.《文彦博灌水取球》
三年级下册	《守株待兔》	《韩非子·五蠹》	1.《揠苗助长》 2.《龟兔竞走》 3.《画蛇添足》 4.《叶公好龙》 5.《刻舟求剑》 6.《郑人买履》
四年级上册	《精卫填海》	《山海经·北山经》	1.《大禹治水》 2.《夸父追日》 3.《鹦鹉扑火》 4.《女娲补天》 5.《盘古开天地》
四年级上册	《王戎不取道旁李》	《世说新语·雅量》	6.《王戎观虎》 7.《王元泽分辨獐与鹿》 8.《管庄子刺虎》
四年级下册	《囊萤夜读》	《晋书·车胤传》	1.《怀素写字》 2.《匡衡好学》 3.《断齑画粥》 4.《欧阳苦读》
四年级下册	《铁杵成针》	《方舆胜览·眉州》	5.《宋濂嗜学》 6.《程门立雪》 7.《司马光好学》 8.《王冕读书》 9.《文征明习字》
五年级上册	《古人谈读书》(二则)	《论语》《训学斋规》	1.《读书须有疑》 2.《学无常师》 3.《三余读书》 4.《读书百遍,其义自见》 5.《荀子·劝学》 6.《与诸弟书》

续 表

年 级	课 文	出 处	拓展阅读篇目(52)
五年级下册	《自相矛盾》	《韩非子·难一》	1.《南辕北辙》 2.《滥竽充数》 3.《狐假虎威》 4.《买椟还珠》
	《杨氏之子》	《世说新语·言语》	5.《晏子使楚》 6.《庄子与惠子游于濠梁之上》 7.《小时了了》 8.《诸葛恪得驴》 9.《王蓝田性急》
六年级上册	《伯牙鼓琴》	《吕氏春秋·本味》	1.《管宁割席》 2.《荀巨伯远看友人疾》
	《书戴嵩画牛》	《苏轼文集》卷七十 （中华书局，1986）	3.《斗牛图》 4.《北人不识菱》
六年级下册	《学弈》	《孟子·告子上》	1.《师旷论学》 2.《纪昌学射》 3.《蜀鄙二僧》 4.《高凤笃学》
	《两小儿辩日》	《列子·汤问》	5.《五官争功》 6.《塞翁失马》 7.《惊弓之鸟》

后 记

我从教近三十年,做过小学教师、教研员、小学校长、大学教师,随着对行业现状和学生成长复杂性的认识越来越真切,感受到的"寓教于乐"的磁吸力就越来越强。在教育生涯的每一个阶段,我都在思考:教什么?怎么教?教得好不好?教书育人是一个系统工程,学校教育重要,家庭教育也重要,但在诸多的外因背后,往往潜藏着兴趣这个内因层面的功臣。兴趣是最好的老师,这是开启优质教育与成功人生的一把金钥匙。基于此,我遵循学生的身心发展规律与语文的学科特性,尝试把教学游戏引入语文教学,取得了卓有成效的成果。《小学语文游戏教学设计》等图书的出版,就是我长期探索过程中提炼出来的提升语文教学成效的真实记录。

游戏是人类的天性。儿童每天做游戏就像每天穿衣、吃饭一样自然。荷兰的人类学家赫伊津哈说,游戏是人类文明的源泉。他给游戏下的定义是:"游戏是在某一固定时空中进行的自愿活动或事业,依照自觉接受并完全遵从的规则,有其自身的目标,并伴以紧张、愉悦的感受和'有别于''平常生活'的意识。"德国启蒙运动的代表人物席勒提出:"只有当人在充分意义上是人的时候,他才游戏;只有当人游戏的时候,他才是完整的人。"他认为,小孩子往往是缺乏自主权的,因为无论在什么场合都由大人支配和安排。而只有在"游戏"当中,小孩子才能扮成大人的样子,模仿大人言行,从中得到乐趣;只有在游戏中,小孩的我才是我,才是自由的。他们描述的场景与教育教学场景的本质极为相近,这是游戏教学成为一种教学法的基本逻辑。游戏教学法是一种被证明行之有效的实践路径。20世纪初意大利蒙台梭利极力倡导游戏教学,并提出了游戏任务、游戏信号物、游戏行为和游戏规则这四种相互联系的结构元素。美国许多学校采用模拟游戏,通过模仿某种现实,由学生扮演现实生活中的角色来强化教育教学效果。《新媒体联盟地平线报告》在2012年提出"基于游戏的学习",倡导全世界重视游戏的多元教育功能。已举办13届的美国GLS(Games + Learning + Society,游戏 + 学习 + 社会)会议,每年都持续关注游戏化学习研究的最新进展。英国小学正普遍开展游戏化学习，致力于针对不同课程开发基于游戏的学与教方式的变革。可以说，社会经济发展水平越高的国家或地区，游戏融入教学的程度就越高。游戏教学法在改变学生学习态度、发展高阶思维、提高记忆与行为效果等方面的有效性有目共睹。可惜的是，我们国内的学校教学一直把游戏当成一种教学设计元素，极少有人在教学法层面进行游戏教学的教育实践与验证。

我带领我的团队进行"小学语文游戏教学方式变革"这项专题研究，已逾15年。从小学语文教学游戏的设计到教学游戏开发，我们经历了五六年的时间，在人民教育出版社正式出版了《新课程小学语文幼小衔接教学游戏指导与设计》一书，该书曾获全国小学语文论文专著类一等奖，浙江省基础教育成果奖二等奖；接着到游戏教学方式变革，我们做得很慢，经历了七八年的时间，分别在《课程·教材·教法》《人民教育》《语文教学通讯》等杂志上发声，形成了较为完整的"小学语文游戏教学"研究体系；再到近几年，伴随着统编小学语文教科书的使用，我们以语文游戏教学工作室为载体，不断完善游戏课程架构体系，打破学科边界，实现课外减负，课内提质。我们推出"小学游戏教学"公众号，成立全国"语文课程与游戏教学专业委员会"，研究的步伐从未间断。我辞去教研员工作，带着游戏教学课题回到教学一线，亲自带班教学。我们用"三同一异"的实验方法检测识字效果（相同的教学内容、年级、老师，不同的教学方法），结果发现，在游戏条件下的实验班与使用传统教法的对照班相比，人均识字率明显提高。一年级实验班人均识字率为75.9%，对照班为65.4%，同比提高10.5%；二年级实验班人均识字率为85.3%，对照班为76.8%，同比提高8.5%。实践证明，游戏教学能够使学生更愿意学，更主动学，学得更好。

近些年，我们团队开始把着力点从低年级转移到高年级，主要实践和探索游戏融入条件下的小古文教学和习作教学。统编小学语文教材把小古文篇目增加到14篇，旨在传承中华优秀传统文化，发掘我国深厚的文化软实力。然而，教材中并没有推荐小古文课外阅读读本，和初中统编语文教材40篇小古文相比，学习难度更是悬殊，学生缺乏一个适应过渡的过程。小古文教什么，怎么教，许多教师不清楚，于是沿用传统的读读讲讲背背的套路，教学方法单一，容易造成学生望文生怯，更谈不上热爱祖国传统的语言文字了。本书编排主要有三个目的：(1) 游戏融入小古文教学，更新教学观念和思想，激发兴趣，改变教学方式，培植热爱传统文化的感情；(2) 增加与统编教材配套的小古文拓展阅读篇目，主动做好学段衔接，小初衔接；(3) 补充小古文学习资源和教学设计资源，拓宽师生的阅读视野，提高小学生阅读小古文以及教师教授小古文的能力。同时，我们还在书的最后安排小古文阅读的游戏化测评，综合检测学生学习52则小古文的能力。

首先,感谢我的特级教师工作室成员,他们是莫燕燕、张燕、陈培骊、徐立琴、傅世玉、宋洁、汪远、罗思思、张月、韩凌琦、范芸、吴晓琳、郑望阳、王莹、方丽、方敏骅、张佳丹、陈照霞、李青、熊爱华等老师,大家共同参与了小古文拓展阅读篇目的收集和译注工作。其中,莫燕燕、张燕、徐立琴、汪远、罗思思、韩凌琦、王莹、方丽、张佳丹老师,还有来自深圳的卢茜茜团队、杭州市西湖区的俞玉珍团队和杭州市萧山区的张金尧团队,共同设计并实践了统编教材14篇小古文的教学设计工作。可以说,本书里面的每一个小古文教学设计都经历了反复打磨实践和无数次的修改完善,凝聚着设计教师和指导教师的心血。感谢我的先生曹心意和女儿曹语苍的古籍搜集检索工作,女儿还于百忙之中为本书做文字处理、文献检索工作。同时感谢杭州市外语实验小学罗嘉绮校长对收集古籍文献的大力支持,感谢浙江大学章雪富教授和杭州师范大学叶志衡教授的悉心指导。

我还要特别感谢中国教育学会小学语文教学专业委员会原理事长崔峦老先生与华东师范大学吴刚平教授,感谢他们拨冗为本书作序,无私提携后辈之情永志难忘;感谢一直为语文游戏教学系列图书审定的华东师范大学出版社教育心理分社彭呈军社长和白锋宇编辑;还要感谢一直理解、帮助和支持我们游戏教学实践研究的诸多领导、专家和同行,正是因为有各位的鼓励,我才有这次就教于各位方家的机会。

好的教育让所有孩子都看到努力的方向,让内心充满自信,充满对成功的渴望和对未来的希望。好的教师让所有学生从不愿学到主动学,从学不好到学得好,让学得好的学生用时少、学得乐。随着国家政治经济水平的提升,随着人工智能时代的到来,"双减"背景下学习和游戏的融合正在加速。我们完全有理由相信,致力于让学习更科学、更快乐、更有效的游戏教学将拥有越来越广阔的空间,教育的未来也会因此更美好。

毕加索说:"学会像一个六岁的孩子那样作画,用了我一生的时间。"顺应儿童的天性并践行游戏教学研究,我已将其融进最美好的青春时光,并还将用尽我一生的时间。这大概就是游戏精神吧。

金晓芳

2022年2月24日于杭州蝶溪苑

适合统编小学语文教科书中、高年级

小古文游戏教学设计

小古文拓展阅读游戏化测评

金晓芳 编著

华东师范大学出版社
·上海·

目　录

一、小古文拓展阅读游戏化测评　　　　　　　　　　　1
　（一）三年级上册小古文游戏化测评题　　　　　　　1
　　　1. 曹冲称象　　　　　　　　　　　　　　　　　1
　　　2. 孔融让梨　　　　　　　　　　　　　　　　　2
　　　3. 文彦博灌水取球　　　　　　　　　　　　　　3
　（二）三年级下册小古文游戏化测评题　　　　　　　4
　　　1. 揠苗助长　　　　　　　　　　　　　　　　　4
　　　2. 龟兔竞走　　　　　　　　　　　　　　　　　5
　　　3. 画蛇添足　　　　　　　　　　　　　　　　　6
　　　4. 叶公好龙　　　　　　　　　　　　　　　　　7
　　　5. 刻舟求剑　　　　　　　　　　　　　　　　　8
　　　6. 郑人买履　　　　　　　　　　　　　　　　　9
　（三）四年级上册小古文游戏化测评题　　　　　　　10
　　　1. 大禹治水　　　　　　　　　　　　　　　　　10
　　　2. 夸父追日　　　　　　　　　　　　　　　　　11
　　　3. 鹦鹉扑火　　　　　　　　　　　　　　　　　12
　　　4. 女娲补天　　　　　　　　　　　　　　　　　14
　　　5. 盘古开天地　　　　　　　　　　　　　　　　15
　　　6. 王戎观虎　　　　　　　　　　　　　　　　　16

| 7. 王元泽分辨獐与鹿 | 17 |
| 8. 管庄子刺虎 | 18 |

（四）四年级下册小古文游戏化测评题　20
1. 怀素写字	20
2. 匡衡好学	21
3. 断齑画粥	23
4. 欧阳苦读	24
5. 宋濂嗜学	25
6. 程门立雪	26
7. 司马光好学	27
8. 王冕读书	28
9. 文征明习字	29

（五）五年级上册小古文游戏化测评题　30
1. 读书须有疑	30
2. 学无常师	31
3. 三余读书	32
4. 读书百遍，其义自见	33
5. 荀子·劝学	34
6. 与诸弟书	36

（六）五年级下册小古文游戏化测评题　37
1. 南辕北辙	37
2. 滥竽充数	39
3. 狐假虎威	40
4. 买椟还珠	41
5. 晏子使楚	42
6. 庄子与惠子游于濠梁之上	44

  7. 小时了了   45
  8. 诸葛恪得驴   46
  9. 王蓝田性急   48
 （七）六年级上册小古文游戏化测评题   49
  1. 管宁割席   49
  2. 荀巨伯远看友人疾   50
  3. 斗牛图   51
  4. 北人不识菱   53
 （八）六年级下册小古文游戏化测评题   54
  1. 师旷论学   54
  2. 纪昌学射   55
  3. 蜀鄙二僧   57
  4. 高凤笃学   58
  5. 五官争功   59
  6. 塞翁失马   61
  7. 惊弓之鸟   62

二、参考答案   65
 （一）三年级上册小古文测评答案   65
 （二）三年级下册小古文测评答案   66
 （三）四年级上册小古文测评答案   67
 （四）四年级下册小古文测评答案   70
 （五）五年级上册小古文测评答案   73
 （六）五年级下册小古文测评答案   75
 （七）六年级上册小古文测评答案   79
 （八）六年级下册小古文测评答案   80

一、小古文拓展阅读游戏化测评

（一）三年级上册小古文游戏化测评题

1. 曹冲称象

时孙权曾致巨象,太祖欲知其斤重,访之群下,咸莫能出其理。冲曰:"置象大船之上,而刻其水痕所至,称物以载之,则校可知矣。"

——选自《三国志卷二十·魏志二十》

《曹冲称象》游戏化测评题

1. 慧眼识珠：解释下列句子中加横线的字。

   （1）欲知其斤重（　　　　）

   （2）置象大船之上（　　　　）

2. 穿越古今：用现代汉语翻译下面的句子。

   （1）置象大船之上,而刻其水痕所至。

   _____

   （2）称物以载之,则校可知矣。

   _____

3. 最强大脑：这个故事用（　　）代替（　　），称出了大象的重量,表现了曹冲的（　　）。

4. 小妙招：小朋友们，曹冲利用了等量代替的方法把大象的重量称出来了，你们在生活和学习中有没有遇到过以下情况：对于一件很难做的事情，用另一个办法就轻而易举做好了呢？

_____

_____

2. 孔 融 让 梨

融四岁，与诸兄共食梨，融辄引小者。大人问其故，答曰："我小儿，法当取小者。"

——选自《世说新语笺疏》

《孔融让梨》游戏化测评题

1. 慧眼识珠：解释下列句子中加横线的字。

    （1）大人问其<u>故</u>（   ）   （2）<u>法当</u>取小者（   ）

2. 穿越古今：用现代汉语翻译下面的句子。

    我小儿，法当取小者。

    _____

3. 读书明理：《孔融让梨》的故事告诉我们（   ）

    A. 要懂得孝敬父母，感恩父母的良苦用心。

    B. 要懂得谦让，懂得尊老爱幼的传统美德。

    C. 要懂得感恩，不忘师恩，尊敬老师。

4. 大脑体操：《孔融让梨》是一则历史典故，告诉我们一个道理，你还知道哪些典故？

5. 浮想联翩：说说和"礼"有关的成语。

_____

3. 文彦博灌水取球

彦博幼时，与群儿戏击球，球入柱穴中，不能取，公以水灌之，球浮出。

——《智囊诠解》

《文彦博灌水取球》游戏化测评题

1. 火眼金睛：选择加横线字的正确解释，画"√"。

   (1) 与群儿戏击球（A. 敲击；B. 打，文中指玩球）

   (2) 公以水灌之（A. 树洞；B. 球）

2. 穿越古今：用现代汉语翻译下面的句子。

   球入柱穴中，不能取，公以水灌之，球浮出。

   _____

3. 原汁原味：用文章原文回答。

   这件事的起因是（　　　　）。其他小朋友没有拿到球的原因是（　　　　）。文彦博想到的办法是（　　　　），结果（　　　　）。

4. 最强大脑：你还知道哪些古代智慧儿童的故事？

   _____

   _____

（二）三年级下册小古文游戏化测评题

1. 揠苗助长

宋人有闵其苗之不长而揠之者,芒芒然归,谓其人曰:"今日病矣!予助苗长矣!"其子趋而往视之,苗则槁矣。

——选自《孟子·公孙丑上》

《揠苗助长》游戏化测评题

1. 知音大师:请给加横线的字注音。

    （1）<u>揠</u>苗助长（　　　　）　　　（2）<u>闵</u>其苗之不长（　　　　）

    （3）苗则<u>槁</u>矣（　　　　）　　　（4）<u>趋</u>而往视之（　　　　）

2. 节奏大师:请用"/"给句子画上正确的朗读节奏。

    宋人有闵其苗之不长而揠之者。

3. 火眼金睛:分一分句子中"之"的含义。

    （1）宋人有闵其苗之①不长而揠之②者。

    之①：_____　　　之②：_____

    （2）其子趋而往视之。

    之：_____

4. 创想编剧:想一想农夫儿子和农夫会说什么。

    看到"苗则槁矣",农夫的儿子急匆匆地跑回家,对父亲说:

    "_____"

看着满地已经枯死的禾苗,农夫不禁感叹道:"_____
_____"

2. 龟 兔 竞 走

龟与兔竞走,兔行速,中道而眠,龟行迟,努力不息。及兔醒,则龟已先至矣。

——选自《意拾喻言》

《龟兔竞走》游戏化测评题

1. 法官断案:正确的打"√",错误的打"×"。

    (1)《龟兔竞走》写的是乌龟和兔子一起散步的故事。(   )

    (2)《龟兔竞走》告诉我们没有好好睡觉,就没有体力,所以我们要早睡早起。(   )

    (3)《龟兔竞走》主要写了一只骄傲的兔子和一只坚持不懈的乌龟赛跑的故事。(   )

2. 头脑风暴:《龟兔竞走》中,兔子失败和乌龟成功的原因各是什么?(可以用原文,也可以用自己的话回答)

    兔子失败的原因是:_____

    乌龟成功的原因是:_____

3. 最佳口才:我想对(   )说:_____
_____

3. 画 蛇 添 足

楚有祠者,赐其舍人卮酒,舍人相谓曰:"数人饮之不足,一人饮之有余。请画地为蛇,先成者饮酒。"

一人蛇先成,引酒且饮之,乃左手持卮,右手画蛇,曰:"吾能为之足。"未成,一人之蛇成,夺其卮曰:"蛇固无足,子安能为之足?"遂饮其酒。

为蛇足者,终亡其酒。

——选自《战国策·齐策二》

《画蛇添足》游戏化测评题

1. 一锤定音:给下面加横线的字选择正确的读音。

   (1) <u>舍</u>人卮酒(shě shè)　　　　(2) <u>数</u>人饮之(shǔ shù)

2. 火眼金睛:下面句中加横线的字解释有误的一项是(　　)

   A. 楚有祠者,<u>赐</u>其舍人卮酒　　　赐:赏给

   B. 舍人<u>相</u>谓曰　　　　　　　　相:互相

   C. <u>遂</u>饮其酒　　　　　　　　　遂:终于

   D. 为蛇足者,终亡<u>其</u>酒　　　　其:他的

3. 连线能手:给句子中的"之"找到正确的意思。

引酒且饮之	
一人饮之有余	代词,指代酒
数人饮之不足	的
子安能为之足	代词,指代蛇
一人之蛇成	
吾能为之足	

4. 快乐选择：根据文章选择正确的一项。

(1)《画蛇添足》一文的主旨是在暗示我们做事，不可（　　）

　　A. 性情急　　　B. 粗心大意　　　C. 手忙乱　　　D. 自作聪明

(2)《画蛇添足》一语后来比喻（　　）

　　A. 锦上添花　　B. 雪中送炭　　C. 操之过急　　D. 多事无益

(3) 下面哪个成语与本则寓言的寓意相反？（　　）

　　A. 画饼充饥　　B. 画地为牢　　C. 画虎类犬　　D. 画龙点睛

5. 苦口婆心：我想对画蛇添足的那个人说：_____
_____

4. 叶公好龙

叶公子高好龙，钩以写龙，凿以写龙，屋室雕文以写龙。于是天龙闻而下之，窥头于牖，施尾于堂。叶公见之，弃而还走，失其魂魄，五色无主。

是叶公非好龙也，好夫似龙而非龙者也。

——选自《新序·杂事五》

《叶公好龙》游戏化测评题

1. 火眼金睛：解释下列句子中加横线的字。

　(1) 于是天龙闻而下之（　　　　）

　(2) 弃而还走（　　　　）

2. 穿越古今：用现代汉语翻译下列句子。

　是叶公非好龙也，好夫似龙而非龙者也。

3. 洞察秋毫：请写出叶公好龙的具体表现。（用原文语句回答）

4. 快乐选择：对成语"叶公好龙"的理解，下列说法正确的一项是（ ）

   A. 这个成语是一个褒义词。

   B. 这个成语讽刺了那些无所事事的人。

   C. 这个成语是一个贬义词。

   D. 这个成语赞扬了叶公对龙的喜爱。

5. 苦口婆心：你会想对叶公说些什么呢？

5. 刻 舟 求 剑

楚人有涉江者，其剑自舟中坠于水，遽契其舟，曰："是吾剑之所从坠。"舟止，从其所契者入水求之。舟已行矣，而剑不行，求剑若此，不亦惑乎？

——选自《吕氏春秋·察今》

《刻舟求剑》游戏化测评题

1. 火眼金睛：解释下列句子中加横线的字。

   （1）其剑自舟中<u>坠</u>于水（   ）

   （2）舟<u>止</u>（   ）

2. 神笔马良：楚人采用什么办法寻找丢失的宝剑？用横线画出来。

3. 穿越古今：用现代汉语翻译下列句子。

   求剑若此，不亦惑乎？

   _____

4. 活学活用：用"刻舟求剑"写一句话。

   _____

6. 郑 人 买 履

郑人有且置履者，先自度其足而置之其坐，至之市而忘操之。已得履，乃曰："吾忘持度。"反归取之。及反，市罢，遂不得履。人曰："何不试之以足？"曰："宁信度，无自信也。"

——选自《韩非子·外储说左上》

《郑人买履》游戏化测评题

1. 火眼金睛：认识"之"。

   （1）至<u>之</u>市（   ）

   （2）而忘操<u>之</u>（   ）

   （3）何不试<u>之</u>以足（   ）

2. 吐槽大师：你认为文中郑人最可笑的表现是什么？

   _____。

3. 法官断案：这则寓言故事给人的启发是什么呢？请判断下列句子的对错。

   （1）郑人做事很认真，忘记带尺码，还返回去拿。（   ）

(2) 郑人非常相信自己,不听取别人的意见。(　　)

(3) 郑人墨守成规,死守教条,我们做事要灵活变通。(　　)

4. 穿越古今：用现代汉语翻译下列句子。

宁信度,无自信也。

(三) 四年级上册小古文游戏化测评题

1. 大 禹 治 水

尧舜时,九河不治,洪水泛滥。尧用鲧治水,鲧用壅堵之法,九年而无功。后舜用禹治水,禹开九州,通九道,陂九泽,度九山。疏通河道,因势利导,十三年终克水患。一成一败,其治不同也。

——选自《山海经》

《大禹治水》游戏化测评题

1. 知音乐园：给加横线的字注音。

　　(1) 陂九泽(　　　　)　　　　(2) 度九山(　　　　)

2. 会意乐园：联系上下文,猜一猜下列词的意思。

　　(1) 九河不治(　　　　)　　(2) 无功(　　　　)

　　(3) 水患　(　　　　)　　　　(4) 壅堵(　　　　)

3. 我是大导演：找出故事中的人物,在文中圈一圈。

4. 剧情连连看：将起因、经过、结果连一连。

起因	十三年终克水患
经过	九河不治,洪水泛滥
结果	鲧用壅堵之法,禹疏通河道

5. 道具总动员:文章中的许多词语含有"九",九河、九年、九州、九道、九泽、九山,这是指实际数量,还是表示什么意思呢?说一说。

_____

6. 超级脱口秀:你能联系课文,说说"因势利导"的意思吗?

_____

_____

2. 夸父追日

夸父与日逐走,入日。渴欲得饮,饮于河渭,河渭不足,北饮大泽。未至,道渴而死。弃其杖,化为邓林。

——选自《山海经·海外北经》

《夸父追日》游戏化测评题

1. 慧眼识珠:解释加横线的字的古今异义。

   夸父与日逐走　古义(　　　　)　　今义(　　　　)

2. 火眼金睛:选出加横线词解释有误的一项(　　)

   A. 入日:追赶到太阳落下的地方　　B. 欲得饮:喝

   C. 河渭不足:脚　　　　　　　　　D. 化为邓林:变化

3. 会意乐园:选出下面句子的正确解释。(　　)

弃其杖,化为邓林。

A. 他丢下他的手杖,手杖化为一片桃林。

B. 他丢下他的拐杖,把它化成一片桃林。

C. 他丢下他的手杖,自己化成一片桃林。

D. 他丢下他的手杖,进入邓家的桃林。

4. 情景重现:夸父逐日,先后去了哪些地方喝水,请你排序。

(　　)夸父喝完了黄河的水。

(　　)夸父去北方的一个大湖喝水。

(　　)夸父喝完了渭河的水。

5. 最强大脑:人类走到今天,我们要感谢夸父。你有什么想对夸父说的吗?写一写吧。

_____

_____

6. 超级脱口秀:夸父逐日以至于丧了命,这样做值得吗?请说说你的理由。

_____

_____

3. 鹦 鹉 扑 火

有鹦鹉飞集他山,山中禽兽辄相爱重。鹦鹉自念,虽乐,不可久也,便去。后数月,山中大火。鹦鹉遥见,便入水沾羽,飞而洒之。

天神言:"汝虽有志意,何足云也!"对曰:"虽知不能救,然尝侨居是山,禽兽行善,皆为兄弟,不忍见耳。"

天神嘉感,即为灭火。

——选自鲁迅《古小说钩沉》

《鹦鹉扑火》游戏化测评题

1. 知音乐园:给加横线字注音。

   (1) 山中禽兽辄相爱重   (   )

   (2) 即为灭火   (   )

2. 节奏大师:请给句子画上正确的朗读节奏。

   有鹦鹉飞集他山,山中禽兽辄相爱重。

   鹦鹉遥见,便入水沾羽,飞而洒之。

3. 会意乐园:解释下列加横线字的意思。

   (1)鹦鹉自念(   )   (2)便去(   )

   (3)然吾尝侨居是山(   )(   )

4. 最强大脑:天神嘉感,被鹦鹉的什么行为感动了?

5. 超级脱口秀:说一说读了故事后,你有什么感想。

6. 故事大王:你还知道类似的故事吗?请分享。

4. 女娲补天

往古之时,四极废,九州裂,天不兼覆,地不周载。火爁焱而不灭,水浩洋而不息。猛兽食颛民,鸷鸟攫老弱。

于是女娲炼五色石以补苍天,断鳌足以立四极,杀黑龙以济冀州,积芦灰以止淫水。苍天补,四极正,淫水涸,冀州平,狡虫死,颛民生。

——选自《淮南子·览冥训》

《女娲补天》游戏化测评题

1. 知音乐园:选择读音不正确的一项(　　　)

   A. 爁焱(yán)　　　　　B. 食颛民(zhuān)

   C. 攫老弱(jué)　　　　D. 淫水涸(hé)

2. 节奏大师:请给句子画上正确的朗读节奏。

   火爁焱而不灭,水浩洋而不息。猛兽食颛民,鸷鸟攫老弱。

3. 连线小能手:我知道这些词语对应的意思。

爁焱	汪洋泛滥
浩洋	朴实的民众
颛民	凶猛的鸟
鸷鸟	大火绵延
淫水	凶猛的禽兽
狡虫	过量的洪水

4. 时空连线:你想对女娲说点什么?

5. 日积月累：你还知道哪些关于女娲的故事？

6. 评头论足：夸父、精卫、女娲，谁给你留下的印象最深，为什么？

5. 盘古开天地

天地浑沌如鸡子，盘古生其中。万八千岁，天地开辟，阳清为天，阴浊为地。盘古在其中，一日九变，神于天，圣于地。天日高一丈，地日厚一丈，盘古日长一丈，如此万八千岁。天数极高，地数极深，盘古极长，后乃有三皇。数起于一，立于三，成于五，盛于七，处于九，故天去地九万里。

——选自《三五历纪》

《盘古开天地》游戏化测评题

1. 知音乐园：选择读音不正确的一项（　　　）

　　A. 混沌(dùn)　　　　B. 开辟(bì)

　　C. 阴浊为地(zhuó)　　D. 日长一丈(cháng)

2. 唱反调：在文中找出反义词。

　　天——（　　）　清——（　　）　阴——（　　）

3. 找朋友：与"万八千岁"中的"岁"意思一样的是（　　　）

　　A. 周岁　　B. 年岁　　C. 岁月　　D. 岁首

4. 节奏大师：请给句子画上正确的朗读节奏。

天日高一丈,地日厚一丈,盘古日长一丈,如此万八千岁。

5. 我是小判官:看看谁说得对?

(1)"一日九变"的意思是"一天变化九次"。(　　)

(2)"一日九变"的意思是"一天变化多次"。(　　)

(3)"一日九变"中的"日"和"天日高一丈"中的"日"意思一样。(　　)

(4)"一日九变"中的"日"和"天日高一丈"中的"日"意思不一样。(　　)

6. 天神颁奖员:如果你要为盘古颁奖,你会给他设定什么奖项名称呢?

奖　状

盘古:

　　你在开天辟地的过程中_____,特授予你_____奖,以资鼓励。

天神颁奖委员会

6. 王 戎 观 虎

魏明帝于宣武场上断虎爪牙,纵百姓观之。王戎七岁,亦往看。虎承间攀栏而吼,其声震地,观者无不辟易颠仆,戎湛然不动,了无惧色。

——选自《世说新语·雅量》

《王戎观虎》游戏化测评题

1. 翻译达人:解释下列加横线的字。

(1) 纵百姓观之　　　　　　纵：_____

　　(2) 亦往看　　　　　　　　亦：_____

　　(3) 虎承间攀栏而吼　　　　承间：_____

　　(4) 戎湛然不动　　　　　　湛然：_____

2. 节奏大师：请给句子画上正确的朗读节奏。

　　魏明帝于宣武场上断虎爪牙，纵百姓观之。

3. 穿越古今：借助注释，用自己的话写出下列句子的意思。

　　戎湛然不动，了无惧色。

　　_____

4. 揣摩大师："虎承间攀栏而吼，其声震地。"用"_____"画出百姓的表现，用"_____"画出王戎的表现。

5. 人物赏析：结合这则文言文，你认为王戎是一个什么样的孩子？

　　_____

　　_____

7. 王元泽分辨獐与鹿

　　王元泽数岁时，客有以一獐一鹿同笼以问雱："何者是獐，何者为鹿？"雱实未识，良久对曰："獐边者是鹿，鹿边者是獐。"客大奇之。

　　　　　　　　　　　　　　——选自《梦溪笔谈·权智》

《王元泽分辨獐与鹿》游戏化测评题

1. 知音难寻："王元泽数岁时"中的"数"的读音是_____，"数岁"的意思是_____。

2. 猜词解疑："何者是獐，何者为鹿？"这句说中"何者"是什么意思？
（　　）

　　A. 为什么　　　　　B. 哪一个　　　　　C. 哪个人

3. 揣摩大师：王雱_____（A. 认识　B. 不认识）獐和鹿，我从文中"_____"可以知道。

4. 深入人心："客大奇之"，你认为客"奇"的是什么？
_____

5. 能言善辩：王元泽的回答巧妙在哪里？
_____
_____

6. 入情入理：这则文言文给你什么样的启示？把你的想法写下来。
_____
_____

8. 管庄子刺虎

　　有两虎争人而斗者，管庄子将刺之。管与止之曰："虎者戾虫，人者甘饵也。今两虎争人而斗，小者必死，大者必伤。子待伤虎而刺之，则是一举而兼两虎也。无刺一虎之劳，而有刺两虎之名。"

——选自《战国策·秦策二》

《管庄子刺虎》游戏化测评题

1. 翻译达人：解释下列加横线的字。

(1) 管与止之曰　　　　　　止：_____

(2) 子待伤虎而刺之　　　　之：_____

(3) 则是一举　　　　　　　举：_____

(4) 而有刺两虎之名　　　　而：_____

2. 连线能手：文中有五个"之"，我能区分它们的意思。

```
管庄子将刺之                      代词，负伤的老虎
管与止之曰                        代词，管庄子
子待伤虎而刺之                    代词，打斗的老虎
无刺一虎之劳,而有刺两虎之名        的
```

3. 翻译小达人：我会翻译下面的句子。

(1) 有两虎争人而斗者,管庄子将刺之。

_____

(2) 人者,甘饵也。

_____

4. 化繁为简：在这则文言文中,我能用"_____"这个成语来概括。

5. 一语中的：这则文言文带给你怎样的启示？试着把它写下来吧！

_____

_____

6. 日积月累：我能积累和这篇文言文相关的成语,并试着了解其中的意思。

> 事半功倍　　一石二鸟　　一箭双雕　　一举两得
> 　　坐山观虎斗　　鹬蚌相争,渔翁得利

(四)四年级下册小古文游戏化测评题

1. 怀 素 写 字

　　怀素居零陵时,贫无纸可书,乃种芭蕉万余株,以蕉叶供挥洒,名其庵曰"绿天"。书不足,乃漆一盘书之,又漆一方板,书之再三,盘板皆穿。

——选自《书林纪事》

《怀素写字》游戏化测评题

1. 当当知音人:为下列生字选择正确的读音和解释。

　　(1)乃<u>种</u>芭蕉万余株(　　)

　　　　A. zhòng 种植　　　　B. zhǒng 类别

　　　　C. chóng 姓　　　　　D. zhǒng 物种

　　(2)以蕉叶<u>供</u>挥洒(　　)

　　　　A. gòng 敬奉　　　　B. gōng 提供

　　　　C. gōng 用来　　　　D. gòng 祭品

2. 当当小翻译:请写出下列句子的意思。

　　(1)书之再三,盘板皆穿。

(2) 名其庵曰"绿天"

3. 博古通今:"书之再三,盘板皆穿。"怀素用柔软的毛笔硬是把盘和板都写穿了,这得下多大的功夫啊,这让你想到了哪些成语?

4. 最强大脑:我来写一写。

怀素为住所起了个雅号,叫"绿天",真有意思!请你模仿文中的句子,给你喜欢的事物起一个雅号吧!

书房_____　　　名吾(　　)曰"(　　　　)"
卧室_____　　　名吾(　　)曰"(　　　　)"
(　　)_____　　　名吾(　　)曰"(　　　　)"

2. 匡 衡 好 学

匡衡,字稚圭,勤学而无烛。邻居有烛而不逮,衡乃穿壁引其光,以书映光而读之。邑人大姓文不识,家富多书,衡乃与其佣作而不求偿。主人怪而问衡,衡曰:"愿得主人书遍读之。"主人感叹,资给以书,遂成大学。

衡能说《诗》,时人为之语曰:"无说《诗》,匡鼎来;匡说《诗》,解人颐。"鼎,衡小名也。时人畏服之如是。闻者皆解颐欢笑。衡邑人有言《诗》者,衡从之与语,质疑。邑人挫服,倒屣(xǐ)而去。衡追之,曰:"先生留听,更理前论!"邑人曰:"穷矣!"遂去不返。

——选自《西京杂记》

《匡衡好学》游戏化测评题

1. 火眼金睛：写出文章中这几个"之"指的是什么。

    （1）以书映光而读之。（　　　　　）

    （2）时人为之语曰。（　　　　　）

    （3）衡追之。（　　　　　）

2. 节奏大师：古时没有标点符号，文辞停顿的地方叫作句或读。请用"/"标出下列语句中的停顿处。

    邻舍有烛而不逮，衡乃穿壁引其光，以书映光而读之。

3. 人物赏析：请你写出不同的人对匡衡的态度。

    文不识：＿＿＿＿＿＿＿＿＿＿＿＿＿＿＿＿＿＿＿＿＿＿＿＿＿＿＿

    邑人：＿＿＿＿＿＿＿＿＿＿＿＿＿＿＿＿＿＿＿＿＿＿＿＿＿＿＿＿

4. 智慧大脑：把这个故事用四格漫画的形式画出来。

3. 断齑画粥

　　范仲淹家贫,就学于南都书舍,日煮粥一釜,经夜遂凝,以刀画为四,早晚取其二,断齑数十茎啖之。留守有子同学,归告其父,馈以佳肴。范仲淹置之,既而悉败矣,留守子讶曰:"大人闻汝清苦,馈以食物,何为不食?"范曰:"非不感厚意,盖食粥安之已久,今遽享盛馔,后日岂能复啖此粥乎?"

——据《昨非庵日纂》改写

《断齑画粥》游戏化测评题

1. 慧眼识珠:请给加横线字选择正确的读音和解释。

   (1) 范仲淹家贫,就学于南都书<u>舍</u>。(　　)

   　A. shě 舍得　　　　　B. shě 舍弃

   　C. shè 房屋　　　　　D. shè 家畜的圈

   (2) 日煮粥一釜,经夜<u>遂</u>凝。(　　)

   　A. sù 马上　　　　　B. suì 于是,就

   　C. suì 成功　　　　　D. sù 一瞬间

2. 火眼金睛:下列各句中"之"的用法与例句不相同的一项是(　　)

   例句:范仲淹置<u>之</u>。

   　A. 人问之,答曰:"树在道旁而多子,此必苦李"。(《王戎不取道旁李》)

   　B. 以子之矛,陷子之盾。(《自相矛盾》)

   　C. 光持石击瓮破之。(《司马光》)

   　D. 取之,信然。(《王戎不取道旁李》)

3. 大脑体操:想一想范仲淹为什么不要馈赠。

4. 精读深思：我们可以从文中学习范仲淹的什么精神？

4. 欧阳苦读

欧阳公四岁而孤，家贫无资。太夫人以荻（dí）画地，教以书字。多诵古人篇章，使学为诗。及其稍长，而家无书读，就闾（lú）里士人家借而读之，或因而抄录。抄录未毕，而已能诵其书。以至昼夜忘寝食，惟读书是务。自幼所作诗赋文字，下笔已如成人。

——选自《欧阳公事迹》

《欧阳苦读》游戏化测评题

1. 火眼金睛：文中"教以书字"中的"书"，与下面哪一句中的"书"的含义相同？（　　）

    A. 一纸乡书来万里。（《蝶恋花·京口得乡书》）

    B. 一日得句，索笔疾书，满纸龙蛇飞动。（《张丞相好草书》）

    C. 三更灯火五更鸡，正是男儿读书时。（《劝学》）

    D. 独有书癖不可医。（《示儿》）

2. 故事大师：用"/"划分出故事的起因、经过、结果。

3. 大脑体操：下面这些成语都是与读书有关的，你还知道哪些？请写下来吧！

    悬梁刺股　　凿壁偷光　　囊萤映雪　　手不释卷

4. 原汁原味：欧阳修的母亲为了教他读书做了哪几件事？请用原文回答。

(1) _____

(2) _____

5. 宋 濂 嗜 学

余幼时即嗜(shì)学。家贫，无从致书以观，每假借于藏书之家，手自笔录，计日以还。天大寒，砚(yàn)冰坚，手指不可屈伸，弗(fú)之怠(dài)。录毕，走送之，不敢稍逾(yú)约。以是人多以书假余。余因得遍观群书。既加冠，益慕圣贤之道，又患无硕师、名人与游，尝趋百里外，从乡之先达执经叩问。

——选自《送东阳马生序》

《宋濂嗜学》游戏化测评题

1. 注音大师：给下面的字注音。

   假(   )

2. 火眼金睛：解释下面句中加横线的字。

   (1) 无从<u>致</u>书以观(   )

   (2) <u>走</u>送之(   )

3. 穿越古今：翻译下面的句子。

   余因得遍观群书。

4. 最强大脑：作者家贫但嗜学，乐以忘忧，我们应该如何看待这种学习态度？

_____

_____

6. 程 门 立 雪

至时，又见程颐于洛，时盖年四十矣。一日见颐，颐偶瞑（míng）坐，时与游酢（zuò）侍立不去，颐既觉，则门外雪深一尺矣。

——选自《宋史·杨时传》

《程门立雪》游戏化测评题

1. 慧眼识珠：解释下面句中加横线的字。

    （1）时与游酢侍立不<u>去</u>（   ）   （2）颐既<u>觉</u>（   ）

2. 火眼金睛：在短文中找出表示当时天气寒冷和杨时尊敬老师的语句，分别用横线和波浪线画出来。

3. 博古通今："程门立雪"这个故事真让人感动，它告诉我们要_____。

4. 智慧大脑：到了老师家门口，他们为什么不进去呢？（用原文或用自己的话回答）

_____

5. 人物穿越：你有尊敬的老师吗？他（她）是谁？你曾经为老师做过什么事吗？

_____

7. 司马光好学

司马温公幼时,患记问不若人,群居讲习,众兄弟既成诵,游息矣。唯司马温公迨(dài)能倍诵乃止。用力多者收功远,其所精诵,乃终身不忘也。温公尝言:"书不可不成诵,或在马上,或中夜不寝时,咏其文,思其义,所得多矣。"

——选自《三朝名臣言行录》

《司马光好学》游戏化测评题

1. 慧眼识珠:解释下列句中加横线的词。

   (1) <u>患</u>记问不若人(　　　　) (2) <u>迨</u>能倍诵乃止(　　　　)

   (3) 迨能倍诵<u>乃</u>止(　　　　) (4) <u>咏</u>其文(　　　　)

2. 火眼金睛:本文中概括主旨的句子是(　　)

   A. 用力多者收功远。　　　　B. 其所精诵乃终身不忘。

   C. 书不可不成诵。　　　　　D. 咏其文,思其义,所得多矣。

3. 穿越古今:翻译下列句子。

   书不可不成诵,或在马上,或中夜不寝时。

4. 最强大脑:文中"迨能倍诵乃止"的意思是只有司马光独自苦读,直到烂熟于心为止。我们学过类似的成语,也是形容读书勤奋的,这些成语有_____。

5. 精读深思:"用力多者收功远",对此你如何理解?请找出书中的一句话来回答。

_____

8. 王 冕 读 书

王冕者,诸暨(jì)人。七八岁时,父命牧牛陇(lǒng)上,窃入学舍,听诸生诵书;听已,辄(zhé)默记。暮乃反,亡其牛,父怒,挞之。已而复如初。母曰:"儿痴如此,曷(hé)不听其所为?"冕因去,依僧寺以居。夜坐佛膝上,执策映长明灯读之,琅琅达旦。佛像多土偶,狞恶可怖,冕小儿,恬若不见。安阳韩性闻而异之,录为弟子,学遂为通儒。

——选自《宋学士文集·王冕传》

《王冕读书》游戏化测评题

1. 注音大师:给下面的词语注音。

   琅琅(　　　)

2. 慧眼识珠:解释下列加横线的字。

   (1) <u>亡</u>其牛:(　　　　)　　(2) 学<u>遂</u>为通儒:(　　　　)

   (3) <u>曷</u>不听其所为(　　　　)

3. "之"字我来辨:解释"之"字在下列各句中的意思。

   (1) 父怒,挞<u>之</u>:_____

   (2) 执策映长明灯读<u>之</u>:_____

   (3) 安阳韩性闻而异<u>之</u>:_____

4. 穿越古今:翻译下面的句子。

儿痴如此,曷不听其所为?

5. 智慧大脑:你喜欢文中的王冕吗?为什么?

9. 文征明习字

文征明临写《千字文》,日以十本为率,书遂大进。平生于书,未尝苟且,或答人简札,少不当意,必再三易之不厌,故愈老而愈益精妙。

——选自《书林纪事》

《文征明习字》游戏化测评题

1. 火眼金睛:解释文中加横线的字。

   (1) 书遂大进(   )

   (2) 平生于书(   )

   (3) 文征明临写《千字文》(   )

   (4) 或答人简札(   )

2. 穿越古今:翻译下面的句子。

   少不当意,必再三易之不厌,故愈老而愈益精妙。

3. 连线能手:连一连,找到正确的意思。

烽火连三月，家书抵万金。	书法
书到用时方恨少	信
书遂大进	写字
平生于书	识

4. 智慧大脑：在文征明身上，你学到了什么？

_____

（五）五年级上册小古文游戏化测评题

1. 读 书 须 有 疑

　　读书，始读，未知有疑；其次，则渐渐有疑；中则节节有疑。过了这一番，疑渐渐释，以至融会贯通，都无所疑，方始是学。读书无疑者须教有疑，有疑，却要无疑，到这里方是长进。

——选自《训学斋规》

《读书须有疑》游戏化测评题

1. 火眼金睛：对下列词语中加横线字的解释，不正确的一项是（　　　）

　　A. 疑渐渐<u>释</u>（解释）　　　　B. <u>方</u>始是学（才）

　　C. 读书无疑<u>者</u>（读者）

2. 节奏大师：请给句子画上正确的朗读节奏。（有三处）

　　以致融会贯通，都无所疑，方始是学。

3. 记忆超人：根据短文可以知道，朱熹在本文中说明读书想有长进，须经两个阶段，它们分别是：第一阶段是＿＿＿＿＿＿＿＿＿＿；第二阶段是＿＿＿＿＿＿＿＿＿＿。

4. 妙想联翩：文中"疑"字可真多，你能再写出几个带有"疑"字的四字成语吗？
   ＿＿＿＿＿＿＿＿＿＿＿＿＿＿＿＿＿＿＿＿＿

5. 大开脑洞：孟子说过："尽信书，则不如无书。"请结合本文，谈谈你对这句话的看法。
   ＿＿＿＿＿＿＿＿＿＿＿＿＿＿＿＿＿＿＿＿＿
   ＿＿＿＿＿＿＿＿＿＿＿＿＿＿＿＿＿＿＿＿＿

2. 学无常师

圣人无常师。孔子师郯（tán）子、苌（cháng）弘、师襄、老聃（dān）。郯子之徒，其贤不及孔子。孔子曰：三人行，则必有我师。是故弟子不必不如师，师不必贤于弟子，闻道有先后，术业有专攻，如是而已。

——选自韩愈《师说》

《学无常师》游戏化测评题

1. 火眼金睛：我能解释加横线的意思。

   （1）圣人无常师（　　　　）　（2）如是而已（　　　　）

2. 博古通今：我能用自己的话说出下列句子的意思。

   （1）郯子之徒，其贤不及孔子。

(2) 闻道有先后，术业有专攻。

3. 超级模仿秀："三人行，则必有我师。"这样的古人劝学格言，你能再写一句吗？

4. 小小评论家：你认同"学无常师"吗？用你生活中的例子阐述。

5. 智慧大脑：你知道有关孔子求学的具体故事吗？请你简要写一个。

3. 三余读书

董遇善治《老子》，为《老子》作训注。又善《左氏传》，更为作《朱墨别异》。人有从学者，遇不肯教，而云："必当先读百遍！"言："读书百遍，其义自见。"从学者云："苦渴无日。"遇言："当以'三余'。"或问"三余"之意。遇言："冬者岁之余，夜者日之余，阴雨者时之余也。"

——选自《魏略·儒宗传·董遇》

《三余读书》游戏化测评题

1. 火眼金睛：你知道下列加横线字的意思吗？

（1）董遇善治《老子》（　　　　）　　（2）人有从学者（　　　　）

(3) 读书百遍,其义自见( ) (4) 苦渴无日( )

2. 记忆超人:文中所说的"三余",具体指的是哪"三余"?请用横线画出来。

3. 连线能手:下面五个"之",我能区分它们的意思。

> 或问"三余"之意
> 冬者岁之余   助词,的
> 夜者日之余   代词,指学到的知识或技能
> 阴雨者时之余
> 学而时习之

4. 智慧达人:从这个故事中,你悟出了什么道理?请在正确答案后面画"√"。

A. 因为董遇从小爱学习,所以获得了丰富的知识。(   )

B. 董遇很会利用"三余"时间,因此很有学问。(   )

C. 时间就像海绵中的水一样,是挤出来的,我们从小要学会善于挤时间,勤奋学习。(   )

5. 大开脑洞:你怎样理解"人有从学者,遇不肯教,而云:'必当先读书百遍'"?

_____

_____

4. 读书百遍,其义自见

凡读书,须整顿几案,令洁净端正。将书册整齐顿放,正身体对书册,详缓看字,仔细分明。读之,须要读得字字响亮,不可误一字,不可少一字,不可多一字,不可倒一字,不可牵强暗记。只是要多诵遍数,

自然上口,久远不忘。古人云:"读书百遍,其义自见。"谓读熟则不待解说,自晓其义也。

——选自《童蒙须知》

《读书百遍,其义自见》游戏化测评题

1. 妙笔生花:根据原文填一填。

　　须要读得(　　　　),不可(　　)一字,不可(　　)一字,不可(　　)一字,不可(　　)一字,不可(　　　　)。

2. 连线能手:凡读书,要注意以下事项。

几案	整齐顿放
身体	洁净端正
书册	正对书册

3. 火眼金睛:读书的时候,要注意什么?请在文中用"＿＿＿"画出来。

4. 慧眼识珠:根据短文内容可以知道,熟读的好处有:＿＿＿＿＿＿

5. 浮想联翩:苏轼也曾说过熟读的好处,你还记得吗?

5. 荀子·劝学

　　积土成山,风雨兴焉;积水成渊,蛟龙生焉;积善成德,而神明自得,圣心备焉。故不积跬步,无以至千里;不积小流,无以成江海。骐骐一跃,不能十步;驽马十驾,功在不舍。锲而舍之,朽木不折;锲而不舍,金石可镂。蚓无爪牙之利,筋骨之强,上食埃土,下饮黄泉,用心一也。蟹六跪而二螯,非蛇鳝之穴无可寄托者,用心躁也。

——选自《荀子·劝学》

《荀子·劝学》游戏化测评题

1. 知音乐园:给加横线字注音。

   (1) 驽(　　)马　(2) 跬(　　)步　(3) 骐骥(　　　)

   (4) 金石可镂(　　　)　(5) 锲(　　　)而不舍

   (6) 蟹六跪而二螯(　　　)

2. 超级模仿秀:中国的文字很有意思,像"骐骥"这样的词语,你能再写几个吗?

   例:骐骥　蚂蚁　(　　　)(　　　)(　　　)(　　　)

3. 慧眼识珠:根据文章选择正确的一项。

   (1) 对下列词语中划线字的解释,不正确的一项是(　　　)

   A. 锲而不舍(雕刻)　　　　B. 不积跬步(一大步)

   C. 金石可镂(雕刻)　　　　D. 蟹六跪而二螯(蟹脚)

   (2) 驽马十驾,功在不舍。"驾""功"的意思正确的是(　　　)

   A. 量词;功劳,功勋

   B. 驾驶;工作,事情

   C. 马拉车一天所走的路程;成功,功效

   D. 量词;功能

   (3) 下列句子中"而"字的用法与例句不相同的一项是(　　　)

例句：蟹六跪而二螯

A. 吾尝终日而思矣　　　　B. 青出于蓝而胜于蓝

C. 冰，水为之而寒于水　　D. 敏而好学，不耻下问

4. 判官断案：下列对文章的理解与分析，正确的是（　　　）（可多选）

A.《劝学》的"劝"是"鼓励"的意思。

B.《劝学》的作者荀况，是春秋后期赵国人，他强调后天学习的重要性，认为后天环境和教育可以改变人的本性。

C.《劝学》告诉我们只有不断积累，持之以恒，并专心致志地学习，才能有所成就。

5. 回音壁：文中哪一句让你印象最深刻？请摘抄下来，并写一写你的理解或打算。

_____

_____

6. 与诸弟书

盖士人读书，第一要有志，第二要有识，第三要有恒。有志则断不甘为下流；有识则知学问无尽，不敢以一得自足，如河伯之观海，如井蛙之窥天，皆无识者也；有恒者则断无不成之事。此三者缺一不可。

——选自曾国藩《曾文正公全集》

《与诸弟书》游戏化测评题

1. 火眼金睛：圈出文中对读书提出的三个要求。

2. 节奏大师：请给句子画上正确的朗读节奏。

有识则知学问无尽，不敢以一得自足，如河伯之观海，如井蛙之窥天，皆无识者也。

3. 连线能手：根据短文内容连一连。

有志	知道学无止境，不敢稍有心得就自我满足
有识	一定没有干不成的事情
有恒	自己不甘心为下流

4. 会意乐园：下列各项中，与"河伯之观海""井蛙之窥井"意思相同的一项是（　　）

　　A. 杞人之忧天　　B. 郑人之买履　　C. 夏虫之语冰

5. 大开眼界：请查找资料，了解"夏虫之语冰"（夏虫语冰）的故事及意思，并简要地写一写。

_____

_____

6. 回音壁：文中哪些内容对你有启发？请摘抄一句，并联系自己的读书体会，写一写。

_____

_____

（六）五年级下册小古文游戏化测评题

1. 南 辕 北 辙

魏王欲攻邯郸，季梁闻之，中道而反，衣焦不申，头尘不去，往见王曰:"今者臣来,见人于大行,方北面而持其驾,告臣曰:'我欲之楚。'臣曰:'君之楚,将奚为北面?'曰:'吾马良。'臣曰:'马虽良,此非楚之路也。'曰:"吾用多。"臣曰:'用虽多,此非楚之路也。'曰:'吾御者善。''此数者愈善,而离楚愈远耳!'今王动欲成霸王,举欲信于天下。恃王国之大,兵之精锐,而攻邯郸,以广尊名。王之动愈数,而离王愈远耳。犹至楚而北行也。"

——选自《战国策·魏策四》

《南辕北辙》游戏化测评题

1. 节奏大师:请给句子画上正确的朗读节奏。

   此数者愈善,而离楚愈远耳!

   王之动愈数,而离王愈远耳。

2. 火眼金睛:解释下面句中加横线的字。

   (1) 马虽<u>良</u>,此非楚之路也。 (   )

   (2) 吾<u>用</u>多。 (   )

3. 穿越古今:用现代汉语翻译下面的两个句子。

   (1) 君之楚,将奚为北面?

   _____

   (2) 此数者愈善,而离楚愈远耳。

   _____

4. 智慧大脑:选出与"南辕北辙"寓意相同的成语(   )

   A. 滥竽充数   B. 揠苗助长   C. 缘木求鱼   D. 刻舟求剑

5. 脑洞大开:如果你也是魏国的一名谋臣,你将如何劝谏大王打消伐赵的念头？

_____

_____

2. 滥 竽 充 数

齐宣王使人吹竽，必三百人。南郭处士请为王吹竽，宣王说之，廪食以数百人。宣王死，湣王立，好一一听之，处士逃。

——选自《韩非子·内储说上》

《滥竽充数》游戏化测评题

1. 文学小博士：

　　本文作者韩非是战国时期著名思想家，是诸子百家中_____家学派代表人物。我们曾学过他的寓言故事《_____》。

2. 知音大花园：给下列加横线的字注音。

　　(1) 宣王说之（　　　　）

　　(2) 廪食以数百人（　　　　）

　　(3) 好一一听之（　　　　）

3. 穿越古今：我会解释加横线的字。

　　(1) 宣王说之（　　　　）

　　(2) 廪食以数百人（　　　　）

4. 脑洞大开：如果请你在文章的结尾加上故事的寓意，该如何写呢？请写下来。

_____

3. 狐假虎威

荆宣王问群臣曰:"吾闻北方之畏昭奚恤也,果诚何如?"群臣莫对。江乙对曰:"虎求百兽而食之,得狐。狐曰:'子无敢食我也!天帝使我长百兽,今子食我,是逆天帝命也。子以我为不信,吾为子先行,子随我后,观百兽之见我而敢不走乎?'虎以为然,故遂与之行。兽见之皆走。虎不知畏己而走也,以为畏狐也。今王之地方五千里,带甲百万,而专属之昭奚恤;故北方之畏昭奚恤也,其实畏王之甲兵也,犹百兽之畏虎也。"

——选自《战国策·楚策一》

《狐假虎威》游戏化测评题

1. 知音乐园:给加横线字注音。

　　　　(　　)　　　　　(　　)
天帝使我<u>长</u>百兽,今子食我,是<u>逆</u>天帝命也。

　　　(　　)
虎以为然,故<u>遂</u>与之行。

2. 节奏大师:请给句子画上正确的朗读节奏。

吾为子先行,子随我后,观百兽之见我而敢不走乎?

虎不知兽畏己而走也,以为畏狐也。

3. 解意能手:联系上下文,猜测加点字的意思。

(1) 天帝使我长百兽,今子食我,是逆天帝命也。(　　)(　　)

(2) 虎以为然,故遂与之行。兽见之皆走。(　　)(　　)(　　)

4. 思考者：你知道狐狸是怎样"虎口逃生"的吗？你怎样评价故事中的老虎和狐狸？

_____

_____

5. 智慧大脑：以下句子中，哪一句中的"狐假虎威"运用不当？（   ）

   A. 自己有真才实学才是硬道理，光靠跟在领导身边狐假虎威是没有前途的。

   B. 这种狐假虎威、处处委曲求全的日子，我实在过不下去了！

   C. 他哥哥当还乡团团长，他狐假虎威，仗着他哥哥的势力，横行乡里，无恶不作。

   D. 这名司机之所以有如此"牛气"，想必来头甚大，颇有鲁迅先生所批评的"靠着冰山，恣行无忌"的做派和狐假虎威的嫌疑。

6. 慧眼识珠：以下词语中，哪一个与"狐假虎威"的意思相近？（   ）

   A. 仗势欺人　　B. 黔驴技穷　　C. 东施效颦　　D. 画饼充饥

4. 买 椟 还 珠

楚人有卖其珠于郑者，为木兰之柜，薰以桂椒，缀以珠玉，饰以玫瑰，辑以翡翠。郑人买其椟而还其珠。此可谓善卖椟矣，未可谓善鬻珠也。

——选自《韩非子·外储说左上》

《买椟还珠》游戏化测评题

1. 节奏大师：请给句子画上正确的朗读节奏。

   此可谓善卖椟矣，未可谓善鬻珠也。

2. 火眼金睛：上句中有一对近义词，请你找出来。

　　（　　　　）——（　　　　　）

3. 思考者：故事中的楚人犯了什么错误？

_____

_____

4. 慧眼识珠：以下俗语或诗句中，哪一句与"买椟还珠"所表达的哲理无关？（　　）

　　A. 捡了芝麻丢了西瓜　　　B. 轻重倒置

　　C. 此地无银三百两　　　　D. 舍本逐末

5. 晏子使楚

晏子使楚。以晏子短，楚人为小门于大门之侧而延晏子。晏子不入，曰："使狗国者，从狗门入。今臣使楚，不当从此门入。"傧者更道，从大门入。

见楚王，王曰："齐无人耶？"

晏子对曰："临淄三百闾，张袂成阴，挥汗成雨，比肩继踵而在，何为无人？"

王曰："然则子何为使乎？"

晏子对曰："齐命使，各有所主。其贤者使使贤王，不肖者使使不肖王。婴最不肖，故直使楚矣。"

——选自刘向《晏子春秋·内篇杂下》

《晏子使楚》游戏化测评题

1. 知音大师：给加横线字注音。

(1) 傧者更道,从大门入。(　　　)

(2) 今臣使楚,不当从此门入。(　　　)

2. 节奏大师:请给句子画上正确的朗读节奏。

楚人为小门于大门之侧而延晏子。

其贤者使使贤王,不肖者使使不肖王。

3. 智慧大脑:把以下句子中省略的部分填入相应括号。

(1) (　　　)以晏子短,楚人为小门于大门之侧而延晏子。

(2) (　　　)见楚王,王曰:"齐无人耶?"

4. 绿荫射手:给文中的"使"连线合适的意思。

动词,出使。　　　　名词,使者。

5. 脑洞大开:你觉得晏子回答得怎么样?说说你的看法。

_____

_____

6. 最强大脑:想一想,若是你遇到以下这种情况,你会怎么回答?

小组活动要选一个人去汇报，你主动申请发言，但上了台，却听到底下有人大声说："他们组怎么会是他上来讲？"于是，你说：

_____

6. 庄子与惠子游于濠梁之上

庄子与惠子游于濠梁之上。庄子曰："鲦鱼出游从容，是鱼之乐也。"惠子曰："子非鱼，安知鱼之乐？"庄子曰："子非我，安知我不知鱼之乐？"惠子曰："我非子，固不知子矣；子固非鱼也，子之不知鱼之乐，全矣。"庄子曰："请循其本。子曰'汝安知鱼乐'云者，既已知吾知之而问我。我知之濠上也。"

——选自《庄子·秋水》

《庄子与惠子游于濠梁之上》游戏化测评题

1. 火眼金睛：给加横线的字选择正确的意思。

   （1）<u>子</u>非鱼（   ）

   A. 你　　　　　　　　B. 儿子

   （2）子<u>之</u>不知鱼之乐（   ）

   A. 的　　　　　　　　B. 取消句子独立性，隔开前后

   （3）请循其<u>本</u>（   ）

   A. 本源　　　　　　　B. 本来

2. 节奏大师：请给句子画上正确的朗读节奏。

   安知我不知鱼之乐

   既已知吾知之而问我

3. 大家来找茬：圈出下列加横线字的意思跟其他不一样的一项。

是鱼之乐也　安知鱼之乐？　安知我不知鱼之乐　我知之濠上也

4. 智慧大脑：读短文，理解意思，填空。

面对惠子"子非鱼，安知鱼之乐"的质疑，庄子回答说：_____

_____。这里的一问一答其实包含了

同一个道理：_____

5. 辩坛先锋：你觉得庄子和惠子谁说得更有道理？说说你的看法。

_____

_____

7. 小时了了

孔文举年十岁，随父到洛。时李元礼有盛名，为司隶校尉，诣门者，皆俊才清称及中表亲戚乃通。文举至门，谓吏曰："我是李府君亲。"既通，前坐。元礼问曰："君与仆有何亲？"对曰："昔先君仲尼与君先人伯阳有师资之尊，是仆与君奕世为通好也。"元礼及宾客莫不奇之。太中大夫陈韪(wěi)后至，人以其语语之，韪曰："小时了了，大未必佳。"文举曰："想君小时，必当了了。"韪大踧踖。

——选自《世说新语·言语》

《小时了了》游戏化测评题

1. 字词一点通：我能解释加横线字的意思。

(1) 诣门者，皆俊才清称及中表亲戚乃通（　　　　）

(2) 既通，前坐（　　　　）

（3）元礼及宾客莫不奇之（　　　　）

（4）人以其语语之（　　　　）

2. 小小朗读家：我会用"/"给句子画上正确的朗读节奏。

皆俊才清称及中表亲戚乃通。

3. 博古通今：我能用自己的话说出下列句子的意思。

（1）元礼及宾客莫不奇之。

（2）小时了了，大未必佳。

4. 心有灵犀：文举曰："想君小时，必当了了。"这里，孔融只是说了个前提，省略了结论。请你把这个结论补写出来。

5. 小小评论家：从短文看，孔融是个怎样的孩子？

6. 智慧大脑：你还知道有关孔融的其他故事吗？请你写出一个。

8. 诸葛恪得驴

诸葛恪(kè)字元逊，瑾长子也。

恪父瑾面长似驴。一日，孙权大会群臣，使人牵一驴入，长检其面，题曰诸葛子瑜。恪跪曰："乞请笔益两字。"因听与笔。恪续其下曰："之驴。"举坐欢笑。乃以驴赐恪。

——选自《三国志·吴志十九》

《诸葛恪得驴》游戏化测评题

1. 多音字乐园：我会给加横线的字注音。

   （1）瑾长子也　　　　　（　　　）

   （2）恪父瑾面长似驴　　（　　　）

2. 慧眼识珠：我能解释下列语句中加横线字的意思。

   （1）孙权大会群臣（　　　　）

   （2）乞请笔益两字（　　　　）

   （3）举坐欢笑（　　　　）

   （4）乃以驴赐恪（　　　　）

3. 火眼金睛：下列各组句子中，加横线字的意义和用法全都相同的一组是（　　　）

   A. 因听与笔；卿父与叔父孰贤　　B. 恪续其下日；其一犬坐于前

   C. 之驴；水陆草木之花

4. 趣味模仿秀：想一想，学着写一写。

   （面）长似驴

   （　　）_____似_____　　（　　）_____似_____

5. 博古通今：我能用自己的话说出下列句子的意思。

   乃以驴赐恪。

   _____

6. 人物评说：读完文章，你觉得诸葛恪是一个怎样的人？

   _____

   _____

9. 王蓝田性急

王蓝田性急。尝食鸡子，以箸刺之，不得，便大怒，举以掷地。鸡子于地圆转未止，仍下地以屐齿蹍之，又不得。瞋甚，复于地取内口中，啮破，即吐之。王右军闻而大笑，曰："使安期有此性，犹当无一豪可论，况蓝田邪！"

——选自《世说新语·忿狷》

《王蓝田性急》游戏化测评题

1. 节奏大师：下列句子朗读节奏划分不正确的一项是（　　　）

　　A. 复于地取内/口中

　　B. 啮破/即吐之

　　C. 仍/下地/以屐齿蹍之

2. 火眼金睛：我能解释下列句中加横线的字。

　　（1）瞋甚（　　　　　）　　（2）尝食鸡子（　　　　　　）

　　（3）啮破（　　　　　）　　（4）闻而大笑（　　　　　　）

3. 穿越古今：我能用自己的话说出下面句子的意思。

　　鸡子于地圆转未止，仍下地以屐齿蹍之，又不得。

_____

4. 咬文嚼字：本文对王蓝田动辄暴怒的描写十分精彩，请写出是通过哪些动词来刻画的。

_____

5. 人物评说：结合短文内容，你觉得王蓝田是一个怎样的人？

_____

6. 最强大脑：具有王蓝田这类性格特点的人，让你想起哪些相关谚语、歇后语或成语，试着写出两个。

_____

（七）六年级上册小古文游戏化测评题

1. 管 宁 割 席

　　管宁、华歆共园中锄菜，见地有片金，管挥锄与瓦石不异，华捉而掷去之。又尝同席读书，有乘轩冕过门者，宁读如故，歆废书出看。宁割席分坐，曰："子非吾友也！"

——选自《世说新语·德行》

《管宁割席》游戏化测评题

1. 一锤定音：给加横线的字注音。

　　（1）华<u>歆</u>（　　　　）　（2）<u>掷</u>（　　　　）　（3）轩<u>冕</u>（　　　　）

2. 说文解字：解释加横线的字的意思。

　　（1）管宁、华歆<u>共</u>园中锄菜。（　　　　）

　　（2）管挥锄与瓦石不<u>异</u>。　（　　　　）

　　（3）又<u>尝</u>同席读书。　　　（　　　　）

　　（4）宁读如<u>故</u>。　　　　　（　　　　）

3. 小小翻译官：翻译下列句子。

　　（1）管挥锄与瓦石不异。

（2）华捉而掷去之。

4. 言之有理：根据文章内容，理解填空。

《管宁割席》的故事，后来演变成了一个成语"_____"，意思是割开席子分开坐，多比喻朋友之间因志不同道不合而绝交。在这个故事中，你看出管宁是个_____的人。

5. 侃侃而谈：理解文章含义。

本文写了哪几件事？用自己的话来概括，并说说你懂得了什么道理。

2. 荀巨伯远看友人疾

荀巨伯远看友人疾，值胡贼攻郡，友人语巨伯曰："吾今死矣，子可去。"巨伯曰："远来相视，子令吾去，败义以求生，岂荀巨伯所行邪？"贼既至，谓巨伯曰："大军至，一郡尽空，汝何男子，而敢独止？"巨伯曰："友人有疾，不忍委之，宁以我身代友人命。"贼相谓曰："我辈无义之人，而入有义之国。"遂班军而还，一郡并获全。

——选自《世说新语·德行》

《荀巨伯远看友人疾》游戏化测评题

1. 火眼金睛：解释加横线的字在文中的意思。

(1) 友人语巨伯（　　　　）　　(2) 败义以求生（　　　　）

(3) 贼既至　（　　　　）　　(4) 不忍委之 （　　　　）

2. 翻译达人秀：说说下列句子的意思。

(1) 子令吾去，败义以求生，岂荀巨伯所行邪？

_____

(2) 我辈无义之人，而入有义之国。

_____

3. 智慧大脑：请你用简洁的语言概括文章的内容。

_____
_____

4. 读书明理：结合文章，说说自己的理解。

　　有人认为荀巨伯是愚蠢的，朋友既已生了重病，留下来也无济于事，还不如逃命自保；有人认为荀巨伯是英勇的，即使在危难时刻，依然不抛弃朋友。读了文章，在你心中，荀巨伯是个怎么样的人呢？说说你的看法。

_____

5. 时空连线：读了这个故事后，你认为生活中什么样的朋友才是真正的朋友？

_____

3. 斗 牛 图

马正惠公尝珍其所藏戴嵩《斗牛图》。暇日展曝于厅前。有输租氓见而窃笑。公疑之，问其故。对曰："农非知画，乃识真牛。方其斗时，夹尾于髀间,虽壮夫膂力不能出之。此图皆举其尾,似不类矣。"公为之叹服。

——选自曾敏行《独醒杂志》

《斗牛图》游戏化测评题

1. 节奏大师:下列句子朗读节奏划分不正确的一项是(　　)

   A. 暇日/展曝于厅前　　　　B. 夹尾/于髀间

   C. 虽壮夫/膂力不能出之　　D. 此图/皆举其尾

2. 火眼金睛:解释下列加横线的字。

   (1) 马正惠公尝珍其所藏《斗牛图》(　　　　)

   (2) 有输租氓见而窃笑　　　　(　　　　)

   (3) 方其斗牛时　　　　　　　(　　　　)

3. 穿越古今:用自己的话说说下列句子的意思。

   (1) 公疑之,问其故。

   _____

   (2) 此图皆举其尾,似不类矣。

   _____

4. 慧眼识疵:老农窃笑《斗牛图》,图上的瑕疵是什么?用文中的句子来回答。

   _____

5. 智慧大脑:这个故事告诉我们什么道理?请用一句话来表达。

   _____

4. 北人不识菱

北人生而不识菱者,仕于南方。席上食菱,并壳入口。或曰:"食菱须去壳。"其人自护其短,曰:"我非不知,并壳者,欲以去热也。"问者曰北土亦有此物否答曰前山后山何地不有夫菱生于水而曰土产此坐强不知以为知也

——选自江盈科《缘萝山人集》

《北人不识菱》游戏化测评题

1. 火眼金睛:理解词语,完成题目。

 (1) 下列与"席上食菱"中的"食"意思相同的一项是(　　)
    A. 衣食所安　　　　　　B. 谨食之,时而献焉
    C. 设酒杀鸡作食　　　　D. 退而甘食其土之有

 (2) 下列与"欲以去热也"中的"去"意思相同的一项是(　　)
    A. 今日存,明日去　　　B. 去死肌,杀三虫
    C. 乃记之而去　　　　　D. 俸去书来

2. 识意高手:解释下列加横线的字。

 (1) 仕于南方(　　　　) (2) 或曰(　　　　)
 (3) 其人自护其短(　　　　) (4) 夫菱生于水而曰土产(　　　　)

3. 慧眼分辨:句子中加下划线的字意思相同的两项是(　　)(　　)
    A. 仕于南方;果得于数里外
    B. 其人自护所短;其此之谓乎
    C. 欲以清热也;此独以跛之故
    D. 夫菱生于水而曰土产;学而不思则罔

4. 节奏大师：给文中句子加上标点。

5. 穿越古今：用自己的话说说下列句子的意思。

   并壳者，欲以去热也。

6. 智慧大脑：本文给人多方面启示，请选择一个方面，用自己的话简要回答。

（八）六年级下册小古文游戏化测评题

1. 师旷论学

晋平公问于师旷曰："吾年七十，欲学，恐已暮矣。"

师旷曰："何不炳烛乎？"

平公曰："安有为人臣而戏其君乎？"

师旷曰："盲臣安敢戏其君乎！臣闻之，少而好学，如日出之阳；壮而好学，如日中之光；老而好学，如炳烛之明。炳烛之明，孰与昧行乎？"

平公曰："善哉！"

——选自《说苑·建本》

《师旷论学》游戏化测评题

1. 知音乐园：请给加横线的字注音。

   <u>少</u>而好学，如日出之阳。（   ）

2. 节奏大师：请给句子画上正确的朗读节奏。

安有为人臣而戏其君乎？

3. 穿越古今：请翻译下面句子的意思。

盲臣安敢戏其君乎！

_____

4. 朗读高手：短文中有几个反问句？用横线画出，读一读。

5. 智慧大脑：对这篇短文所蕴含的道理，分析错误的一项是（　　　）

A. 学无止境，一个人应该活到老，学到老。

B. 在人生的任何一个阶段，学习都是有益的。

C. 应虚心接受别人的意见，做到从善如流。

D. 要让人信服自己，必须要用打比方的方法。

6. 学以致用：平时总听到大人说，小孩子当然要努力学习，我们年纪大了，打打麻将、看看电视就可以了。对这样一些大人，你可以用文中哪句话来反驳他们？

_____

2. 纪昌学射

甘蝇，古之善射者，彀弓而兽伏鸟下。弟子名飞卫，学射于甘蝇，而巧过其师。纪昌者，又学射于飞卫。飞卫曰："尔先学不瞬，而后可言射矣。"

纪昌归，偃卧其妻之机下，以目承牵挺。二年之后，虽锥末倒眦，而不瞬也。以告飞卫。飞卫曰："未也，必学视而后可。视小如大，视微如著，而后告我。"

昌以牦悬虱于牖，南面而望之。旬日之间，浸大也；三年之后，如车轮焉。以睹余物，皆丘山也。乃以燕角之弧，朔蓬之竿射之，贯虱之心，而悬不绝。以告飞卫。飞卫高蹈拊膺曰："汝得之矣！"

——选自《列子·汤问》

《纪昌学射》游戏化测评题

1. 知音乐园：请给加横线的字注音。

   （1）彀弓而兽伏鸟下（　　　　）

   （2）虽锥末倒眦　（　　　　）

2. 节奏大师：请给句子画上正确的朗读节奏。

   昌以牦悬虱于牖，南面而望之。

3. 慧眼识真：对"飞卫高蹈拊膺"中的"膺"，解释正确的是（　　　）

   A. 胸膛　　　　　　B. 腹部　　　　　　C. 手掌

4. 穿越古今：请翻译下面句子的意思。

   纪昌归，偃卧其妻之机下，以目承牵挺。

   _____

5. 连线能手：文中有六个"之"字，你能区分它们的意思吗？

乃以燕角之弧	
朔蓬之竿	助词，的。
射之	代词，用牦牛尾巴的毛系着的虱子。
贯虱之心	
古之善射者	
偃卧其妻之机下	
南面而望之	

6. 智慧大脑：这则寓言故事告诉我们一个什么道理呢？

_____

_____

3. 蜀鄙二僧

蜀之鄙有二僧，其一贫，其一富。

贫者语于富者曰："吾欲之南海，何如？"

富者曰："子何恃而往？"

曰："吾一瓶一钵足矣。"

富者曰："吾数年来欲买舟而下，犹未能也。子何恃而往！"

越明年，贫者自南海还，以告富者。富者有惭色。

西蜀之去南海，不知几千里也，僧富者不能至，而贫者至焉。人之立志，顾不如蜀鄙之僧哉！

——选自《白鹤堂诗文集》

《蜀鄙二僧》游戏化测评题

1. 火眼金睛：下列加横线字，古今意思完全不同，请写出来。

   蜀之<u>鄙</u>有二僧　　　古义（　　　　）　　　今义（　　　　）

2. 穿越古今：请翻译下面句子的意思。

   人之立志，顾不如蜀鄙之僧哉？

   _____

3. 慧眼识珠：下面加点词解释无误的一项是（　　　）

   A. 顾（环顾）不如蜀鄙之僧哉

B. 欲买舟(将船买下来)而下,犹未能也。

C. 越(过了)明年,贫者自南海还

D. 子何恃(凭借、倚仗)而往

4. 智慧大脑:对"吾一瓶一钵足矣"理解不正确的一项是(　　)

A. 贫僧的怯懦、畏惧困难的神态,充分表现在句中。

B. 表明了贫僧的决心。

C. 证明了"世上无难事,只怕有心人"的道理。

D. 体现了贫僧有信心、不畏困难的精神。

5. 朗读高手:下列句中加点词该用怎样的语气朗读呢?

(1) 僧富者不能至而贫者至焉(　　)

(2) 人之立志,顾不如蜀鄙之僧哉(　　)

A. 反问　　B. 感叹　　C. 疑问　　D. 肯定　　E. 加强

4. 高 凤 笃 学

高凤,字文通,南阳叶人也。少为书生,家以农亩为业,而专精诵读,昼夜不息。妻尝之田,曝麦于庭,令凤护鸡。时天暴雨,而凤持竿诵经,不觉潦水流麦。妻还怪问,凤方悟之。其后遂为名儒,乃教授业于西唐山中。

——选自《后汉书·逸民传》

《高凤笃学》游戏化测评题

1. 知音乐园:请给加横线的字注音。

(1) 曝麦于庭　　　　　(　　　)

(2) 不觉潦水流麦　　　（　　　）

2. 火眼金睛：下列加横线的字,古今意思完全不同,请写出来。

妻尝之田,曝麦于庭　　古义（　　　）　今义（　　　）

3. 穿越古今：请翻译下面句子的意思。

妻尝之田,曝麦于庭,令凤护鸡。

_____

4. 小小评说家：文中的高凤是个怎样的人?

_____

5. 博学大师：古今中外和"潦水流麦"的故事相似的有很多,请你说出一二。

_____

6. 智慧大脑：这个故事告诉我们一个什么道理呢?

_____

5. 五官争功

口与鼻争高下。

口曰:"我谈古今是非,尔何能居上我?"

鼻曰:"饮食非我不能辨。"

眼谓鼻曰:"我近鉴毫端,远观天际,唯我当先。"又谓眉曰:"尔有何功居上我?"

眉曰:"我虽无用,亦如世有宾客,何益④主人? 无即不成礼仪。若无眉,成何面目?"

——选自《唐语林》

《五官争功》游戏化测评题

1. 火眼金睛:找出文中三组反义词。

   （　　　）——（　　　）（　　　）——（　　　）（　　　）——（　　　）

2. 朗读高手:结合注释,想一想人物说话时的语气神态,在括号里填入合适的词语。

   口（　　　）曰:"我谈古今是非,尔何能居上我?"

   鼻（　　　）曰:"饮食非我不能辨。"

3. 表达能手:请把反问句改成陈述句。

   （1）尔有何功居上我?

   _____

   （2）若无眉,成何面目?

   _____

4. 脑洞大开:"眉"和"眼"是亲密的好朋友,很多时候总是一起出现,如"横眉竖眼"。把你知道的带有"眉"和"眼"的四字词语写在下面的横线上。

   _____

5. 最强大脑:文中"耳"没有出现,如果"耳"在场,会说些什么?

   _____

6. 做回调解员:五官争了半天,谁也说服不了谁。你作为五官的主人,会怎么劝它们呢?

   _____

   _____

6. 塞 翁 失 马

　　近塞上之人，有善术者，马无故亡而入胡。人皆吊之，其父曰："此何遽不为福乎？"居数月，其马将胡骏马而归。人皆贺之。其父曰："此何遽不能为祸乎？"家富良马，其子好骑，堕而折其髀。人皆吊之，其父曰："此何遽不为福乎？"居一年，胡人大入塞，丁壮者引弦而战。近塞之人，死者十九。此独以跛之故，父子相保。故福之为祸，祸之为福，化不可极，深不可测也。

——选自《淮南子·人间训》

《塞翁失马》游戏化测评题

1. 博古通今：用现代汉语写出加横线的字的含义。

　　（1）有<u>善</u>术者（　　　　　　）

　　（2）马无<u>故</u>亡入胡（　　　　　　）

　　（3）人皆<u>吊</u>之（　　　　　　）

2. 火眼金睛：下列加横线字意思相同的一项是（　　　　）。

　　A. 居<u>数</u>月；见宫殿<u>数</u>十所

　　B. 此独以跛之<u>故</u>；<u>故</u>时有物外之趣

　　C. 此独<u>以</u>跛之故；<u>以</u>亿万计

　　D. 近塞上<u>之</u>人；下车引<u>之</u>

3. 连线能手：句子中的"之"，我能区分它们的意思。

近塞上之人,有善术者。	指那匹马带领着胡人的骏马回来这件事的
居数月,其马将胡骏马而归。人皆贺之。	
马无故亡而入胡。人皆吊之。	指马无缘无故跑到胡人那边去这件事

4. 智慧大脑:本文蕴含的道理是:_____

5. 日积月累:成语"_____,_____"就出自本文。

6. 知行合一:联系我们的学习,这个故事对你有何启示?

_____

_____

7. 惊 弓 之 鸟

天下合从。赵使魏加见楚春申君曰:"君有将乎?"曰:"有矣,仆欲将临武君。"魏加曰:"臣少之时好射,臣愿以射譬之,可乎?"春申君曰:"可。"

加曰:"异日者,更羸与魏王处京台之下,仰见飞鸟,更羸谓魏王曰:'臣为王引弓虚发而下鸟。'魏王曰:'然则射可至此乎?'更羸曰:'可。'有间,雁从东方来,更羸以虚发而下之。魏王曰:'然则射可至此乎?'更羸曰:'此孽也。'王曰:'先生何以知之?'对曰:'其飞徐而鸣悲。飞徐者,故疮痛也;鸣悲者,久失群也。故疮未息而惊心未去也,闻弦音,引而高飞,故疮裂而陨也。'今临武君尝为秦孽,不可为拒秦之将也。"

——选自《战国策·楚策四》

《惊弓之鸟》游戏化测评

1. 博古通今:下列加横线字解释有误的一项是(　　)

   A. 臣为王引(引导)弓虚发而下鸟

   B. 其飞徐(缓慢)而鸣悲

   C. 故疮(旧伤)裂而陨也

   D. 闻弦音,引(伸展翅膀)而高飞

2. 火眼金睛:下列句中加横线字的意思相同的一组是(　　)

   A. 处京台之下;虚发而下之

   B. 虚发而下之;先生何以知之

   C. 飞徐而鸣悲;闻弦音,引而高飞

   D. 飞徐者;鸣悲者

3. 推理达人:从文中找出相应的语句填在下面横线里。

   大雁"飞徐"是因为_____;大雁"鸣悲",是因为_____;"闻弦音,引而高飞,故疮裂而陨也",是因为_____。

4. 朗读高手:判断语气。

   (1) 魏王(　　)曰:"然则射可至此乎?"

   (2) 更赢(　　)曰:"可。"

   (3) 王(　　)曰:"先生何以知之?"

   (4) 更赢(　　)曰:"此孽也。"

A. 惊讶   B. 疑惑   C. 肯定   D. 谦虚

5. 以事察人：更羸不用箭就能射下大雁，是因为(　　)（多项选择）

   A. 善于观察   B. 善于思考

   C. 靠运气   D. 善于联系实际经验

6. 日积月累："惊弓之鸟"这个成语的意思是：_____。用来比喻那些_____的人。

二、参考答案

（一）三年级上册小古文测评答案

《曹冲称象》参考答案

1. (1) 它的，指大象的　(2) 放，安放

2. (1) 把象放到大船上，在船身上刻下水痕记号。

   (2) 再用秤称物品放到船上，两者比较就可以知道象的重量了。

3. 物品　大象　聪明才智

4. 建议：写出各种解决生活小问题的妙招。

《孔融让梨》参考答案

1. (1) 原因　(2) 应当

2. 我年纪小，按礼法应当拿小梨。

3. B

4. 《孟母三迁》《黄香温席》《囊萤映雪》

5. 彬彬有礼　礼尚往来　礼贤下士

《文彦博灌水取球》参考答案

1. (1) B　(2) A

2. 有一次，球滚入洞中拿不出来，文彦博就提水灌洞，不久球就浮出洞口。

3. 球入柱穴中　不能取　公以水灌之　球浮出

4. 《曹冲称象》《司马光砸缸》《王戎不取道旁李》等。

65

（二）三年级下册小古文测评答案

《揠苗助长》参考答案

1. (1) yà (2) mǐn (3) gǎo (4) qū
2. 宋人/有闵其苗之不长/而揠之者。
3. (1) ①：助词 ②：它,代禾苗
   (2) 它,代禾苗
4. 略

《龟兔竞走》参考答案

1. (1) × (2) × (3) √
2. 兔子失败的原因是：中道而眠
   乌龟成功的原因是：努力不息
3. 略

《画蛇添足》参考答案

1. (1) shè (2) shǔ
2. C
3. 引酒且饮之 —— 代词,指代酒
   一人饮之有余 —— 代词,指代酒
   数人饮之不足 —— 的
   子安能为之足 —— 代词,指代蛇
   一人之蛇成 —— 的
   吾能为之足 —— 代词,指代蛇
4. (1) D (2) D (3) D

5. 略

《叶公好龙》参考答案

1. (1) 听说　(2) 跑,逃跑

2. 所以叶公不是真的喜欢龙,是喜欢那些似龙非龙的东西罢了。

3. 钩以写龙,凿以写龙,屋室雕文以写龙。

4. C

5. 略

《刻舟求剑》参考答案

1. (1) 掉落,坠落　(2) 停止

2. 舟止,从其所契者入水求之。

3. 像这样找剑,不是很糊涂吗?

4. 略

《郑人买履》参考答案

1. (1) 到,往　(2) 它,指代尺码　(3) 指代鞋

2. 宁信度,无自信也。

3. (1) ×　(2) ×　(3) √

4. 我宁愿相信那尺码,也不相信自己的脚。

(三) 四年级上册小古文测评答案

《大禹治水》参考答案

1. (1) bēi　(2) duó

2. (1) 天下的大河泛滥成灾,得不到治理　(2) 没有成功

(3) 水灾　(4) 堵塞

3. 尧　舜　鲧　禹

4. 起因 ——— 九河不治,洪水泛滥
   经过 ——— 鲧用壅堵之法,禹疏通河道
   结果 ——— 十三年终克水患

5. 九是虚指,表示很多的意思

6. 因势利导是指顺着事物发展的趋势加以引导。文中指禹顺着地势疏通河道。

《夸父追日》参考答案

1. 跑　走路

2. C

3. A

4. 1,3,2

5. 夸父啊,谢谢你当年留下的桃林,造福了我们后代,我们将继承您敢于追求、征服大自然的精神,为人类造福。

6. 略(提示:从探索未知世界的角度看,夸父精神可嘉,是值得的。也可以从其他角度讲)

《鹦鹉扑火》参考答案

1. (1) zhòng　(2) wèi

2. 有鹦鹉/飞集他山,山中禽兽/辄相爱重。鹦鹉遥见,便/入水沾羽,飞/而洒之。

3. (1) 想　(2) 离开　(3) 曾经　这

4. 天神被鹦鹉这种重情义的行为所感动。

5. 示例1:常怀一颗感恩的心,要知恩图报,不要忘恩负义。

   示例2:人要有毅力,不管力量多么微小,只要持之以恒,就会有回报。

   示例3:对待朋友要真心真意,诚心帮助他人,有时自己也会受益。

6. 略

二、参考答案

《女娲补天》参考答案

1. A

2. 火爁焱/而不灭,/水浩洋/而不息。/猛兽/食颛民,/鸷鸟/攫老弱。

3. 爁焱——大火绵延
   浩洋——过量的洪水
   颛民——朴实的民众
   鸷鸟——凶猛的鸟
   淫水——汪洋泛滥
   狡虫——凶猛的禽兽

4. 女娲,你真是一个勇敢、善良的人,为了拯救受苦受难的人们不怕危险,不怕困难,甘于奉献,你无私的精神值得我们学习。

5. 女娲造人、女娲与伏羲等

6. 略

《盘古开天地》参考答案

1. B

2. 地　浊　阳

3. B

4. 天/日高一丈,地/日厚一丈,盘古/日长一丈,如此万八千岁。

5. (1) ×　(2) √　(3) √　(4) ×

6. 略

《王戎观虎》参考答案

1. (1) 任凭　(2) 也　(3) 趁机　(4) 安详沉静的样子

2. 魏明帝/于宣武场上/断虎爪牙,纵/百姓观之。

3. 王戎却安详沉静,一动不动,完全没有害怕的神色。

4. 观者无不辟易颠仆　戎湛然不动,了无惧色

5. 王戎是一个聪明机智、善于动脑、观察仔细、遇事不慌张的孩子。

69

《王元泽分辨獐与鹿》参考答案

1. shù 几岁

2. B

3. B 雱实未识

4. 客奇的是王雱虽然年纪很小,但是非常机智。

5. 年幼的王元泽机智地用模糊语言为自己解了围,巧妙地避开了正面回答,为自己化解了尴尬的局面,很是巧妙。

6. 略

《管庄子刺虎》参考答案

1. (1) 制止 (2) 代词,指老虎 (3) 举动 (4) 却

2. 管庄子将刺之 —— 代词,负伤的老虎
   管与止之曰 —— 代词,管庄子
   子待伤虎而刺之 —— 代词,打斗的老虎
   无刺一虎之劳,而有刺两虎之名 —— 的

3. (1) 有两只老虎为争食人肉而打起来,管庄子想要去刺杀它们。
   (2) 人是它的可口的食物。

4. 坐山观虎斗

5. 要取得成功,不能光凭勇气,还要运用智慧。善于运用智慧的人,可以事半功倍。

6. 略

(四) 四年级下册小古文测评答案

《怀素写字》参考答案

1. (1) A (2) C

2. (1) 反复地书写,最后木盘和方板都被写穿了。

(2) 把他的庵命名为"绿天"。

3. 水滴石穿　锲而不舍(答案不唯一)

4. 书房<u>读斋</u>　　　名吾(房)曰"(读斋)"

　　卧室<u>卧云轩</u>　　名吾(室)曰"(卧云轩)"

　　(厨房)<u>五味斋</u>　名吾(厨)曰"(五味斋)"(答案不唯一,仅供参考)

《匡衡好学》参考答案

1. (1) 书　(2) 他,指匡衡　(3) 他,指上文中和匡衡讨论的人

2. 邻舍有烛/而不逮,衡/乃/穿壁引其光,以书映光/而读之。

3. 文不识：文不识感到惊叹,就把书借给他。

　　邑人：对他十分佩服,倒穿着鞋子跑了。

4. 略

《断齑画粥》参考答案

1. (1) C　(2) B

2. B

3. 范仲淹多年吃粥已成习惯,如贪食这些佳肴,恐怕将来吃不得苦。

4. 文中范仲淹安于贫困、刻苦读书的精神值得我们学习。

《欧阳苦读》参考答案

1. C

2. 欧阳公四岁而孤,家贫无资。/(起因)太夫人以荻画地,教以书字。多诵古人篇章,使学为诗。及其稍长,而家无书读,就闾里士人家借而读之,或因而抄录。抄录未毕,而已能诵其书。以至昼夜忘寝食,惟读书是务。/(经过)自幼所作诗赋文字,下笔已如成人。(结果)

3. 牛角挂书　学而不厌　专心致志　夜以继日　十年寒窗(答案不唯一)

4. (1) 以荻画地,教以书字。

　　(2) 多诵古人篇章,使学为诗。

71

《宋濂嗜学》参考答案

1. jiǎ

2. (1) 得到　(2) 跑

3. 我因此得以博览群书。

4. 答案略，言之有理即可

《程门立雪》参考答案

1. (1) 离开　(2) 睡醒

2. <u>颐既觉,则门外雪深一尺矣</u>　<u>时与游酢侍立不去</u>

3. 尊敬老师,恭敬求教

4. 颐偶瞑坐/老师睡着了/老师在休息

5. 略

《司马光好学》参考答案

1. (1) 担心　(2) 等到　(3) 才　(4) 吟咏

2. C

3. 读书不可不背诵,有的时候在马上,有的时候在半夜睡不着觉的时候(可诵咏文章)。

4. 凿壁偷光　悬梁刺股　韦编三绝　囊萤映雪(答案不唯一)

5. 其所精诵,乃终身不忘也。

《王冕读书》参考答案

1. láng　láng

2. (1) 丢　(2) 于是,就　(3) 为什么

3. (1) 代词,指王冕　(2) 代词,指书　(3) 代词,指王冕的事情

4. 儿子(对读书)痴迷到这种地步,为什么不让他读书呢?

5. 答案略,言之有理即可

《文征明习字》参考答案

1. (1) 书法　(2) 写字　(3) 临摹　(4) 有时

2. (写书法时)稍微不称心,必定再三地更改而不感到厌倦。因此,越到老年,书法水平越发精妙。

3.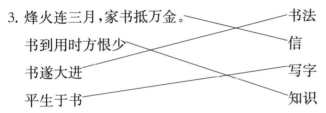

4. 学习文征明做事情一丝不苟、不厌其烦、坚持不懈的品质。

(五) 五年级上册小古文测评答案

《读书须有疑》参考答案

1. C

2. 以致/融会贯通,都/无所疑,方始/是学。

3. 无疑者须教有疑;有疑,却要无疑

4. 将信将疑　深信不疑　坚信不疑(合理即可)

5. 完全相信书本上的知识,倒不如没有书。我们对于书本上的知识要敢于质疑,有分辨,有判别。

《学无常师》游戏化测评题答案

1. (1) 固定　(2) 这样

2. (1) 郯子这些人,他们的才能不如孔子。

   (2) 所学道理有先有后,学问和技艺上各有各的主攻方向。

3. 敏而好学,不耻下问;读万卷书,行万里路;读书破万卷,下笔如有神

4. 略,言之有理即可

5. 略,言之有理即可

《三余读书》参考答案

1. (1) 善于,喜欢(这里指对……有研究)　(2) 跟从
   (3) 显现　(4) 时间

2. 冬者岁之余,夜者日之余,阴雨者时之余也

3. 或问"三余"之意 ——— 助词,的
   冬者岁之余
   夜者日之余
   阴雨者时之余
   学而时习之 ——— 代词,指学到的知识或技能

4. C √

5. 略,言之有理即可。可以写一写对这句话的理解,或者自己读后的体会

《读书百遍,其义自见》参考答案

1. 字字响亮　误　少　多　倒　牵强暗记

2. 几案 ——— 整齐顿放
   身体 ——— 洁净端正
   书册 ——— 正对书册

3. 凡读书,须整顿几案,令洁净端正。将书册整齐顿放,正身体,对书册,详缓看字,仔细分明。读之,须要读得字字响亮,不可误一字,不可少一字,不可多一字,不可倒一字,不可牵强暗记。

4. 则不待解说,自晓其义也。

5. 旧书不厌百回读,熟读深思子自知。

《荀子·劝学》参考答案

1. (1) nú　(2) kuǐ　(3) jì　(4) lòu　(5) qiè　(6) áo

2. 灿烂　珍珠　江河　杠杆　冰冷　惆怅(答案不唯一)

74

3. (1) B (2) C (3) D

4. AC

5. "故不积跬步,无以至千里;不积小流,无以成江海。"告诉我们只有不断积累,持之以恒,并专心致志地学习,才能有所成就。(合理即可)

《与诸弟书》参考答案

1. 有志,有识,有恒

2. 有识/则知学问无尽,不敢/以一得自足,如/河伯之观海,如/井蛙之窥天,皆/无识者也。

3. 有志(自己不甘心为下流)

    有识(知道学无止境,不敢稍有心得就自我满足)

    有恒(一定没有干不成的事情)

4. C

5. 夏虫语冰,意思是对在夏天经历生死的虫子,不可与它谈论关于冰雪的事情。比喻人囿于见闻,知识短浅。

6. 如曾国藩所说,"有恒则断无不成之事"。做好一件事,即使是很小的一件事,只要用心去做,持之以恒,日积月累,一定会有成效。(合理即可)

(六) 五年级下册小古文测评答案

《南辕北辙》参考答案

1. 此数者/愈善,而离楚/愈远耳!

    王之动/愈数,而离王/愈远耳。

2. (1) 精良。

    (2) 路费。

3. (1) 您要到楚国去,为什么往北走呢?

(2) 这几个条件越好,离楚国就越远了。

4. C

5. 略(能够根据小古文的内容阐述,言之有理即可)

《滥竽充数》参考答案

1. 法　守株待兔

2. (1) yuè　(2) shù　(3) hào

3. (1) 通"悦",对……感到高兴

　　(2) 供养

4. 答案略(能够根据小古文的内容阐述,言之有理即可)

《狐假虎威》参考答案

1. zhǎng　nì　suì

2. 吾为子先行,子随我后,观/百兽之见我/而敢不走乎?

　　虎/不知兽畏己/而走也,以为/畏狐也。

3. (1) 子:你;命:命令

　　(2) 然:对的,正确;之:代词,指狐狸;皆:都

4. 狐狸欺骗老虎说自己是百兽的首领,并假借老虎的威风去吓唬其他野兽,老虎信以为真,放过了它。狐狸奸诈狡猾,招摇撞骗,仗势欺人。老虎愚蠢,被狐狸利用还不自知。

5. B

6. A

《买椟还珠》参考答案

1. 此可谓/善卖椟矣,未可谓/善鬻珠也。

2. 卖—鬻

3. 郑人买椟还珠,楚人取舍不当,没有分清主次。

4. C

《晏子使楚》参考答案

1. (1) gēng　(2) dāng

2. 楚人/为小门/于大门之侧/而延晏子。

    其贤者使/使贤主,不肖者使/使不肖主。

3. (1) 楚人　(2) 晏子

4.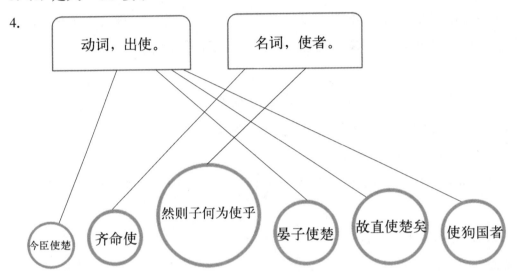

5. 言之成理即可。如：我觉得晏子回答得很机智,毕竟对方是楚王,言辞不能太粗鲁无礼,不然得罪了他,否则自己的性命会有危险。但楚王侮辱晏子在先,还侮辱了齐国,必须加以反击。于是晏子采用了"三段论"的逻辑结构,不直接表达,以免冲撞楚王,表示既然自己被楚王认为是不肖者,那么按照齐国派遣使者的规则,派遣不肖使臣访问的国家也是很差劲的。楚王若非要诋毁晏子,那就等同于诋毁自己。他以牙还牙,既反击了楚王,也维护了自己和祖国的尊严。

6. 略,言之成理即可

《庄子与惠子游于濠梁之上》参考答案

1. (1) A　(2) B　(3) A

2. 安知/我不知鱼之乐

    既已知/吾知之/而问我

3. 我知之濠上也

4. "子非我,安知我不知鱼之乐?"(你不是我,怎么知道我不知道鱼的快乐呢?)
你不能凭猜测断定别人的想法。

5. 言之成理即可。如:这其实就是庄子和惠子朋友之间的语言小玩笑。从本来的逻辑来说,其实惠子更坚定,他在被庄子反问后,还能遵循庄子的逻辑,"既然你说我不知道你的想法,那就说明你也不可能知道鱼的想法",来为自己辩护。但庄子更灵活,直接故意"误读"惠子的意思,将原本"安"的"怎么"(表示反问)理解成"哪儿",于是四两拨千斤,避开难题,直接回答为"濠水之上",从字面上化解了惠子的"诘难"。

《小时了了》参考答案

1. (1) 拜访　(2) 走上前　(3) 感到奇怪　以……为奇(认为……奇怪)　(4) 告诉

2. 皆俊才清称/及中表亲戚/乃通。

3. (1) 李元礼和宾客听了孔融的话无不感到惊奇。　(2) 小时候聪明伶俐,长大后未必出色。

4. 难怪长大后,如此不佳。

5. 机智聪慧,能言善辩。

6. 孔融让梨

《诸葛恪得驴》参考答案

1. (1) zhǎng　(2) cháng

2. (1) 召集,聚集　(2) 增加　(3) 全　(4) 于是

3. C

4. 脖长似鹿、脸大似盆等

5. 孙权就把驴赐给了诸葛恪。

6. 大胆勇敢,智慧超人。

《王蓝田性急》参考答案

1. A

2. (1) 发怒　(2) 曾经　(3) 咬　(4) 听到,听见

3. 鸡蛋在地上转个不停,他就跳下地用木屐的齿来踩踏鸡蛋。

4. 刺、掷、蹍、瞋、取、啮、吐

5. 王蓝田是一个性格急躁的人。

6. 心急吃不上热豆腐、欲速则不达等

(七) 六年级上册小古文测评答案

《管宁割席》参考答案

1. (1) huà (2) zhì (3) miǎn

2. (1) 共同 (2) 差别 (3) 曾经 (4) 原来,以前

3. (1) 管宁依旧挥动着锄头,像看到瓦片石头一样没有差别。
   (2) 华歆拾起金片看了看而后又扔了它。

4. 割席分坐;淡泊名利、不事权贵、做事专注、爱憎分明

5. 两件事:一件是园中锄菜时看见地里有金子,两人做法不同,另一件是读书时门外经过华丽的马车,两人做法不同,从而显示出他们的品性差异。

   这篇文章说明,真正的朋友,应该建立在共同的思想基础和奋斗目标上,一起追求,一起进步。如果没有内在精神的默契,只有表面上的热络,这样的朋友是无法真正沟通和理解的,也就失去了做朋友的意义。(意思答对即可)

《荀巨伯远看友人疾》参考答案

1. (1) 对……说,告诉 (2) 败坏道义 (3) 已经 (4) 舍弃

2. (1) 你要我离开,败坏道义而苟且偷生,这难道是我荀巨伯做的事吗?
   (2) 我们这些不懂道义的人,却攻入了这个讲究道义的国家!

3. 荀巨伯从远方来探望朋友的病情,适逢胡人攻城,荀巨伯不舍弃朋友,誓死不离开,胡人被他所折服,于是就撤回军队,整个城因此获救。(意思对即可)

4. 他是个重情重义、舍生取义、坚守信义、大义凛然的人。(意思对即可)

5. 重情重义、情深意重等

《斗牛图》参考答案

1. C

2. (1) 尝：曾经　(2) 窃：偷偷地　(3) 方：正。

3. (1) 马正惠对他"见而窃笑"的行为感到疑惑不解,便问其中的缘故。

   (2) 这幅画上的牛都竖着尾巴,好像与(实际情形)不一样。

4. 方其斗时,夹尾于髀间,虽壮夫膂力不能出之。此图皆举其尾,似不类矣。

5. 如：(1) 有实践的人往往有真知灼见。(2) 艺术必须反映生活。(3) 不能盲目崇拜权威。

《北人不识菱》参考答案

1. (1) D。题目中"食"为动词,意为吃;A项中意为食物;B项中意为喂养;C项中意为名词,饭食。

   (2) B。题目中"去"意为除去;只有B项意与此同。

2. (1) 仕：做官　(2) 或：有人　(3) 短：短处　(4) 而：却

3. A D

4. 问者曰："北土亦有此物否?"答曰："前山后山,何地不有?"夫菱生于水而曰土产,此坐强不知以为知也

5. 连同壳一起吃,是想要用它来清热罢了。

6. 如：(1) 人人都有缺点,但不要掩饰缺点。

   (2) 人的知识是有限的,因此我们要虚心学习,不要不懂装懂。

   (3) 要听取他人的正确意见。

(八) 六年级下册小古文测评答案

《师旷论学》参考答案

1. shào

2. 安有/为人臣/而/戏其君乎？

3. 双目失明的我怎么敢戏弄君王呢！

4. 何不炳烛乎？安有为人臣而戏其君乎？孰与昧行乎？

5. D

6. 少而好学，如日出之阳；壮而好学，如日中之光；老而好学，如炳烛之明。

《纪昌学射》参考答案

1. (1) gòu (2) zì

2. 昌/以牦悬虱/于牖，南面/而望之。

3. A

4. 纪昌回到家，仰卧在妻子的织布机下，眼睛死死盯住织布机的踏板。

5.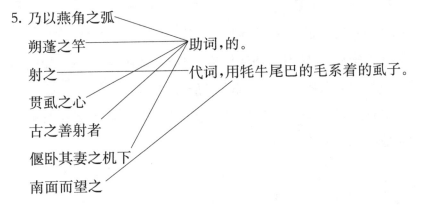

6. 这则寓言故事告诉我们：无论学习什么技艺，都要从学习这门技艺的基本功入手，扎实的基本功是不断取得进步的基础。在学习过程中要不怕苦，不怕累，不怕枯燥无味。

《蜀鄙二僧》参考答案

1. 边境　鄙视/对自己的谦称

2. 一个人立志求学，难道还不如四川边境的那个穷和尚吗？

3. D

4. A

5. (1) B (2) A

《高凤笃学》参考答案

1. （1）pù （2）lǎo

2. 曾经 尝试

3. 妻子曾经有一次去田间，在庭院中晒了麦子，要高凤看着，别让鸡吃了。

4. 热爱读书、专心致志、勤奋，只专注读书而不关心周围的事物。

5. 废寝忘食、韦编三绝等

6. 这个故事告诉我们学习要认真，专心致志，方能成就学业。

《五官争功》参考答案

1. 古——今 是——非 远——近

2. 傲慢 不以为然

3. （1）尔无功居上我。 （2）若无眉，则无面目。

4. 眉开眼笑、贼眉鼠眼、低眉顺眼、眉来眼去、挤眉弄眼……

5. 耳曰："尔等有何功居我中？若无我，嘴不知如何作答？眼不知如何看？鼻不知闻如何？眉不知画如何？我应居于中。"/耳曰："声音非我不能听。"

6. 主人曰："尔等休吵！若无口谁为我谈，若无鼻谁为我辨，若无眼谁为我看，若无耳谁为我听？若无尔等，我岂不成废人一个？"

《塞翁失马》参考答案

1. （1）精通，擅长 （2）缘故

  （3）代词，指马无缘无故跑到胡人那边去这件事

2. A

3. 近塞上之人有善术者。————————那匹马带领着一群胡人的骏马回来这件事

  居数月，其马将胡骏马而归。人皆贺之。————的

  马无故亡而入胡。人皆吊之。————马无缘无故跑到胡人那边去这件事

4. 虽然一时有损失，但也许反而因此能得到好处；也指坏事在一定条件下可变为好事。

5. 塞翁失马，焉知非福

6. 如：凡事都有两面性，没有绝对地好，也没有绝对地坏。当我们取得好成绩时，如果骄傲自满，那好成绩便成了坏事；当我们没有取得好成绩时，我们不气馁，及时反思，从中吸取教训，反倒会让我们进步得更快。

《惊弓之鸟》参考答案

1. A

2. D

3. 疮痛　久失群　疮未息而惊心未去

4. (1) A　(2) D　(3) B　(4) C

5. ABD

6. 被弓箭吓怕了的鸟；受过某种惊吓，遇到一点动静就非常害怕